GERTEIS · DAS UNBEKANNTE FRANKFURT · DRITTE FOLGE

WALTER GERTEIS

# DAS UNBEKANNTE FRANKFURT

DRITTE FOLGE

VERLAG FRANKFURTER BÜCHER

Auf den beiden Vorsatzblättern am Beginn und Ende des Buches veröffentlichen wir zwei Ansichten der Frankfurter Innenstadt und der Maingegend aus der Vogelschau. Es handelt sich hierbei um Ausschnitte aus dem berühmten großen Stadtplan, den Friedrich W. Delkeskamp im Jahre 1864 von Frankfurt gezeichnet hat. Dieser Plan ist für die Kenntnis vom damaligen Frankfurt von hohem dokumentarischem Wert. Unser Buch befaßt sich hiermit gleich zu Beginn.

Das Umschlagbild zeigt das Frankfurter Opernhaus im Jahr seiner Eröffnung, 1880.

Vierte Auflage 1986
© 1963 Frankfurter Societäts-Druckerei GmbH, Frankfurt am Main
Einband und Schutzumschlag: Graphisches Atelier der Frankfurter Societäts-Druckerei GmbH
Typographie: Fritz Barkowsky, Frankfurt am Main
Druck: Elektra, Niedernhausen
Buchbinderische Verarbeitung: Hollmann, Darmstadt
Printed in Germany 1986
ISBN 3-920 346-07-6

## INHALTSVERZEICHNIS

| | |
|---|---:|
| Wovon dieses Buch erzählt | 7 |
| Als Kalbfleisch 16 Kreuzer kostete | 9 |
| Die Große Gallusstraße war die »Millionärsgaß« | 14 |
| »Wir Mußpreußen« | 18 |
| Das kleine Himmelreich (unweit Bockenheim) | 24 |
| Kaa Brick ohne Schmick! | 31 |
| 1871: »Endlose Hochs…« | 34 |
| Den Frieden schloß man im Steinweg | 38 |
| Die erste Pferdebahn | 41 |
| Man nannte sie Kaiserstraße | 44 |
| Das lustige Dorf | 48 |
| Berger Straße 1 bis 448 | 53 |
| Bauen, bauen, bauen! | 58 |
| »Bei dene Eppel net!« | 62 |
| Die Ariadne war eine Mainzerin | 67 |
| Die Hockinnen zogen um – und Miquel kam | 72 |
| Ein großer Tag: das Opernhaus | 77 |
| Wer zählt die Feste! | 84 |
| Der Mord an Polizeirat Dr. Rumpff | 88 |
| »Ich bin Anarchist!« | 93 |
| August Ravenstein und der Taunus | 98 |
| Die »Sodener Krankheit« | 103 |
| Der Stadtwald blieb ein Wald | 106 |
| Razzia an der Gehspitze | 110 |
| Die Geister-Residenz | 113 |
| Der Wunderbau auf dem Galgenfeld | 116 |
| Dreimal »Knochemiehl« | 122 |
| Hier gab's die ersten Telefone der Erde | 127 |
| Das Wort hat Friedrich Stoltze! | 131 |

| | |
|---|---:|
| Mit dem Fuchsin begann es | 138 |
| Herr Adickes geht spazieren | 145 |
| Frankfurts berühmtestes Buch | 151 |
| Das »Irrenschloß« | 157 |
| Wo einst Herr Bocco wohnte | 161 |
| Ein Jahrhundert geht zu Ende | 169 |
| Der Mann, der das Goethehaus rettete | 174 |
| Die Römerzeit steht auf | 178 |
| Frankfurt fährt immer noch vierspännig | 182 |
| Die Berliner sangen am besten | 187 |
| Die Benzinschlacht im Taunus | 191 |
| Mörder gehen um | 199 |
| Als die Hauptwache ein Kaffeehaus wurde | 204 |
| Rund 600 Millionäre | 207 |
| Von Blanchard zum Kätchen | 216 |
| 99 Tage I LA | 222 |
| Frankfurt: Deutschlands größte Stadt | 227 |
| »Das Ostend ist wachgeküßt« | 232 |
| ...dann kam der Sommer 1914 | 236 |
| Register | 240 |

## WOVON DIESES BUCH ERZÄHLT

Im Sommer 1866 wurde die alte Freie Stadt Frankfurt preußisch.
Mit diesem Schicksalsjahr 1866 wollen wir unseren neuen Band beginnen. Wir nehmen den Faden dort wieder auf, wo wir ihn in unserem zweiten Buch zunächst einmal ruhen ließen. Wir hatten damals die Geschichte Frankfurts bis zu jenen aufregenden Wochen und Monaten erzählt, in denen unsere Stadt von den Preußen militärisch besetzt und schließlich dem Reiche Bismarcks einverleibt wurde. Wie ging es nun weiter? Davon wollen wir jetzt berichten. Es war schon ein tiefer Einschnitt in der Geschichte Frankfurts. Aus der 500 Jahre alten freien Bürgerrepublik war eine preußische Provinzstadt geworden. Es schien zuerst, als könne Frankfurt dies nicht überwinden. Aber in den folgenden Jahrzehnten wandelte es sich mit erstaunlicher Schnelligkeit zu einer blühenden, modernen Großstadt. Überall um uns sind noch die Zeugen dieser Wandlung – der Hauptbahnhof und der Palmengarten, die Kaiserstraße und der Eiserne Steg, das Opernhaus und der Osthafen, die Trambahn und die Festhalle, der Zoo, das Café »Hauptwache«, die Kinos, das Telefon und was noch alles.
Sie alle, alle haben ihre Geschichte. Wir wollen sie in unserem neuen Band erzählen. Er schildert die Geschicke des preußischen und großstädtischen Frankfurts, das trotz alledem unverkennbar und unverwechselbar immer Frankfurt blieb. Ein halbes Jahrhundert soll an uns vorüberziehen, mit seinen großen und kleinen, seinen hellen und dunklen Ereignissen. Viele von ihnen leben im Gedächtnis einer Generation, die noch unter uns weilt...

Ein Hinweis sei vorweg erlaubt.
Für die so wichtigen ersten Jahrzehnte nach 1866 haben wir einen hervorragenden und sehr beredten Zeugen. Es ist Friedrich Stoltze. 1860 gründete er sein humoristisches Wochenblatt, die »Frankfurter Latern«. Durch drei Jahrzehnte, bis zu seinem Tode, März 1891, hat er das meiste darin selbst geschrieben, entweder als Stoltze oder als der sehr populäre ehrbare »Berjer« und Warenhändler Hampelmann, eine Phantasiegestalt. Die vielen Jahrgänge der »Latern« ruhen in den

Bibliotheken und in manchem privaten Bücherschrank. Sie sind ein vergessener Schatz. Wir wollen ihn ein wenig zu heben versuchen. Wir haben uns bei den vielen Geschehnissen im preußisch gewordenen Frankfurt immer wieder einmal gefragt: Was hat eigentlich der Stoltze dazu gesagt? Wie hat er die Dinge gesehen? Ein Satz von diesem wahrhaft humorvollen Mann kann aufschlußreicher sein als ganze Seiten in staubigen Folianten, auf jeden Fall kurzweiliger. Wir müssen allerdings vorsorglich erwähnen, daß es in der Geschichte der »Latern« eine Lücke gibt. Auf Wunsch der Preußen durfte das Blatt von 1866 bis 1872 nämlich nicht erscheinen. Es wird uns also gerade am Anfang fehlen. Aber im übrigen soll uns der unvergleichliche Chronist Stoltze ein langes Stück unseres Weges begleiten.

Erinnern wir uns:
Am 16. Juli 1866, im Verlaufe der kriegerischen Auseinandersetzung zwischen Preußen und Österreich, wird die Freie Stadt Frankfurt, ohne daß auch nur ein Schuß fällt, von der preußischen Mainarmee unter General Vogel von Falckenstein besetzt. Am 8. Oktober desselben Jahres wird Frankfurt Preußen einverleibt...
Wenden wir uns zunächst einer Frage zu, die notwendigerweise am Anfang steht und bei der wir ruhig ein wenig verweilen wollen. Es ist die Frage: Wie sah denn damals Frankfurt aus, als es preußisch wurde? Damals, vor rund hundert Jahren? Was gab es noch? Was gab es schon? Was gab es noch nicht?

## ALS KALBFLEISCH 16 KREUZER KOSTETE

Wir blättern in alten Zeitungen. Es erschienen damals mehrere, z. B. das uralte »Intelligenzblatt« (die späteren »Nachrichten«), der »Frankfurter Anzeiger«, der »Frankfurter Beobachter« und natürlich Leopold Sonnemanns junge »Frankfurter Zeitung«; sie konnte nach kurzem Verbot schon im November 1866 wieder erscheinen. Die über 200 Jahre alte »Oberpostamts-Zeitung« hatten die Preußen allerdings ganz verboten, worüber ihren letzten Besitzer, den Hofrat Fischer-Goullet, der Schlag rührte.

Wir blättern. Was erfährt man da nicht alles über das Frankfurt von 1866! Es fahren Pferde-Omnibusse, zum Beispiel vom Hanauer Bahnhof, dem alten Ostbahnhof, nach Bockenheim; die Fahrt kostet vier Kreuzer (wobei ein Kreuzer damals nicht ganz zwei Pfennig entsprach). Am Sonntag in aller Früh, um halb sieben, fährt von der Schönen Aussicht ein Extraomnibus nach dem Oberforsthaus. Der Krieg ist zu Ende. Die Militärhospitäler auf der Pfingstweide leeren sich von Tag zu Tag, und die Bornheimer Gastwirtschaften annoncieren wieder Woche für Woche ihre Tanzbelustigungen, Beginn Sonntag nachmittag vier Uhr.

In der Friedberger Straße 7 werden Nähmaschinen tageweise ausgeliehen und »tüchtige Arbeiterinnen dazu gegeben«. Vom Main-Weser-Bahnhof an der Gallusanlage verkehren täglich vier durchgehende Züge nach Kassel, Fahrzeit sieben Stunden. 30 000 Photographien von Kaisern, Königen, Dichtern, Malern und Heiligen, das Stück sechs Kreuzer, werden zur Herbstmesse angeboten. Damen und Herren stellen in der »Harmonie«, Große Bockenheimer Gasse, lebende Bilder aus der griechischen Sagenwelt, und im »Jagd- und Schießsalon«, Großer Hirschgraben 21, es ist das Haus neben dem Goethehaus, gibt es großes Entenschießen.

Im Komödienhaus wird das Lustspiel »Die zärtlichen Verwandten« von Roderich Benedix gespielt, demselben Benedix, der ein Jahrzehnt vorher Intendant des Frankfurter Theaters gewesen war und mit Krach schied, froh darüber, daß er endlich wieder Lustspiele schreiben konnte; er füllte mit ihnen schließlich 27 dicke Bände. Die Buchhandlungen annoncieren fleißig, die Jägersche bietet die »17. Prophezeiung des alten Schäfers Thomas« für das Jahr 1867 an (das leider miserabel zu werden verspricht), die Auffarthsche empfiehlt die »Lebensregelung zum Schutze gegen die Cholera«, und alle verkaufen wie die warmen Semmeln den neuen »Hinkenden Boten« aus Lahr, Auflage eine Viertelmillion. Übrigens Cholera! Es ist die große Angst dieser Zeit. Im Militärspital auf der Mainlust kann man gerade noch eine Epidemie lokalisieren. Es ist die letzte in Frankfurt.

In der Mode herrscht immer noch die Krinoline. Sie tut es seit 1840, entscheidend gefördert durch die Gattin Napoleons III., die Kaiserin Eugenie. Der berühmteste Frauenmaler der Krinolinenzeit, Franz Xaver Winterhalter aus dem Schwarzwald, mit seinen glänzenden Bildnissen vom englischen und französischen Hofe, verbringt seine letzten Jahre in Frankfurt. Als er 1873 hier stirbt, hinterläßt er zwölf versiegelte Gemälde, die erst nach 50 Jahren geöffnet werden sollen. Was mag wohl aus ihnen geworden sein? In der Herrenmode beginnt langsam das »Ofenrohr« zu verschwinden, der hohe schwarze Zylinder, den man bei allen Gelegenheiten trägt.

Kräftige Burschen werden für die Brauereien gesucht – es gibt deren rund 50 in Frankfurt –, brave Lehrlinge fürs Comptoir, gebildete Frauenzimmer fürs Geschäft und gesetzte Personen für den Haushalt. Es erscheint eine neue Frauenzeitschrift, »Die Biene«. Man klagt über das teuere Leben. Ein Pfund fettes Rindfleisch kostet 15 Kreuzer, ein Pfund Kalbfleisch 16 Kreuzer, ein sechspfündiges Brot 29 Kreuzer, ein Pfund Butter 34 Kreuzer, ein Pfund Javakaffee 46 bis 54 Kreuzer, eine Flasche Borsdorfer Äpfelwein 10 Kreuzer, ein Schoppen Bier 4 Kreuzer und ein Bückling 2 Kreuzer...

Wir blättern in alten Zeitungen. Das ist alles sehr interessant. Jedoch wir könnten jahrelang blättern, und wir würden immer noch kein Bild davon bekommen, wie Frankfurt damals, vor hundert Jahren, ausgesehen hat. Aber wir haben Glück! Denn wenige Jahre vor 1866 hat ein begabter Mann die Stadt Frankfurt gezeichnet – aus der Vogelschau, minuziös genau, Straße für Straße, Platz für Platz, Haus für Haus, beinahe möchte man sagen Stein für Stein.

Der Mann hieß Friedrich Wilhelm Delkeskamp. Sein »Malerischer Plan von Frankfurt am Main« erschien 1864. Delkeskamp war damals schon hoch in den

Sechzig, als er unverdrossen mit seinem Skizzenblock mehr als drei Jahre lang von einem Stadtviertel ins andere wanderte und Frankfurt mit seinem Zeichenstift auf Tausende von Blättern bannte. Zu Hause stach er sie dann in Stahl und vereinte sie zu einer gewaltigen Ansicht, als habe er in einem Ballon über der Stadt geschwebt. Wir wissen, daß schon Jahrhunderte vorher der Matthäus Merian, der Konrad Faber und andere Künstler ähnliche großartige Vogelschaupläne von Frankfurt hergestellt haben.

Als Dreißigjähriger war Delkeskamp aus Bielefeld nach Frankfurt gekommen. Die Zeitgenossen haben den Wert seines Planes nie recht erkannt, es waren zudem kritische Jahre, und so sind nur wenige Exemplare von dem Plan erhalten geblieben. Aber es sei erlaubt, an dieser Stelle auf ein Buch hinzuweisen, das ich für eines der schönsten und interessantesten über das alte Frankfurt überhaupt halte. Es heißt »Das Antlitz der Stadt«, stammt von Dr. Fried Lübbecke und ist 1952 im Verlag von Dr. Waldemar Kramer erschienen. In diesem Buch werden die Pläne von Merian, Faber und Delkeskamp in Ausschnitten nebeneinandergestellt und miteinander verglichen. Es ist ein Buch, das zehn andere ersetzt.

Da liegt der Delkeskamp-Plan vor mir. Er ist weit über einen Meter lang und fast einen Meter hoch. Wir haben schon in dem ersten und zweiten Band des »Unbekannten Frankfurt« manchen Ausschnitt aus ihm gebracht, etwa die alten Bahnhöfe an der Gallusanlage oder die Holzhausenöde. Und diesmal wollen wir zwei große Ausschnitte aus ihm veröffentlichen. Der Leser findet sie ganz zu Beginn und ganz am Ende dieses Buches, auf den sogenannten Vorsatzblättern. Lassen Sie Ihr Auge, lieber Leser, auf diesen Ausschnitten aus der alten Frankfurter Stadtlandschaft geruhsam ein wenig spazieren gehen! Sie werden vieles entdecken.

Frankfurt vor hundert Jahren! Auch damals schon war längst, längst die Zeit vorbei, wo der Dom und das Rathaus der Stadt, der Römer, so etwas wie den geographischen Mittelpunkt Frankfurts bildeten. Unaufhaltsam hatte er sich dorthin verlagert, wo er auch heute noch liegt (aber nicht notwendigerweise immer liegen muß) – in die Gegend um die Hauptwache.

Urgemütlich sieht die Hauptwache bei Delkeskamp aus! Einige Bäume, es waren wohl Buchen, flankieren das kleine barocke Gebäude. 1864, als Delkeskamp den Plan zeichnete, hielt hier noch das altersgraue Linienbataillon die Wache. Vom 16. Juli 1866 an waren es die Preußen. Bis 1903, dann wurde die Wache ein Kaffeehaus. Hinter dem Gebäude ist eine Grünanlage. Mittendrin steht das Schillerdenkmal. Die Frankfurter hatten es sich zum 100. Geburtstag Schillers, 1859, bestellt. Sein heutiger Standort in der Taunusanlage ist zu rühmen.

Den Roßmarkt ließ man damals noch bis zur Hauptwache reichen. Er ist der größte freie Platz der Stadt. Das Gutenbergdenkmal ist schon da. Würdig hebt der bärtige Meister seine Hand in Richtung eines der gepriesensten unter den vielen weitbekannten Gasthöfen Frankfurts; es ist der Englische Hof, mit seinen hohen Vasen auf dem Dachfirst. Vor wenigen Jahren erst, 1860, war der weltberühmte Stammgast des Hauses gestorben, von dem auch damals die meisten Frankfurter nur den Namen kannten, Arthur Schopenhauer. Heute stehen an dieser Stelle die Häuser Roßmarkt 13 (Schepeler) und 15. Nach Norden grenzt an den Roßmarkt ein anderer großer Platz, wie heute auch. Auch damals wurde er aus unerfindlichen Gründen als zwei Plätze angesehen. Über den südlichen Platz schreibt schon Delkeskamp: »Götheplatz«, denn seit zwei Jahrzehnten erhebt sich hier das erzene Standbild des Dichters. Die Frankfurter von 1864 allerdings sprechen immer noch gern von der Stadtallee, wegen der schattigen Baumreihen, die den Platz umsäumen und in denen man lustwandelt. Der nördliche Platz ist der Theaterplatz; über 80 Jahre alt ist damals bereits das Theater, das an seiner Nordseite liegt. Das Hettlagehaus daneben steht heute noch.

Vergeblich sucht man auf dem Plan von Delkeskamp nördlich der Hauptwache nach der Schillerstraße. Es gibt sie noch nicht. Dort, wo heute die Börse steht, dehnt sich der gewaltige Rahmhof aus. Lange Zeit war in ihm unter anderem die Postwagenexpedition von Thurn und Taxis untergebracht. Und vom Goetheplatz zweigt noch keine Goethestraße ab. Auch sie entstand erst viel später, in den neunziger Jahren.

Es gibt noch keinen Opernplatz und kein Opernhaus. Wohl aber ist am Eingang zur Hochstraße ein Wachhaus, auf der anderen Straßenseite ein zweites. Das

Bockenheimer Tor! Gerade in dem Jahre 1864, in dem der Plan erschien, hatte man endlich für immer die Wachen an den alten Toren eingezogen. Aber überall stehen noch die Paare der Wachhäuser. Einige, wie die am Taunustor und am Allerheiligentor, blieben bis zum Zweiten Weltkrieg erhalten, und zwei gibt es noch heute, am Affentor in Sachsenhausen. Die Tore und die Bahnhöfe sind die Standplätze der Fiaker. Die Fahrt vom Bockenheimer Tor nach Bockenheim kostet sechs Kreuzer. »He, hopp!« schreien die Kutscher und knallen mit der Peitsche, wenn jemand gedankenversunken ihren Weg kreuzt.

Durch Jahrhunderte lag nicht viel vor den Toren – Gärten, Weinberge, einige Gutshöfe, Sommerhäuser und die vier Warten. Als Frankfurt preußisch wurde, war es jedoch schon über die Promenaden hinausgewachsen. Entlang den Chausseen ziehen die Reihen der Villen. Ein elegantes Westend ist entstanden, auf der anderen Seite der Stadt ein Ostend, in dem es etwas enger und bescheidener zugeht. Hier wohnen die »kleinen Leute«. Das Westend und das Ostend haben bei der Entwicklung der Stadt nach 1866 eine wichtige Rolle gespielt. Einer von beiden fühlte sich immer benachteiligt, die Ostendler z. B. beim Palmengarten und dem Opernhaus, die Westendler beim neuen Zoo und beide beim Hauptbahnhof. Fast jedes Haus im Westend und im Ostend ist noch von Grün umgeben. Wir lesen in der »Gartenlaube« aus dieser Zeit: »In der ganzen Frankfurter Außenstadt dürfte sich nicht ein Haus finden, das nicht einen größeren oder kleineren Garten aufzuweisen hätte.« Und oft ist der Garten eher ein Park. Man kann's sich heute gar nicht mehr vorstellen.

## DIE GROSSE GALLUSSTRASSE WAR DIE »MILLIONÄRSGASS«

Frankfurt zählte damals etwa 75 000 Einwohner.
Nach Bockenheim, dem Nachbarstädtchen zu, ist es längs der Chaussee mit den berühmten Kastanienbäumen fast schon zusammengewachsen. Immerhin, der Schlauch ist noch dünn. Man sieht's am ersten Frankfurter Zoo. Er liegt an der Bockenheimer Landstraße, zwischen der Unterlindau und der heutigen Liebigstraße, und er liegt eigentlich im Freien.
Der Zoo! Er war der zweite in Deutschland, gegründet 1858. Berlin war 1844 vorausgegangen. Frankfurts Spezialität waren Vögel und Antilopen. Mit Raubtieren war nicht viel los. An den Sechskreuzertagen gab es Konzerte, die jungen Damen promenierten auf den Kieswegen rund um den Weiher. 1874 zog der Zoo um, auf die alte Pfingstweide, dorthin, wo er noch heute ist.

Die Eschersheimer Chaussee ist 1864 nur ein kleines Stückchen über den Grüneburgweg hinaus besiedelt; dann ist sie eine wirkliche staubige Landstraße, die eine gute Wegstunde weit nach dem Dörfchen Eschersheim zieht. Die langgestreckte Irrenanstalt auf dem Affenstein, dort, wo sich viel später das Verwaltungsgebäude der IG-Farben erheben soll, lag für die Frankfurter damals weit draußen. Die Anstalt war eben erst fertig geworden. Ihr Schöpfer war der Sanitätsrat Dr. Heinrich Hoffmann, der zwanzig Jahre vorher in aller Unschuld, zum Privatvergnügen seiner Kinder, das berühmteste aller Frankfurter Bücher – nach Goethes Werther – geschrieben hatte, den »Struwwelpeter«. Nun wohnte er unter seinen Patienten, abgeschieden, außerhalb der Stadt. »Nur sonnabends waren einzelne ernst und still auf dem Affensteiner Weg hinwandelnde Gestalten zu sehen; es waren Pfarrer, die ihre Sonntagspredigt memorierten.«
Im Osten gibt es noch die Bornheimer Heide. An der dünn besiedelten Merianstraße beginnt die lange Pappelallee, die quer über die Heide nach Bornheim führt. Unter ihren ersten Bäumen wurden im Revolutionsjahr 1848 Fürst Lichnowsky und der preußische General von Auerswald von einem Haufen Wütender ermordet.

Frankfurt hatte damals sieben Bahnhöfe, ohne die Stationen in Bockenheim, Oberrad, Eschersheim usw., die ja alle noch nicht eingemeindet waren. Sieben, das war entschieden zuviel. Es war eine Verstreuung. Es gab noch keinen Zentralbahnhof. Vier von ihnen lagen nebeneinander an der Gallusanlage, dort etwa, wo heute das Café »Rumpelmayer« und die Dresdner Bank stehen. Der Taunusbahnhof, Frankfurts ältester, lag in der Mitte, der Main-Neckar-Bahnhof und der Main-Weser-Bahnhof links und rechts von ihm. Der Main-Weser-Bahnhof barg außerdem, sozusagen in Untermiete, noch den Homburger Bahnhof. Der fünfte Bahnhof war der Lokalbahnhof in Sachsenhausen, damals ein Durchgangsbahnhof für die Züge von den Westbahnhöfen nach Offenbach und weiter. Der sechste Bahnhof war der Hanauer Bahnhof nördlich des Mains, der spätere Ostbahnhof. Und der siebente? Ja, der lag an einer Stelle, wo man ihn heute nicht mehr vermutet. Nämlich am Fahrtor, unten am Main. Er war wohl nicht viel mehr als eine überdachte, kleine Halle. Die Bahnlinie besteht heute noch. Es ist die Hafenbahn. Damals, als es weder den Westhafen noch den Osthafen gab, war sie die Verbindungsbahn zwischen den Bahnhöfen im Westen und dem Hanauer Bahnhof. Das war schon eine wichtige Strecke! Hier ging's nach Berlin!

Machen wir einen Sprung, mitten hinein in die Stadt! Die Zeil endet 1864 noch an der Konstablerwache. Den Platz dort nannte man den »Dalles«. Seit vielen Jahren versammelten sich auf ihm alljährlich die »Fulder«, die Landarbeiter männlichen und weiblichen Geschlechts aus der Fuldaer Gegend. Sie verdingten sich im weiten Umkreis als Knechte und Mägde. Am »Dalles« trafen sich auch sonst die Arbeitslosen. Das blieb der Konstablerwache bis nach dem zweiten Weltkrieg erhalten. Jenseits des Dalles ist ein Gewirr von Häusern, dazwischen liegt der große Bleichgarten mit seinen langen Pferdeställen – zur Zeit der Messen vergnügt sich das Volk auf diesem Platze – und noch weiter östlich, schon an den Anlagen, ist die Turnanstalt des Herrn Ravenstein. Anderthalb Jahrzehnte später wird man quer durch all dies hindurch die verlängerte Zeil legen.
Unser Auge wandert nach Süden. Der Dom ist noch im Halbkreis von einer Friedhofsmauer umgeben. An ihr stehen die Schirnen der Metzger, die offenen

hölzernen Verkaufsstände. Eine Einrichtung aus dem Mittelalter. Die letzten Schirnen am Dom werden erst zu Beginn des 20. Jahrhunderts verschwinden. Der Domturm trägt noch die runde Kuppel, mit der man 1514 den 99 Jahre langen Turmbau vorzeitig beenden mußte.

Das Dominikanerkloster ist eine Kaserne, das Karmeliterkloster dient als Lagerhaus für den Hafen am Main. Von der alten Judengasse stehen noch gut zwei Drittel. Seit 1811 brauchen die Juden nicht mehr in dem Getto zu wohnen. Viele ärmere Christenfamilien sind eingezogen. Was an hohen, schmalen Häusern in der düsteren, engen Gasse noch existiert, ist zum Abbruch verurteilt, bis auf das Haus der Familie Rothschild.

Auch das Reich, in dem die Rothschilds herrschten, ist noch da – die alte Börse neben der Paulskirche. Die steinernen Figuren der fünf Erdteile an ihrer Front schauen unbeweglich hinunter auf das Hasten und Rufen der Makler. Von der beliebten Konditorei Knecht hinter der Paulskirche berichten die Chronisten, daß hier 1848 Turnvater Jahn, Mitglied der Nationalversammlung, Massen von Biskuittorten zu sich genommen habe.

Am Eschenheimer Turm beginnt ein anderes Reich, das des großen Stifters Dr. Johann Christian Senckenberg. Es erstreckt sich vom Turm nach Osten, bis dorthin, wo man viel später das Postscheckamt bauen wird. Es ist ein großer Komplex mit Bürgerhospital, Botanischem Garten, einer Anatomie, dem Senckenbergmuseum, Bibliotheken, Laboratorien und Sammlungen. 1772 stürzte sich Dr. Senckenberg bei einer Besichtigung vom Gerüst der Bibliothek versehentlich zu Tode.

Die Große Gallusstraße nennen die Frankfurter die »Millionärsgaß«, wegen der Banken und Handelsfirmen, der Metzler, Hauck, Grunelius, Mumm usf., die sich hier niedergelassen haben. Die Bockenheimer Chaussee konnte ihr schon damals den Titel streitig machen; auch die Rothschilds haben dort seit Jahrzehnten ihr Palais und ihren Park, selbst der künstliche »Ritterturm« steht bereits. Und natürlich hat auch Frankfurt seine Seufzerallee. Es ist die Rüsterbaumallee vor dem Eschenheimer Tor, am oberen Oederweg.

Erst zwei Brücken führen über den Main.

Die eine ist die legendär alte steinerne Brücke mit ihren 14 kurzen, stämmigen Bogen. Eigentlich hatte sie niemals einen rechten Namen. Man nannte sie meistens die Mainbrücke, und das genügte.

Die andere Brücke ist kaum zwei Jahrzehnte alt. 1844 begann man mit ihrem Bau. Es ist die Eisenbahnbrücke für die Züge des Main-Neckar-Bahnhofes. Um 1890 wird man sie, um dies vorauszuschicken, zur Straßenbrücke umbauen und Wilhelmsbrücke taufen; es ist die heutige Friedensbrücke.

Am Untermainkai, Delkeskamp zeichnet es liebevoll ein, hat sich ein kleines Paradies geöffnet. Vor kurzem lag hier noch eine schmale Insel. Der »Kleine Main« trennte sie vom Ufer. Er ist zugeschüttet worden, und auf dem jungen Gelände ist das Nizza entstanden. Der alte Stadtgärtner Sebastian Rinz, Schöpfer des Anlagenringes und des Hauptfriedhofes, hat noch die Pläne entworfen, sein Nachfolger und Enkel, Andreas Weber, hat das Werk vollendet.

Ja, und auf der anderen Seite vom Main: Sachsenhausen, ein Dorf, in Gärten und Weinberge gebettet; es wandelt sich zum Stadtteil. Er reicht mainabwärts noch nicht weiter als bis dorthin, wo man bald den Eisernen Steg – als dritte Brücke – bauen wird. In der Gegend, wo heute das Städel ist, sieht man nur Äcker und Obstbäume...


1864, wir sagten es schon, erschien der Plan des Herrn Delkeskamp. In diesem Jahr tagte im Palais Thurn und Taxis in der Großen Eschenheimer Gasse noch der Deutsche Bundestag, die Versammlung der Fürsten. Seit 1815. Über ihr lagen bereits die tiefen Schatten des Zwiespaltes zwischen den beiden größten Staaten, Österreich und Preußen.

1866 fiel die Entscheidung durch die Waffen – und Frankfurt, das fast genau ein halbes Jahrtausend eine Freie Stadt gewesen war, wurde preußisch.

Am 8. Oktober geht über dem Römer die preußische Fahne hoch. Die Stadt ist offiziell einverleibt. Der Zivilgouverneur, Herr von Patow, bringt das Hoch auf den König aus, und auf dem Alten Markt machen die Gemüsehockinnen dazu ihre derben, abschätzigen Bemerkungen...

## »WIR MUSSPREUSSEN«

Alt-Frankfurt! Wer das Wort ausspricht, der meint damit etwas Vergangenes, Nichtwiederkehrendes, meistens etwas Gemütlicheres, Betulicheres, Schöneres. Aber das Frankfurt von heute kann morgen oder übermorgen ein solches Alt-Frankfurt geworden sein. Jede Zeit hat ihr eigenes Alt-Frankfurt – das gestrige oder vorgestrige Frankfurt. Darum läßt sich so schwer sagen, wann eigentlich *das* Alt-Frankfurt gewesen sein soll. Es gibt deren viele.

Und doch! Sehen wir einmal von unserer Zeit ab, wo durch die Kriegszerstörungen tatsächlich ein Alt-Frankfurt unwiderruflich dahinging! Es hat auch früher einmal ein echtes, wirkliches, für immer verlorenes Alt-Frankfurt gegeben. Es war jenes Frankfurt, das mit den Julitagen 1866 so plötzlich zu Ende ging. Hier trennten sich die Zeiten. Hier versank wirklich etwas.

Es muß für die Frankfurter wie ein böser Traum gewesen sein. Mit ihrem fünfhundertjährigen freien reichsstädtischen Frankfurt war es innerhalb weniger Tage und Stunden vorbei. Was ihm folgte, war eine preußische Mittelstadt, mit Gewalt okkupiert und ungefragt einverleibt. Es war schon ein bitterer Sturz! »Wir Mußpreußen« – das Wort ging noch in Frankfurt um, als man schon das 20. Jahrhundert schrieb.

Friedrich Stoltze formulierte es in lakonischer Treffsicherheit: »Die alt Kaiser- und neu Kreisstadt am Main.« Oder etwas ausführlicher und um einen Grad bitterer: »No immerhin, die alte Frei-, Reichs-, Wahl-, Krönungs-, Meß- und Hannelsstadt is e preußisch Provinzstadt worn.« Gewiß, schon 1792 war zum letztenmal ein deutscher Kaiser in Frankfurt gewählt und gekrönt worden, und der Ruhm der Messestadt Frankfurt als Handelszentrum Europas war längst verblaßt. Aber gestern noch war Frankfurt das politische Zentrum Deutschlands gewesen, Sitz des Bundestages der deutschen Fürsten, und die Große Eschenheimer Gasse mit dem Palais Thurn und Taxis war eine der wichtigsten Straßen Europas.

Und jetzt? Vergeblich kämpfte der preußische Zivilgouverneur von Patow, der Frankfurt recht zugetan war, gegen das, was Berlin entschied (und er bat um seine Entlassung, als er es nicht verhindern konnte): Man schuf aus den eroberten Gebieten eine neue Provinz Hessen-Nassau; Hauptstadt der Provinz aber wurde nicht Frankfurt, sondern Kassel. Man teilte die Provinz in Regierungsbezirke ein. Aber Frankfurt wurde nicht einmal Sitz eines solchen Regierungsbezirkes. Nein, es wurde eine simple Kreisstadt. Und am 1. April 1886 wurde es dem Regierungsbezirk Wiesbaden eingegliedert. Frankfurt dafür belohnen, daß es offen antipreußisch gedacht hatte, auch wenn es niemals einen Schuß abgegeben hatte? Das kam nicht in Frage. Die Entscheidung fiel. Eine Kreisstadt, wie tausend andere. Nicht unerwähnt bleibe, daß noch eine zweite Überlegung dabei ihre Rolle gespielt hat: Das Leben in dem reichen Frankfurt war teuer...

Die Dinge änderten sich mit preußischer Gründlichkeit. »Man empfand die Einverleibung als die Hinrichtung eines Unschuldigen. Unsagbare Trauer und Empörung erfüllte alle Herzen. Die Bürgerschaft fühlte sich zu lebenslänglicher Einschließung in Preußen verurteilt« (Schwemer). Allenthalben sah man die schwarz-weißen Schilderhäuser. Frankfurt erhielt eine starke preußische Garnison, unter anderem ein pommersches Füsilierregiment und ein rheinisches Dragonerregiment. Noch im Oktober wurde die allgemeine Wehrpflicht in Frankfurt eingeführt. Die Frankfurter hatten bis dahin nur freiwillig gedient, in ihrer Bürgerwehr, der »Militärmacht am Sonntag« (selten als Berufssoldat im Linienbataillon). »Jetzt spürte man erst wirklich, daß die Freiheit verloren war.« Etliche Bürgersöhne erwarben die Schweizer Staatsangehörigkeit, was man (1869) mit ihrer kurzfristigen Ausweisung beantwortete.
Frankfurt erhielt eine königlich preußische Polizei mit einem Polizeipräsidenten. Es war der Herr von Madai. Man nannte ihn kurzweg den »Dicken«. Als er 1872 nach Berlin ging, sang ihm Stoltze etliche Strophen nach.

> So leb denn wohl! empfiehl als fromme Christen
> Und polizeigetreu bis in den Tod
> Der Huld uns aller künft'gen Polizisten,
> Dann hat's um unser Frankfurt keine Not...

Das Frankfurter Bürgerrecht erlebte eine vollkommene Revolution. Der alte Zopf aus der Zunftzeit fiel, wonach nur Bürger werden konnte, wer eine Frankfurterin heiratete – der berühmte »Eingeplackte« – oder ein Vermögen von mindestens 5000 Gulden, das waren 8500 Mark, besaß. Jetzt jedoch war jeder ein Bürger, der im Stadtgebiet wohnte. Man wurde Bürger durch Zuzug.

Auch das Ende einer anderen Einrichtung war gekommen, die den Frankfurtern – siehe den Fettmilchaufstand im 17. Jahrhundert – oft viel Kummer gemacht hat, das Ende der uralten »Obrigkeit«, des Senates. Seine Mitglieder waren immer auf Lebenszeit gewählt worden, und der Senat wählte sich selbst. Frankfurt erhielt jetzt die Preußische Städteordnung. Nunmehr wählten die Bürger – genauer: jeder, der ein Jahreseinkommen von mindestens 700 Gulden besaß – eine Stadtverordnetenversammlung, und diese wiederum wählte den Magistrat, d. h. zehn Stadträte und den Zweiten Bürgermeister. Den Oberbürgermeister ernannte der König, und zwar wählte er unter drei Persönlichkeiten, die ihm die Stadtverordneten vorschlugen. In der Regel war es der Mann, der als erster genannt wurde.

Wir wollen die Daten ruhig nennen: Die erste Wahl zu den Stadtverordneten war am 18. Juli 1867. Sie ergab einen Erfolg der Demokraten und der Fortschrittspartei. Am 25. September traten die Stadtverordneten zum erstenmal zusammen. Am 27. Februar 1868 war auch der Magistrat ins Leben gerufen. Zum ersten Oberbürgermeister wurde Dr. Heinrich Mumm von Schwarzenstein berufen, Vertreter eines alten Frankfurter Geschlechts.

Dr. Mumm hatte es bestimmt nicht leicht. Er war ein Mann von vielen Ideen und Projekten. Sie reichten von einem großen Theater bis zu einem neuen Viehhof. Zu ihrer Verwirklichung schöpfte er aus dem vollen. Er wirtschaftete großzügig, und er fühlte sich ganz als Vertreter einer reichen Stadt. Man wählte ihn nach Ablauf seiner zwölfjährigen Amtszeit jedoch nicht wieder. Er hatte es mit den Stadtverordneten gar nicht verstanden. Er spielte, wie seine Kritiker sagten, »Senatches«. Er sah sich als alte Obrigkeit, und er nahm schließlich an den Versammlungen der Stadtverordneten kaum noch teil. Er war nicht populär, im Gegensatz zu seinen Nachfolgern, Miquel und Adickes. Er war ein alter Patrizier, mit seinen Vorteilen und Schwächen, ein Rest aus jener Zeit vor 1866, in der die rotgekleideten Römerwachen mit Hellebarden gemessenen Schrittes vor dem Rathaus auf und ab wandelten...

Kurz nach Mitternacht des 15. Oktober 1867 brannte der Dom. Das Feuer war in einer Gastwirtschaft an der Ecke der Fahrgasse entstanden. Die Funken flogen hinüber zum Domdach. Zwei Stunden darauf brannte der hohe Turm wie eine gigantische Fackel. Wir haben die Katastrophe bereits früher einmal geschildert. Wir erwähnen sie jetzt, weil an diesem Tage Frankfurts neuer Herr, der preußische König Wilhelm, von Straßburg kommend, zum erstenmal die Stadt besuchte.
Es war ein düsterer Empfang. Augenzeugen berichten, daß die schwarzgekleideten Honoratioren sich in langen Reihen vor dem Bahnhof aufbauten. Sie zogen ihre Zylinder, als der König kam, und schwiegen. Jemand sprach ein paar Begrüßungsworte. Der König dankte: »Fassen Sie Vertrauen zu mir, wie ich Ihnen vertraue, und ich hoffe auf ein froheres Wiedersehen.« Dann führte man ihn vor die rauchende Domruine (daß ihn dort ein Feuerwehrmann naß gespritzt haben soll, gehört wohl zu den Legenden, die die Frankfurter wie kleine Trostpflästerchen auf ihre tiefe Wunde legten). Jahr für Jahr kam aus der königlichen Schatulle ein größerer Betrag für den Wiederaufbau. Und die neuen Glocken goß man zu einem guten Teil aus französischen Kanonen, die der König für diesen Zweck bestimmt hatte.
Der greise König gehörte wohl zu den ersten Preußen, mit denen man sich in Frankfurt allmählich aussöhnte. Es sickerte durch, daß der König, auch seine Frau und vor allem der liberale Kronprinz Friedrich sich sehr für Frankfurt einsetzten, nicht immer zur Freude Bismarcks. Typisch war die Haltung des Königs bei der finanziellen Auseinandersetzung mit Frankfurt, dem sogenannten Rezeß. Wir wollen es kurz erwähnen:
Preußen betrachtete sich als Rechtsnachfolger des Staates Frankfurt. Das hatte einmal zur Folge, daß Preußen in den sauren Apfel beißen und die bei der Besetzung erhobene Kriegskontribution von sechs Millionen Gulden als seine eigenen

Schulden betrachten mußte. Zum anderen beanspruchte Preußen aber allen staatlichen Besitz der Frankfurter; nicht den städtischen. Das war eine juristisch sehr verzwickte Angelegenheit, zwischen einem Staat und einer Stadt Frankfurt zu unterscheiden.

Als Entschädigung für diese Abtretungen verlangten die Frankfurter drei Millionen Gulden. Preußen aber wollte nur zwei Millionen zahlen. In der entscheidenden Sitzung in Berlin erklärte nun der König, dann wolle er aus der eigenen Tasche die fehlende Million zuschießen. So geschah es. Obgleich der preußische Finanzminister die Million des Königs ein »Gnadengeschenk« nannte, verstanden die Frankfurter doch, daß es dem König vor allem auf den friedlichen Ausgleich mit ihnen angekommen war.

Noch ein Wort zum Rezeß: preußischer Staatsbesitz wurden vor allem Frankfurts militärische Anlagen, zum Beispiel die Kasernen und die Hauptwache, aber auch die Alte Brücke und vor allem die Eisenbahnen mit der zweiten Brücke. Frankfurt hat die Hauptwache, die Brücken und anderes später wieder für teueres Geld zurückerworben. Die Hafenbahn blieb von vornherein städtischer Besitz. Heftig gekämpft wurde jedoch z. B. um die Wiesen am alten Grindbrunnen, wo früher jedes Jahr die Parade der Bürgerwehr stattgefunden hatte. Das Gelände blieb der Stadt erhalten; heute erhebt sich auf ihm der Gebäudekomplex des Westhafens.

Frankfurt schnitt die Preußen, wo es nur ging. Bismarck hat sich sehr darüber beklagt. Es war die Zeit, wo man zu gesellschaftlichen Einladungen in Frankfurt ein o. P. hinzufügte, was die Versicherung war: »ohne Preußen«. Auch jene bekannte Anekdote von dem Straßenkehrer, der einem preußischen Feldwebel auf dessen Anrede: »Mein Bester, ick möchte jerne nach die Eschenheimer Jasse jehn!« ohne aufzublicken, antwortete: »Als hiegange, was leiht mir draa«, auch diese Anekdote ist durchaus typisch für jene Jahre. Was leiht mir draa – die Historiker nannten es »melancholische Apathie«, was die Frankfurter ergriffen habe.

Zu den Frankfurtern, die die alte Fahne hochhielten, gehörte Friedrich Stoltze.

Seine »Latern« wimmelt von Beweisen dafür. Bitter beklagt er sich über die »Umgefallenen«, als sich 1872 ein Ordenssegen über die Stadt ergoß:

> E andrer hat: Zum Land enaus die Ferschte! anst gesunge.
> Jetzt geht er mit ihrm Orde aus. Des Berschi is gelunge!
> Die ehemalig Republik erzeugte liewe Kinner
> Un freie Berjer groß un dick! es stak net viel derhinner.

Vier Jahre später dichtete er in seinem Blatt:

> Ihr könnt in meinen alten Tagen,
> Mich stellen vor ein Strafgericht,
> Mich mit der Gicht ins Zuchthaus tragen,
> Doch bessern, bessern wird's mich nicht.
> Von Freiheit muß ich immer singen.
> Solang mein Herz noch fühlt und strebt,
> Nach Freiheit muß ich immer ringen,
> Nach Freiheit, bis man mich begräbt.

Aber man kann nicht ewig und auch nicht längere Zeit in »melancholischer Apathie« leben. Der Frankfurter Bürgergeist begann sich wieder zu regen, das Bedürfnis, etwas Schönes und Bemerkenswertes für die geliebte Stadt aus Eigenem zu schaffen, jener Geist, der Frankfurt einmal groß gemacht hatte.
Das erste überzeugende Lebenszeichen der Frankfurter Bürgerschaft nach der Katastrophe von 1866 steht jetzt noch vor aller Augen. Auch wir Heutigen können darauf stolz sein.
Es ist der Palmengarten. Daß Frankfurt ihn bekam, hing eng mit dem Krieg von 1866 zusammen.

## DAS KLEINE HIMMELREICH (UNWEIT BOCKENHEIM)

Ich habe einige Bekannte, von denen ich weiß, daß sie Frankfurt gut kennen und es gern haben, danach gefragt, was die Stadt ihrer Meinung nach heute an echten Sehenswürdigkeiten noch bewahrt oder hinzugewonnen habe. Die Meinungen gingen ein wenig auseinander. Aber über ein paar Dinge war man sich allseits einig. Zu ihnen gehörte der Palmengarten. Niemand wird es überraschen.
Er ist eine Sehenswürdigkeit unserer Stadt geblieben, dieser Palmengarten. Wir haben uns an seinen Namen längst gewöhnt. Für fremde Ohren klingt er zunächst ein wenig sonderbar und altmodisch. Aber das Palmenhaus, von dem der Garten seinen Namen hat, ist ja nur die Keimzelle, aus der sich eine der größten und modernsten Pflanzensammlungen Europas entwickelte.
Man merkt's diesem Palmenhaus an, daß mit ihm einst die ganze Sache da draußen an der Bockenheimer Chaussee begann. Das ist ein Stück unverfälschtes 19. Jahrhundert. Und wer hier geruhsam wandelt, der atmet etwas von der Luft eines längst, längst versunkenen Frankfurts.

Dabei lagen, genaugenommen, die Anfänge des Palmengartens gar nicht in Frankfurt, sondern ein paar Dutzend Kilometer weiter westlich. In Biebrich bei Wiesbaden. Es war im Jahre 1850, als sich dort der Herzog Adolf von Nassau im Park seines Schlosses einen schönen Wintergarten mit einem weiten grünen Glasdach und vielen exotischen Bäumen und Pflanzen anlegen ließ. Er wurde das Lieblingsplätzchen seiner Frau.
Der Herzog von Nassau gehörte zu den Verlierern des Krieges von 1866. Er verzichtete auf seine Ansprüche und zog sich ins Privatleben zurück – nach Frankfurt (1890 wurde er dann Großherzog von Luxemburg). Der Herzog erwarb eines der Palais der Rothschilds. Es stand in der Neuen Mainzer Straße, dort, wo sich später die Darmstädter Bank und die Baufirma Wayss & Freytag niederließen. Der Wintergarten folgte dem Herzog nach Frankfurt, allerdings auf einem Umweg. Der Herzog wollte nämlich die Bestände an Pflanzen geschlossen verkaufen, und er beauftragte damit den Bockenheimer Landschaftsgärtner Heinrich

Im Palmengarten. Er war das erste kräftige Lebenszeichen dafür, daß auch nach der Einverleibung Frankfurts in Preußen der alte Bürgergeist erhalten geblieben war. Nicht Stadt oder Staat, sondern die Bürger schufen ihn. Die Pläne entwarf der Bockenheimer Landschaftsgärtner Heinrich Siesmayer; wir erzählen davon. Im Frühjahr 1870 eröffnete man. Der Palmengarten wurde ein Lieblingsaufenthalt der Frankfurter, und sie dürfen bis zum heutigen Tage stolz auf ihn sein.

Siesmayer. Der aber trug sich schon seit einiger Zeit mit der Idee, daß Frankfurt ein exotisches Pflanzenhaus, einen »Südpalast«, haben sollte. Hier war nun die große Gelegenheit!

Siesmayer gewann den Frankfurter Verschönerungsverein für seine Pläne. Man gründete eine private Aktiengesellschaft. Frankfurter und auch Bockenheimer Bürger zeichneten aufs erste 150000 Gulden, später noch einmal denselben Betrag. Der Herzog, der zunächst 100000 Gulden für seine Pflanzen verlangt hatte, begnügte sich schließlich mit 60000. Er war ja nun selbst Frankfurter Bürger geworden, die Stadt hatte ihn mit großer Freundlichkeit aufgenommen, und die Vorstellung war den Herrschaften sehr angenehm, daß sie auch jetzt nicht, im »Exil«, darauf verzichten mußten, unter den alten Palmen zu wandeln.

Am letzten Septembertag des Jahres 1869 begann man mit dem Transport der Pflanzen von Biebrich nach Frankfurt, per Bahn und Schiff. Es sollen 30000 Stück gewesen sein. Eine Anzahl dieser Gewächse gehört heute noch zum Bestand des Palmengartens, Palmen natürlich, aber auch über hundert Jahre alte Azaleen und Kamelien, einst der Stolz von Biebrich.

Wohin sollte man das neue Palmenhaus stellen? Wie später noch oft, traten in dieser Frage Westend und Ostend miteinander in Wettbewerb. Zwei Komitees stritten um den Platz. Man entschied sich für das Westend und versprach dafür dem Ostend, den Zoo von der Bockenheimer Landstraße dorthin, auf die Pfingstweide, zu verlegen, was man ja dann auch getan hat.

1869 baute man das Palmenhaus mit seinem Umgang, und davor, eng mit ihm verbunden, ein Gesellschaftshaus. Siesmayer schuf nach und nach die Anlagen ringsum, auch den romantischen großen Weiher, das Schweizer Häuschen, die Hängebrücke und die künstliche Grotte aus Nauheimer Salinensteinen. Der Palmengarten von damals war etwa ein Drittel so groß wie heute.

Anfang April 1870 wurden das Palmenhaus und das Gesellschaftshaus inoffiziell eröffnet. Man gab das erste Konzert im Freien. Tausende, zehntausende sollten ihm folgen. Die feierliche Eröffnung des Palmengartens geschah dann übers Jahr, am 16. März 1871. Ehrengast war Kronprinz Friedrich. Der Anblick des Gesellschaftshauses mit seinen Säulenhallen bewog einen Berichterstatter zu der

Feststellung: »Die Räumlichkeiten lassen uns die schöneren Seiten des Materialismus erkennen!« Und beim Anblick des üppigen Palmenhauses – 52 Meter lang, 30 Meter breit, 16 Meter hoch – brach er in den Ruf aus: »Ein wahrhaft sinnberückendes Gemälde!«

So hatte Frankfurt etwas erhalten, was sich eigentlich nur Residenzen zuzulegen pflegen. Die Frankfurter aber machten aus ihrem Palmengarten den Lieblingsaufenthalt der ganzen Bürgerschaft. Er war vom ersten Tag an ein wahrer Bürgergarten. Zur Belehrung, zur Erholung, zur Unterhaltung. Und er wurde Frankfurts großer Treffpunkt. Man traf sich hier beim Konzert, beim Kaffee, auf den Terrassen, im Gesellschaftshaus, bei Tagungen und Festen. Nirgendwo, so pflegte man zu rühmen, seien so viele Ehen angebahnt worden wie im Palmengarten.

Zu den Stammgästen gehörte natürlich auch Friedrich Stoltze. Er hat so manches Gedicht auf den Palmengarten gemacht, und auf seine Besucherinnen:

> Im Palmehaus, da sitze se
> Un Ohrn un Nadel spitze se
> Und nach der Musik stricke se
> Un nach dem Takt, da sticke se
> Un lege net die Händ in Schoß
> So was dhut mer dahääme bloß...

»Ja, es is schee im Palmegarte«, seufzte Stoltze voll Behagen, als er sich auf der Terrasse an einen großmächtigen Lorbeerbaum zurücklehnte und nach oben blickte. Er setzte hinzu: »Es is, als ob mer e ganzer Lorbeerbaam aus dem Kopp erauswächst...«

In einer Augustnacht des Jahres 1878 brannte das Gesellschaftshaus ab. Gegen drei Uhr früh gab es die ersten Feuersignale. Kurz darauf stand das Haus in hellen Flammen. Zu löschen war nicht mehr viel. Auch das Palmenhaus bekam etwas ab. Der Nachtwächter wurde entlassen, weil er geschlafen hatte.

Stoltze gab damals den Türmern, die zugleich Brandwachen waren – es waren die Türmer auf der Katharinenkirche und der Paulskirche, der Domturm war noch nicht wieder ganz aufgebaut – den guten Rat: »Die ricksichtsvolle un dugendhafte Zurickhaltung der Frankforter Stormglock is lowenswert; awer die Herrn Thermer sollte nicht gar so sparsam mit der Stormglocke sei, dann immer besser viel Lärm um nix, als wie e abgebrannter Palmegarte.« Und mit stiller Heiterkeit vermerkte Stoltze, daß die Feuerschelle an einem Bürgerhaus, das dem Brandort am nächsten lag, von einem wütenden Hund so gut bewacht wurde, daß niemand sie betätigen konnte; die Leute im Haus aber waren nicht zu wecken.

>    Wo is, wo is uff alle Fäll,
>    Die sicherst Feuer-Melde-Stelle-Schell?
>    Die is an Bartmanns Haus!
>    Da springt e Hund eraus,
>    Um alle, alle Leut zu beiße,
>    Die an der Melde-Stelle-Schelle wolle reiße.

In zehn Monaten baute man ein neues Gesellschaftshaus. Das meiste Geld kam aus einer Lotterie. Der Frankfurter Maler Klimsch schmückte den Saal mit großen Deckengemälden, die Essen und Trinken darstellten.

Die Dividende, mit der die Aktionäre gerechnet hatten, blieb in den ersten Jahrzehnten aus. Alles, was sie erhielten, war freier Eintritt. Siebert, der Historiker des frühen Palmengartens, berichtet, daß man den Unterstützungs- und Pensionsfonds für die Beamten zunächst nur mit jenen Groschen speisen konnte, die aus dem Verkauf nicht abgeholter Fundstücke und aus den automatischen Waagen anfielen.

Die Arbeit am Palmengarten ging nie zu Ende. Er verdreifachte sich. 1887 entstand der erste Rosengarten. 1903 kam die Anzuchtgärtnerei hinzu. Drei Jahre später waren die heutigen dreizehn großen Pflanzenschauhäuser fertig. 1932 entstand der Steingarten mit seinen verschlungenen Pfädchen. Im Jahr vorher, die Wirtschaftskrise hatte ihren Höhepunkt erreicht, löste sich die private Palmengarten-Gesellschaft auf. Der Palmengarten wurde Besitz der Stadt.

Der Palmengarten und der Sport. Das wäre ein Kapitel für sich. Schon 1876 hatte man im Palmengarten eine Rollschuhbahn, einen Skatingring, wie man sagte, gebaut. Er fand nicht allzu großes Interesse. Aber als man 1885 ein großes Terrain hinzukaufte, da entstanden nicht nur die Tennisplätze, sondern rechts oben im Palmengarten auch Frankfurts erste Radrennbahn. Auf der Innenfläche legte man Sport- und Fußballplätze an, aus denen man im Winter eine Eislaufbahn machte. Matador auf der Rennbahn war der Frankfurter Lehr, der damals als unschlagbar galt.

Frankfurts Sportler trafen sich im Palmengarten zu ihren frühesten Meetings. Bernd Naumann hat vor einigen Jahren ausgegraben, daß am 14. April 1895 hier die ersten deutschen Leichtathletikwettkämpfe überhaupt stattgefunden haben sollen. Ob das stimmt, mögen die Sporthistoriker klären. Jedenfalls gab's an dieser Stätte gleich zweimal hintereinander, 1909 und 1910, die deutschen Leichtathletikmeisterschaften. Und Frankfurts »Kanone« auf diesem Gebiet, Willy Dörr, erzielte im Palmengarten seine deutschen Rekorde im Kugelstoßen (1903: 10,24 Meter) und im Diskuswerfen (1905: 38,63 Meter). Dörr war übrigens ein Olympiasieger; er gehörte der deutschen Mannschaft an, die in Athen 1906 das Tauziehen gewann...

1945 lag der Palmengarten im Sperrgebiet der Amerikaner. Das war insofern ein Glück, als sich ein Mann fand, Sergeant Gunn, der voller Tatkraft sich persönlich für den Garten in einer Zeit einsetzte, in der die deutsche Verwaltung kaum Brennstoff für die Gewächshäuser gehabt hätte.

Längst haben die Frankfurter ihren Palmengarten wieder. Eine Million Besucher zählte er 1961. Und 12 000 Abonnenten. Rund 80 Mann arbeiten in ihm. In dem langgestreckten ehemaligen Rothschildschen Landhaus Leonhardsbrunn ist wieder die Berufsschule für Gärtner und Blumenbinder eingezogen.

Von den Spielplätzen her hört man das Lachen der Kinder, von den Tennisplätzen das Aufschlagen der Bälle. Besucher durchwandern die Schauhäuser. Ein

Stückchen regennasser Urwald empfängt sie und das Zauberreich der Orchideen mit 1400 Arten und Formen. Die groteske Welt der Kakteen tut sich vor ihnen auf. Begonien, Ananasgewächse, Azaleen, Farne – zu Hunderten und aber Hunderten. Die Kameliensammlung gilt als die größte Europas, die der Fettpflanzen steht ihr kaum nach. Betäubend duftet der schöne Raum mit den Lilien und Fuchsien, und unbeweglich ruhen die riesigen Blätter der Victoria regia in tropischer Schwüle auf dem Wasser. Hinter einem Seerosenteich, unweit vom neuen Rosengarten, steht das Verwaltungshaus, bis unters Dach grün bewachsen. Einige Boote rudern über den Weiher. Vom Musikpavillon wehen Klänge des Smetana herüber. Irgendwo braust und rauscht es. Es ist die große Stadt. Wie weit weg sie ist!

»Ja, es is schee im Palmegarte!« Ohne »Lokalpatterjotismus« sei es festgestellt.

### Frankfurter Alltag

Bennel = Bindfaden
Nuddel = Tabakpfeife
Scherzi = Schürze
Schmiesi = Vorhemd
Merwes = mürbes Gebäck
Schnorres = Schnurbart
Wutz = Schwein
Watz = Eber
Wuwatz = Schreckwort für kleine Kinder
Morche = schwarze Katze
Scheckel = nichtschwarze Katze
Gebischbel = Geflüster
Gebrocksel = Kuchenabfälle
Gewerzel = Suppengrünes
Geschmiersel = Brotaufstrich (Mus)

## KAA BRICK OHNE SCHMICK!

**Wir sagten** es schon: Der Palmengarten war das erste weithin sichtbare Zeichen, daß der alte Bürgergeist im preußischen Frankfurt nicht untergegangen war. Mitten in der Stadt gibt es noch einen zweiten Zeugen dafür, daß die Frankfurter bald nach dem schweren Schlag von 1866 ihre »melancholische Apathie« überwanden. Es ist der Eiserne Steg.

Wenn man von der Eisenbahnbrücke der Main-Neckar-Bahn (der heutigen Friedensbrücke) absieht, so war damals die Alte Brücke die einzige Brücke in Frankfurt und viele Kilometer den Fluß hinauf und hinunter. Sie genügte längst nicht mehr. Schon damals dachte man daran, sie abzureißen und eine größere Brücke zu bauen. Aber man entschied sich doch schließlich dafür, sie zunächst zu erhalten. Die Frankfurter Brücke war ja eine der drei berühmten deutschen alten Brücken. Die beiden anderen spannten sich über die Donau in Regensburg und über die Elbe in Dresden. Man sagte von der Frankfurter Brücke, sie sei die »röteste« von allen.
Aber wenn die Alte Brücke blieb, dann mußte man also neue Brücken über den Main schlagen. Den Anfang damit machten weder die Stadt noch der Staat, sondern wie beim Palmengarten die Bürger. Wiederum gründeten sie eine private Aktiengesellschaft. Die neue Brücke am Fahrtor sollte eine Fußgängerbrücke sein. Das ist der Eiserne Steg bis heute auch geblieben.
Den Entwurf und die Leitung des Baues übertrug die Brücken-AG dem Ingenieur P. Schmick. Er entwarf ein wahrhaft kühnes Bauwerk. Während die Alte Brücke auf 14 steinernen Bögen ruhte, sollte die neue Brücke nur noch zwei Pfeiler haben und ganz aus Eisen sein. Die Spannweite zwischen den beiden Pfeilern in der Mitte des Flusses setzte man auf rund 80 Meter fest. Die beiden Öffnungen links und rechts zu den Ufern hin maßen und messen noch einmal je 40 Meter.
Der Bau wurde 1869 fertig. Er kostete 120000 Gulden, und die sollten nun auch wieder herausgewirtschaftet werden. Für die Benutzung der privaten Brücke erhob man deshalb von jedem Passanten einen Kreuzer, also nicht ganz zwei

Pfennig. Irgendwo habe ich gelesen, daß die Fußgänger auf der Main-Neckar-Eisenbahnbrücke sogar zwei Kreuzer Brückengeld bezahlen mußten.

17 Jahre später, am 1. Januar 1886, wurde der Eiserne Steg Eigentum der Stadt. Damit fiel auch das Brückengeld.

Um bei den Brücken zu bleiben:

Schon seit langem war man sich darüber klargeworden, daß an die Neue Mainzer Straße auf dem einen Ufer und der Schweizer Straße auf dem gegenüberliegenden unbedingt eine Brücke gehöre, und zwar eine Straßenbrücke. 1872 begann man damit, und wieder übertrug man die Angelegenheit dem Oberingenieur Schmick. Man baute zwei Jahre. 1874 war die Untermainbrücke fertig. Sie kostete 1,1 Millionen Mark.

Zwei Jahre darauf entschloß man sich zu der Obermainbrücke. »Die Brücke ist mit ihrer Achse auf die Säulenvorhalle der Stadtbibliothek gerichtet«, so hieß es. Über ihre Notwendigkeit hat man sehr gestritten. Einmal meinte Dr. Neufville zu dem Projekt in der Stadtverordnetenversammlung: »Diese Brücke würde mich nicht so sehr berühren, da ich glaube, nicht viel Gebrauch davon zu machen.« Daraufhin antwortete ihm Stoltze in der »Latern«: »Guck emal aa! Des dhut mer awer laad for die Owermaabrick! Grad an den Herrn Dr. Neufville hawe mer bei dere Brick zuerscht gedacht, un jetzt will er net emal viel Gebrauch derrvo mache! Des is unrecht!«

Die Brücke wurde beschlossen. Schmick oder nicht Schmick? Das war jetzt die Frage. Es kam zu einem erbitterten Streit darüber, ob er auch diese Brücke bauen solle. Der Magistrat mit Oberbürgermeister Dr. Mumm an der Spitze war dafür, die Stadtverordneten waren dagegen. »Ka Brick ohne Schmick«, sagte Stoltze, und es wurde in Frankfurt ein geflügeltes Wort. Schließlich kam es zu dem Kuriosum, daß der Magistrat seine eigene Stadtverordnetenversammlung bei der Regierung in Wiesbaden verklagte. Wiesbaden entschied salomonisch. Schmick durfte den Entwurf machen. Er mußte aber von einem anderen Frankfurter (W. Lauter) ausgeführt werden. 1878 wurde die Obermainbrücke feierlich eingeweiht. Baukosten 1,13 Millionen Mark.

Innerhalb von neun Jahren, von 1869 bis 1878, hatte Frankfurt also drei neue Brücken erhalten. Jetzt zählte sie fünf, die Stadt, die so viele Jahrhunderte mit einer einzigen Brücke gelebt hatte. Es bleibt noch zu erwähnen, daß dem Ingenieur Schmick eine späte Genugtuung zuteil wurde. Eine Brücke in Frankfurt (und die anschließende Straße) erhielt nämlich seinen Namen. Es ist allerdings keine der großen Mainbrücken, sondern jene viel kürzere, die im Gebiet des Osthafens das Südbecken überspannt.

Um es noch einmal zu wiederholen: der Palmengarten und der Eiserne Steg waren also ein Werk der Bürger. Die private Initiative sprang dort in die Bresche, wo die Stadt oder der Staat entweder kein Interesse zeigten oder nur langsam in Schwung kamen. Es gab noch ein drittes Unternehmen in diesen allerersten Jahren nach dem Ende der Freien Stadt, das auf die Unternehmungslust der Frankfurter Bürger zurückging. Es war die Vogelsberger Wasserleitung.
Sie war der erste große Schritt zur Versorgung Frankfurts mit gutem Wasser aus fernen Quellen. Wie so etwas beginnt – man bildet ein Komitee. Das geschah 1869. Zu den Frankfurter Bürgern, die es ins Leben riefen, zählte auch der unermüdliche P. Schmick. Man entwarf das Projekt, man trat an die Stadtverwaltung heran, und die erklärte, bitte sehr, wir lassen euch gern den Vortritt. Eine private Aktiengesellschaft mit einem Kapital von 3,5 Millionen wurde gegründet, und man ging ans Werk.
Am 22. November 1873 war es soweit: Durch eine 66 Kilometer lange Leitung floß über einen Hochbehälter an der Friedberger Landstraße herrliches Vogelsberger Quellwasser in Frankfurter Haushaltungen. Es war ein großer Moment, als man erwartungsvoll den Hahn aufdrehte – und es floß. Auch aus dem Biebergrund im Spessart holte man Wasser für Frankfurt herbei. Aber die Schwierigkeiten des Unternehmens wurden schließlich zu groß. Drei Jahre später übernahm die Stadt die erste Fernwasserleitung. Das Verdienst der Bürger bleibt ungeschmälert...

## 1871: »ENDLOSE HOCHS...«

In den Büchern, die über die Geschichte Frankfurts geschrieben wurden, ist etwas sehr auffällig: Es enden so viele mit dem Jahr 1866. Das gilt für ältere Werke, aber auch für Bücher aus unseren Tagen, etwa für die so interessanten »Bilder zur Frankfurter Geschichte« mit den synoptischen Tabellen von Dr. Fr. Lerner, erschienen 1950. Sie beginnen zwar im Jahr 794, schließen aber mit 1866. Und von einigen Kapiteln in größeren Werken, z. B. dem Bothe, abgesehen, gibt es eigentlich keine zusammenfassende Darstellung der Jahrzehnte, die auf 1866 folgten.

Es war eben ein tiefer Einschnitt. Das alte Frankfurt war tot. Niemand täuschte sich darüber, daß es endgültig begraben worden war. Was nutzte es, daß die Preußen gesellschaftlich geschnitten wurden, daß die jungen Frankfurterinnen sich betont in den Farben ihrer Stadt kleideten, daß in den Kirchen gehustet und gescharrt wurde, wenn die Geistlichen in ihre Gebete den preußischen König einschlossen und daß viele Bürger in ihren Gesprächen sich so gaben, als existiere überhaupt kein Bismarck.

Das Rad der Geschichte rollte über diese stummen und ohnmächtigen Proteste hinweg. Schon mit dem Deutsch-Französischen Krieg änderte sich vieles – nicht nur, weil auch zahlreiche junge Frankfurter an dem Feldzug teilnahmen, nein, sondern weil jetzt verwirklicht wurde, wofür das Herz gerade der Frankfurter immer geschlagen hatte, die Einheit der deutschen Staaten.

Wir erzählten bereits, mit welchem Schweigen man den preußischen König an jenem Augusttage 1867 empfing, an dem der Dom eine Brandruine war. Vier Jahre später, am frühen Abend des 16. März 1871, stand es anders damit. Der fast achtzigjährige König war vor wenigen Wochen deutscher Kaiser geworden, der Vorfriede mit Frankreich war geschlossen, Napoleon III. saß als Gefangener auf Schloß Wilhelmshöhe.

Von Versailles kommend, traf Wilhelm I. in seinem Extrazug auf dem Main-Neckar-Bahnhof ein. »Endlos waren die Hochs der Kopf an Kopf stehenden Menge.«

Die kaiserliche Equipage rollte durch Triumphbögen auf den Roßmarkt. Dort gab es den feierlichen Empfang, auf diesem Platz, zu dessen bewegter Geschichte einst auch die Hinrichtung des Aufrührers Vinzenz Fettmilch gehörte.

Der Kaiser stieg im »Darmstädter Hof« auf der Zeil ab, im Palais des Großherzogs von Hessen-Darmstadt. Es lag etwa dort, wo heute die linke Front des Kaufhauses Schneider ist. Ende des 19. Jahrhunderts trug man den schönen Barockbau Stein für Stein ab und verwahrte ihn, zuletzt an einem stillen Platz im Stadtwald, für irgendwelche künftigen Zeiten.

Kronprinz Friedrich Wilhelm, 40 Jahre alt, liberal gesonnen, mit Bismarck oft uneins, nahm sein Quartier zwei Häuser weiter unten auf der Zeil, im »Russischen Hof« (die Hauptpost entstand später dort). Dem Generalfeldmarschall von Moltke brachte die Menge eine besondere Ovation, als sie ihn am Abend auf der Zeil entdeckte. Drei Tage später verließen die hohen Herrschaften Frankfurt wieder. Am Hanauer Bahnhof bestiegen sie ihre Salonwagen nach Berlin. Acht Tage vorher war auch Bismarck hier durchgekommen. Er sollte bald nach Frankfurt zurückkehren.

Es waren bewegte Tage. Kleine und große Trupps von französischen Soldaten eilten singend zu den Bahnhöfen. Ihre Gefangenschaft war zu Ende. Stumm umhegte man die Transporte der Verwundeten und Kranken, die aus Frankreich eintrafen. Die Lazarette lagen auf der Pfingstweide, wo heute der Zoo steht. Auch manche luxuriöse Privatvilla hatte sich in ein Lazarett verwandelt. Über 300 Mann, davon 30 Ärzte, zählte das freiwillige Frankfurter Sanitätskorps, das mit nach Frankreich gezogen war. Ganze Armeekorps wurden auf dem Main-Neckar-Bahnhof vom Damenkomitee verpflegt. Die Modegeschäfte verkauften »Kaiserschleifen« mit den Bildnissen der Kaiserfamilie, der Generale und allen Landeswappen.

Es gab auch noch ein Zivilleben.

In den ersten Monaten 1871 tobte die Wahlschlacht. Es ging darum, welchen Abgeordneten Frankfurt in den neugeschaffenen Deutschen Reichstag entsenden sollte. Es durfte nur einer sein. Im Vorläufer des Reichstages, im Norddeutschen

Vor mehr als hundert Jahren zeichnete der Frankfurter Arzt Dr. Heinrich Hoffmann den Christkindchesmarkt auf dem Römerberg. Sein »Struwwelpeter« war damals schon ein populäres Buch. Diese Zeichnung veröffentlichte Hoffmann in seinem nächsten Kinderbuch, im »König Nußknacker und der arme Reinhold« (1851). Es ist das alte Frankfurt. Der Zeichenstift des jungen Arztes hat gerade jenen Teil festgehalten, der auch dem Weihnachten der Urenkel erhalten blieb

Reichstag, war Frankfurt durch den Baron Mayer Karl von Rothschild vertreten gewesen. Seine Gegner, die Demokraten vor allem, warfen ihm vor, daß er dort zu wenig geredet habe. »Der schweigsame Reaktionär«, so nannte man ihn in den zahllosen privaten Wahlanzeigen, die wochen- und monatelang die Frankfurter Blätter schmückten. Gewöhnlich waren sie unterschrieben mit

»Ein alter Frankfurter« oder »Mehrere Frankfurter, die es gut meinen« oder »Ein biederer Sachsenhäuser«. Man drosch aufeinander los, daß die Funken stoben, und wenn jemand in einer Anzeige Rothschilds Arbeitseifer lobte, dann durfte man sicher sein, daß postwendend »ein aufrechter Bürger« in einer anderen Anzeige antwortete, Rothschild habe sich seine Schwielen beim Kuponschneiden geholt.

Leopold Sonnemann, Herausgeber der »Frankfurter Zeitung« und Vertreter der Demokraten, gewann die Schlacht. Allerdings erst im zweiten Wahlgang und nur mit knapp 100 Stimmen vor Rothschild. Es sei vorweg erwähnt, daß Sonnemann noch zweimal der Vertreter Frankfurts im Reichstag werden sollte, 1874 und 1878.

Und sonst? Auf dem Main fuhr nach langen Jahren endlich wieder ein kleines Dampfboot für Ausflügler, die »Main«, sie bewegte sich bis hinauf nach Köln. Im Thaliatheater, es lag am Mozartplatz, sang und tanzte man Offenbachs »Pariser Leben«. Es war Deutschlands erstes Operettentheater. Die Gemüseweiber vom Alten Markt kamen bei dem königlich preußischen Polizeipräsidenten, dem Herrn von Madai, mit der Bitte ein, er möge doch in den Sommermonaten »das Aushocken von Gemüse und Obst bis acht Uhr statt sechs Uhr gestatten«. Und die als so grob verschrienen Sachsenhäuser zogen wie eh und je an den Sonntagen hinaus und bestellten freiwillig und umsonst die Felder der Kranken und Witwen.

Am 8. Juli 1871 erlebte der Roßmarkt einen neuen militärischen Aufmarsch. Fast genau fünf Jahre vorher hatte der »Eroberer« der Stadt, General Vogel von Falckenstein, hier den Vorbeimarsch der einrückenden preußischen Truppen abgenommen. Stürmisch umjubelt, so kehrte diesmal die Frankfurter Garnison aus Frankreich zurück. Es waren allerdings nicht mehr die pommerschen Infanteristen. Neben den rheinischen Dragonern zog jetzt jene Truppe ein, die von diesem Tage an für viele Jahrzehnte die Frankfurter Garnison bilden sollte, das Hessische Infanterieregiment Nr. 81. Seine Quartiere waren das Karmeliterkloster, das Dominikanerkloster und der Frankensteiner Hof in Sachsenhausen. Erst in den folgenden Jahren baute man die Kaserne in der Gutleutstraße. Sie hat zwei Weltkriege überstanden.

## DEN FRIEDEN SCHLOSS MAN IM STEINWEG

Das war also am 8. Juli 1871. Zwei Monate vorher war ein Frankfurter Gasthof in die Weltgeschichte eingegangen.

Man verhandelte damals noch über den Frieden, und zwar in Brüssel. Zahlung von fünf Milliarden Francs in drei Jahren und Abtretung von Elsaß-Lothringen, das waren die Hauptforderungen Bismarcks. Im Versailler Vorfrieden hatten sich die Franzosen damit einverstanden erklärt. Jetzt machten sie Schwierigkeiten. Aber die Entwicklung kehrte sich gegen sie. In Paris herrschte nach einem blutigen Aufstand die Kommune. War die Regierung Thiers, die sich nach Versailles geflüchtet hatte, überhaupt noch Frankreichs rechtmäßige Regierung? Und wie lange war sie es noch?

Thiers wollte beweisen, daß er der Herr im Hause war, und Bismarck wollte den Verhandlungen Nachdruck geben. Man vereinbarte, auf »höherer Ebene« zu verhandeln. Als Treffpunkt nannte Bismarck Frankfurt. Am 5. Mai traf der französische Außenminister Jules Favre mit seinen Unterhändlern ein. Am Tage darauf kamen Bismarck und seine Begleiter.

Zum Verhandlungsort wählte man nicht etwa das Palais Thurn und Taxis oder den Römer oder etwas Ähnliches, sondern Bismarcks Hotel. Es war das renovierte Haus »Zum Schwan« im Steinweg. Niemand wußte Genaueres über das, was da oben im ersten Stock vor sich ging. Man traf sich in strengster Klausur, und zwar in Bismarcks Wohnzimmer, mit Blick auf den Steinweg. Kein Kellner durfte den Raum betreten.

Es ging sehr schnell. Bereits drei Tage später, am 10. Mai, war der endgültige Frieden unterzeichnet. Er bestätigte im wesentlichen den Vorfrieden. Noch an demselben Abend fuhr Jules Favre wieder zurück. Es war so rasch gegangen, daß selbst Bismarck davon überrascht war. Bei einem Bankett mit Frankfurts Oberbürgermeister Dr. Mumm brachte er dann jenen berühmt gewordenen Trinkspruch aus, daß der Frieden von Frankfurt auch den Frieden für Frankfurt und mit Frankfurt bringen möge.

Die Dienerschaft, so wird berichtet, fand im Konferenzzimmer des »Schwans« »allerlei Spuren von Äußerungen außergewöhnlicher Erregung«, zerrissene Konzepte und eine hingeworfene Karte der deutsch-französischen Grenze. »Vor allem hatte der Teppich unter den Füßen der unruhigen Franzosen gelitten.« Wenige Stunden nach der Unterzeichnung liefen beim »Schwan« die ersten Angebote auf den Stuhl, den Schreibtisch, das Tintenfaß, die Feder ein, die Bismarck benutzt hatte. Aber in dem Zimmer blieb alles schön beieinander. Es wurde auch nicht mehr vermietet, sondern nur noch gezeigt. Später wanderte es geschlossen ins Historische Museum und blieb dort für die Nachkommen erhalten.

Dort, wo einmal der Hoteleingang gewesen ist, spazieren heute die Kinobesucher ein und aus. Nur noch der Name des Filmtheaters erinnert an die Stätte, die hier einst war. Daß es ausgerechnet ein Gasthof war, in dem man Frieden schloß, dürfen wir auf der Plusseite Frankfurts buchen. So ist es eben in einer Bürgerstadt, in der nicht Paläste, sondern die Hotels weltberühmt wurden. Einen Hauch von dieser alten Herrlichkeit, allerdings nicht mehr als einen Hauch, kann man übrigens noch in dem Büro- und Geschäftshaus gerade gegenüber dem früheren »Schwan« im Steinweg spüren, in der ungewöhnlichen Treppe zum ersten Stock, in den langen, leicht geschwungenen Gängen mit den vielen Türen, in den altmodischen, gelbgekachelten Treppennischen. Über dem Eingang liest man auf einem alten Sandsteinrelief: Zum Weydenbusch. Auch das war einmal einer von Frankfurts berühmten Gasthöfen.

So verliefen Frankfurts Höhepunkte im Jahre 1871. Und was sagte der Stoltze dazu? Nichts. Seine »Latern« durfte noch nicht erscheinen.

Stoltze gehörte zu jener Generation, die einst Jahr für Jahr den 18. Oktober gefeiert hatte. Das war Frankfurts höchster Staatsfeiertag, und Frankfurt war auch die einzige deutsche Stadt, die diesen Tag unverdrossen gefeiert hat. Es war der Jahrestag der Schlacht von Leipzig, des Sieges über Napoleon 1813. Durch mehr als drei Jahrzehnte, bis zu dem unglücklichen Jahr 1848, begingen die Frankfurter ihren 18. Oktober mit Gottesdienst, großem Festessen und einer glanzvollen Parade der gesamten uniformierten Männlichkeit, der Bürgerwehr und des Linienbataillons. Zahllos sind die farbigen Schilderungen dieses hohen Frankfurter

Tages. Man versteht, daß demgegenüber der Sedanstag, der 2. September, vor allem bei den älteren Frankfurtern, nicht annähernd so populär wurde.
Stoltze hat daraus kein Hehl gemacht. In der »Latern« von 1874 berichtet er über die Sedansfeier in lakonischer Kürze: »Im Zoologische Garte war groß Fütterung. Im Iwrige hat sich alles programmgemäß verloffe...« Viel mehr hat ihn in demselben Jahr der Wäldchestag bewegt. Er verregnete nämlich:

> E neuer schwerer Schicksalschlag
> Hat unser Stadt betroffe,
> So grindlich ist seit Jahr un Tag
> Kaa Wäldchestag ersoffe...

Erwähnen wir noch die Gründerkrise. Sie gehört zum Bild dieser Jahre.
Der gewonnene Krieg, die fünf Milliarden Kriegstribute, die technischen Fortschritte, die noch so junge Gewerbefreiheit – alles das weckte gewaltig die Unternehmungslust. Sie äußerte sich vor allem in der Gründung immer neuer Aktiengesellschaften und in einem Boom an den Börsen.
Man sprach von den Gründerjahren, und man warnte rechtzeitig vor dem Fieber, das die Börsen ergriffen hatte. »Die Sucht nach dem schnellen Gewinn«, berichtet ein Chronist, »war überwältigend. Das Publikum drängte sich immer hitziger heran, so daß selbst ruhige Kapitalisten Kredite in Anspruch nahmen, um Aktien kaufen zu können, auch ihren sonstigen Besitz zu versilbern begannen. Niemand glaubte, trotz aller Mahnungen, daß gerade er der Schwarze Peter sein müsse...«
»Es wird Zähnklappern sein und Heulen, in der Halle mit den Marmorsäulen«, prophezeite auf seine Weise der Stoltze.
Im Jahre 1873 entlud sich das Gewitter. In Wien schlug es zuerst ein, ausgerechnet während der Weltausstellung. Am 1. Mai hatte sie ihre Pforten geöffnet. Am 6. Mai begann die Flucht aus den Aktien. Panik setzte ein und griff blitzschnell um sich. Die Konkurse häuften sich, man schrie nach Staatshilfe. »Dem Gewinnschwindel folgte die Verlustfurcht.« Es wurde ein böses Jahr. Auch für Frankfurt.
»Lustig is die Grinderei! Hol der Deiwel aam derbei!«

## DIE ERSTE PFERDEBAHN

In dieses Krisenjahr 1873 fiel auch Frankfurts größter Aufstand seit den Zeiten des Vinzenz Fettmilch. Es war der Bierkrawall. Wir haben ihn schon im ersten Band des »Unbekannten Frankfurt« geschildert und können uns hier, wo er der Chronologie nach hingehört, entsprechend kurz fassen.

Es ging, wie erinnerlich, um den Bierpreis. Die Brauereien hatten ihn von einem Batzen, das waren vier Kreuzer, auf viereinhalb Kreuzer erhöht. Am 21. April dem letzten Tag der Frühjahrsmesse, dem »Nickelchestag«, zerstörte eine wütende Menge, in der sich viele Auswärtige befanden, 18 Wirtschaften und Brauereien. Die Polizei war machtlos. Sechs Kompanien Soldaten wurden eingesetzt. Schließlich wurde scharf geschossen. Im Gebiet der Fahrgasse gab es 20 Tote und viele Verletzte. Frankfurt glich einer besetzten Stadt. Später wurden 47 Aufrührer zu Zuchthausstrafen verurteilt. Das Bier kostete wieder einen Batzen.

Es war ein schwarzer Tag in der Geschichte unserer Stadt. Und doch schwand er erstaunlich schnell aus dem Gedächtnis ihrer Bewohner. Bei anderen Ereignissen merkte man überhaupt nicht, daß mit ihnen so etwas wie eine neue Zeit begann. Zum Beispiel am 19. Mai 1872. An diesem Tage fuhr die erste Pferdebahn durch die Stadt! Die meisten erblickten darin einen kuriosen Notbehelf und ein kaum sehr aufregendes Experiment. Nur wenige erkannten in der Tatsache, daß man jetzt auch mitten auf den Straßen Wagen auf Schienen dahinbewegte, einen weiteren wichtigen Schritt heraus aus dem endlos langen Altertum des Verkehrs.

Wie kam es in Frankfurt zur Pferde-Straßenbahn? Schon seit 1839 gab es so etwas wie einen Omnibusbetrieb, das heißt Wagen, die »pro omnibus«, »für alle«, da waren, wenn sie nur den Fahrpreis zahlten. Damals war der Taunusbahnhof fertig geworden, und der Lohnkutscher Daniel Keßler erhielt vom hohen Senat die Erlaubnis, mit drei Pferdeomnibussen Reisende vom Bahnhof zu den Hotels und wieder zurückzubefördern. Aus neun Lohnkutschern entstand später die Firma Riese & Sohn, und der Lohnkutscher Heinrich Roth war es, der 1863 den ersten regelmäßigen Omnibusbetrieb in der Stadt, nämlich von der Bockenheimer Warte zum Hanauer Bahnhof, betrieb. Alle halbe Stunde fuhr ein zweistöckiger Wagen.

Inzwischen war man anderswo auf die Idee gekommen, solche von Pferden gezogenen Omnibusse auf Schienen zu stellen. In New York schon 1830. Berlins erste Pferdebahn fuhr 1864 durch den Tiergarten. Das waren alles private Unternehmungen, die Stadtverwaltungen hielten sich anfangs zurück. So ging es auch in Frankfurt. Die Bauerlaubnis für eine Pferdebahn erhielten Anfang der siebziger Jahre zwei Belgier. Durch fast drei Jahrzehnte befand sich der Sitz der »Frankfurter Trambahngesellschaft« in Brüssel! Die Uniformen und Käppis der Frankfurter Straßenbahner entwarf man nach belgischen Modellen.

Wohin sollte man die erste Pferdebahn legen? Man dachte zunächst an eine Strecke nach dem Oberforsthaus. Aber dann entschied man sich für die Linie Schönhof – Bockenheimer Warte – Opernplatz – Hauptwache. Am Pfingstsonntag 1872 zogen auf dieser Strecke zwei kräftige »Belgier« Frankfurts erste Straßenbahn. Aus diesem Anfang wurde ein stattliches Unternehmen. Eine Linie nach der anderen wurde gelegt, man schuf den Grundriß des heutigen Straßenbahnnetzes, und als sich die Stadt 1898 endlich entschloß, die ganze Sache in eigene Regie zu übernehmen und auf elektrischen Strom umzustellen, da waren aus den wenigen Kilometern vom Schönhof zur Hauptwache 16 Linien geworden und aus den paar Gäulen über 600 (jeder hatte seinen eigenen Namen)!

Die Pferdebahn! Sie mutet uns heute viel vorsintflutlicher an als etwa die ältesten Lokomotiven. Und man kommt nicht um den Gedanken herum: die armen Pferde! An heißen Tagen wurden sie an den Endstationen mit Essig abgerieben, an kalten warm eingehüllt. Wenn die Sonne brannte, setzte man ihnen Strohhüte auf. Länger als vier Stunden durften sie keinen Dienst machen. Jahrelang kannte man keine festen Haltestellen. Wer einsteigen wollte, sprang entweder links oder rechts auf den Wagen, oder er gab dem Pferdelenker ein Zeichen, worauf dieser anhielt. Ebenso machte man es beim Aussteigen.

Der Tarif war mit 4 bis 12 Kreuzern teuer. Worüber man sich aber vor allem beschwerte, das war seine Kompliziertheit. Die Fahrpreise waren nämlich nicht nur nach der Länge der Strecke gestaffelt, sondern auch danach, ob man am Vormittag oder am Nachmittag, am Wochentag oder am Sonntag, ob man im Raucherabteil, im Damenabteil oder oben »auf dem Imperiale«, auf dem Deck, Platz nahm. Es gab auch ein paar Stehplätze, und der Schaffner mußte immer nachzählen, ob nicht zu viele Fahrgäste herumstanden. Es kam vor, daß man allzu lästige Hindernisse auf der Strecke einfach umfuhr. Alles stieg dann aus, man hob den Wagen aus dem Gleise, fuhr ihn um das Hindernis herum, setzte ihn erneut auf die Schienen und nahm wieder Platz. Erst spätere Zeiten empfanden den Pferdemist der Straßenbahn mehr und mehr als »lästig«.

Wir haben nicht viele Äußerungen von Stoltze über die Pferdebahnen in der »Latern« gefunden. Er nahm sie offenbar so selbstverständlich wie die meisten seiner Mitbürger. Immerhin hat sich der Herr Hampelmann in einem Gedicht doch einmal Luft gemacht. Hier ist es (gering gekürzt):

Wann ich mit der Trambahn fahr,
Wer ich allerhand gewahr.
Ehrschtens for mei Sicherheit
Is gesorgt zu jeder Zeit.
Dann es fährt da alleritt,
Alleritt e Schutzmann mit.
Wann des net genuch dhut sei,
Steiht aach noch e zwetter ei,
Un e dritter mit em Satz
Hippt em nach un find't noch Blatz.
Alle drei sin abonnirt.
Dann es werd nix eikassirt.
Zwettens sitzt merr so bequem
Un so aißerscht aagenehm,
Wann der Kaste ungefähr
Nor noch zwaamal größer wär.
Schachtele un Henkelkerb,
Un der Kumpe un die Scherb,

Un sogar e Fässi Bier,
Deß sin lauter Passagier.
Säugling freilich, die sin frei,
Grad so wie die Bollezei.
Drittens fährt man vor sei Geld
Nerjends besser uff der Welt,
Wie so uff em Stehplatz draus,
Dann da sieht's noch scheener aus.
Zu em Klumpe, Mann an Mann,
Daß kaa Appel nidder kann,
Is zesamme merr gequetscht,
Un es hilft nix, wann mer krätscht.
In e Heringsfaß verdammt,
Komme merr daher getramt,
Un die Dividenderich
Gucke uns un fraae sich,
Un se spreche voller Huld:
Gott erhalt' euch bei Geduld!

## MAN NANNTE SIE KAISERSTRASSE

Die Stadt wuchs unaufhaltsam.

In die Alltagssprache der Frankfurter ging ein Wort ein, das unendlichen Stoff für Diskussionen bot. Es war das Wort »Durchbruch«. Es bedeutete, daß die Stadt neue breite Straßen brauchte und daß man sie durch die alten Wohnviertel hindurchbrechen mußte. Die Sache selbst war den Frankfurtern natürlich schon von früher her geläufig. Solche Durchbrüche hatte man immer wieder einmal gemacht. Neue Wege waren durch die Anlagen zu legen (womit man jedoch sehr behutsam vorging, denn die Promenaden waren den alten Frankfurtern allezeit heilig). 1855 hatte man einen wichtigen Durchbruch geschaffen, als man den Liebfrauenberg durch die Liebfrauenstraße mit der Zeil verband, und fünf Jahre später verlängerte man die Junghofstraße bis nach der Neuen Mainzer Straße.

Die Durchbrüche, an die man jetzt und in den folgenden Jahrzehnten ging, waren viel einschneidender. Sie veränderten das Gesicht der Innenstadt. Bei dem ersten dieser Durchbrüche ging es um die Verbindung der Innenstadt, d. h. des Roßmarktes, mit den drei Bahnhöfen an der Gallusanlage und zugleich mit der neuen Untermainbrücke (bitte vergessen Sie nicht, lieber Leser, noch immer gab es keinen Hauptbahnhof!).

Zwischen den Bahnhöfen und dem Roßmarkt lag damals – man kann es sich kaum noch vorstellen – eine geruhsame, abgeschiedene Welt von Gärten, weiten Höfen und schönen, stillen Bürgerhäusern. Da waren zum Beispiel das vornehme Cronstettenstift für evangelische alte Damen und die »Loge Carl zum aufgehenden Licht«. Da war auch ein privates Mädcheninstitut. Es hieß der »Weiße Hirsch«; einst gehörte der stattliche Bau der Bankiersfamilie Gontard, und in dem Park hat Friedrich Hölderlin seine Gesänge der jungen Susette Gontard, seiner Diotima, vorgetragen. In den Jahren 1871 und 1872 legte man das meiste von alledem nieder. Am Roßmarkt beginnend, führte man quer durch das Idyll eine breite neue Straße. Man nannte sie Kaiserstraße. Auf ihrer linken Seite führten zwei weitere neue Straßen ab, die Friedensstraße und die Bethmannstraße. Auf ihrer rechten Seite entstand die Kirchnerstraße. Dort, wo sie sich alle mit der Kaiserstraße vereinten, bildeten sie den Kaiserplatz.

Das war also 1872. Vier Jahre später hatte Frankfurt an diesem Kaiserplatz sein neuestes und größtes Hotel erhalten, den »Frankfurter Hof«. Im Juni 1876 wurde er eröffnet. Oberbürgermeister Dr. Mumm hielt die Festrede. Besonders bestaunte man die Dampfheizung in allen Räumen und den »Ascenseur«, den Personenlift. Er war wohl der erste in Frankfurt (aber genau wissen wir es nicht). Die Monarchen, die im Laufe der Jahrzehnte hier abstiegen, wurden bereits an der Straße, am Säulengang, von den Wappen ihrer Hauptstädte begrüßt. Wenn Sie zum Beispiel wissen wollen, lieber Leser, wie das Wappen von London oder Rom aussieht, dort können Sie's studieren.

Sonntagsreiter in der Bockenheimer Anlage. Im Hintergrund das Börnedenkmal und der Eschenheimer Turm. Rings um die Promenaden zog einst ein Reitweg, auf dem man zu seinem Vergnügen und wohl auch in Geschäften einhersprengte. Man kann's sich heute gar nicht mehr vorstellen, dabei ist es noch gar nicht lange her. Die Zeichnung (von H. Junker) stammt aus den achtziger Jahren.

1873 gab es eine weitere Neuerung, die den Alltag der Frankfurter Bürger änderte. Bis dahin mußten sie ihre Straßen selber kehren. Jede Woche zweimal, am Mittwoch und am Samstag, fegten sie die Straße bis zur Mitte, wo der Kehricht aufgehäuft wurde. Ein »Kehrichtkonsortium«, eine Vereinigung von Fuhrunternehmern und Landwirten, holte an diesen Tagen den Straßen- und Hauskehricht ab. Und die Kübel dazu, die lange die Kanalisation ersetzten. Für den Spaß mußte das Konsortium der Stadt jährlich 1500 Gulden zahlen.

Es kam der Augenblick, wo die Abholer den Spieß umdrehten und von der Stadt einen Zuschuß verlangten. Na schön, sagten die Stadtväter, dann machen wir die Sache eben selbst. Sie schufen das Städtische Fuhramt, und am 1. April 1873 holte es den Kehricht zum ersten Male ab. Die Bewohner hatten dafür nichts zu bezahlen. Es ging aus dem großen Stadtsäckel. Auch der Straßenkehrer wurde damals geboren. Wo er nicht von Amts wegen in Erscheinung trat, hatten die Bürger nach wie vor selbst zu kehren.

Ein Stoltze machte auf diese neue Einrichtung ein paar nette Verse. Es war aber nicht der Friedrich Stoltze, sondern sein Sohn Adolf. Dieser stand damals im dreißigsten Lebensjahr. Er gab, wie sein Vater, mit dem ihn kein lebhafter persönlicher Verkehr verband, ein Witzblatt heraus. Es hieß »Die Schnaken«. Durch viele Jahre hatte Frankfurt zwei Stoltzeblätter! Es sei kurz vermerkt ...

1874 bereits legte man das Fuhramt mit der Feuerwehr zusammen. Seitdem hieß es »Feuer- und Fuhramt«. Es war nämlich das Jahr, in dem Frankfurt seine erste Berufsfeuerwehr erhielt. Bis dahin hatte es die Freiwillige Feuerwehr gehabt, die Pompiers mit ihrer alten Tradition. Vielleicht kam es daher, daß die Freiwillige Feuerwehr in Frankfurt bei den hohen Herren als »demokratisch verseucht« galt. Je nun, die heranwachsende Großstadt Frankfurt brauchte zweifellos endlich eine Berufsfeuerwehr. Die freiwillige ließ man daneben bestehen. Sie hat sich 1899 aufgelöst, das heißt in den Vororten und in großen Werken blieb die Idee der freiwilligen Feuerwehr erhalten.

Zur Wache für die Berufsfeuerwehr wurde das Karmeliterkloster in der Münzgasse. Ihr erster Zug war dort bis zum Zweiten Weltkrieg untergebracht.

Wie es früher bei einem Feuer zuging, hat übrigens Friedrich Stoltze sehr schön in der »Latern« von 1890 erzählt. Es verdient, aus den vergilbten Blättern hervorgeholt zu werden:

»So e Brand war e Borjerfraad, un je diefer in der Nacht, desto höcher hat se in Aaseh gestande. Wie anno achtundzwanzig die neu Wasserleitung draus vor der Friberjer Wart her in die Stadt is gefihrt worn, hat deß die ganz Borjerschaft als e Art Mißtraue in die Leistungsfähigkeit von ihre Lunge aagesehn. Dann von Wasser allaa is seit Menschegedenke in Frankfurt kaa Brand gelöscht worn. Ausgekrische hawe mern! Gegen en richdige Frankforter Feuerlärm konnt kaa noch so groß Feuer uffkomme. Wann in der Nacht so e Feuer ausgebroche is, und der Patherner un der Kathrinetherner hawe gestermt, da sind schon gleich beim erste Schlag von der Stormglock verrzigdausent Mensche ze gleicher Zeit un mit gleiche Fieß aus de Better erausgesprunge, hawe im diefste Negleschee die Fenster uffgerisse un in alle Tonarte enaus in die Nacht gekrische: Feuäär! Feuäär! Feuäär! Un alles hat gekrische: Wo is ees? Wo is ees? Un bäng! bäng! bäng! hats widder vom Pathorn erunnergestermt, und der Patherner hat dorchs Sprachrohr erunnergerufe: Feuäär! Feuäär! uff der Bockemergass! Un drunne auf der Gass hat dann jeder sich ehrscht higestellt un aus Leiweskräfte dorch di zwaa hohle Händ: Feuäär! gerufe. No, der Lärm in der Stadt! So e Dambor bei der Stadtwehr, der wollt zeige, was er leiste konnt un hat des Trommelfell gefummelt, daß es e Art hatt. So fuffzig Dambor hawwe was ferdig gebracht. Un ehrscht die freiwillige Jäger mit ihre Hörner. Da hamer Töne gehört, die sin aam dorch Mark un Baa gegangen. Daß bei so em Gekrisch un Gedrommel und Geblas un Gesterm e Feuer hat ruhig weiter brenne könne, war gar net meglich. Es hat zu de greßte Seltenheite gehört, daß e ganz Haus abgebrennt is...«

1874 zog der Zoo um, von der Bockenheimer Landstraße zur Pfingstweide ins Ostend. 1875 wurde die alte Frankfurter Guldenwährung endgültig auf die einheitliche Markwährung umgestellt. 1877 gab es dann ein Ereignis, das alle Herzen bewegte: Bornheim wurde eingemeindet. Bornheim! Das verdient ein besonderes Kapitel, oder sogar zwei.

## DAS LUSTIGE DORF

Bornheim – das stand immer in großem Ansehen. Wie viele Chronisten kündeten der Welt von dem »lustigen Dorf« so nahe bei der Stadt Frankfurt! Da haben wir zum Beispiel den Advokaten Beurmann aus Bremen; er schrieb 1835 über Bornheim: »Ein geräumiger, freundlicher Flecken, dessen Bewohner wegen ihrer nervigten Faust einen bedeutenden Ruhm genießen. Man kann hier die besten Prügel neben dem besten Äpfelwein und den besten Wecken erhalten, ebensogut wie in Sachsenhausen.« Indes, so beeilt sich Beurmann hinzuzufügen, Bornheim ist »ein Ort voll Süßigkeit und Anmut, voll Tanz und Musik, voll Laune und Leben«.

Zwei Jahrzehnte vorher schilderte der Frankfurter Pfarrer und Geschichtsschreiber Anton Kirchner in seinen »Ansichten von Frankfurt am Mayn«, wie es an einem Haupttag in Bornheim zuging: »Welch ein Leben alsdann hier herrschet, ist kaum glaublich. Der Raum wird bald zu enge; aber keine Hitze, kein Gedränge, kein Staub, nichts vermag die strömende Menge abzuhalten. Überall ertönt der Lärm der Hörner und Geigen, und mit Tanzen tut sich besonders die dienende Klasse viel zugute. Dann häufen sich die Sterbelisten der Gänse und Enten, der Hühner und Tauben...« Ein anderer Chronist nennt Bornheim den »Zentralvereinigungspunkt der Frankfurter erholungssuchenden Mittelklasse mit zahlreichen Amüsements-Anstalten«. Ein Kollege von ihm drückt das kürzer aus: »Bornheim ist einer der Hauptvergnügungsörter der Frankfurter.«

»Heut geht's aufs Landgut«, erklärten die alten Frankfurter und marschierten gen Bornheim. Entweder auf der Pappelallee über die Bornheimer Heide oder über den Röderberg mit seiner schönen Aussicht. Am Friedberger Tor standen immer Reihen von Mietwagen.

Bei drei Gelegenheiten im Jahr ging's besonders hoch her in Bornheim – bei der Kirchweih im August, bei der Weinlese im Herbst und am Pfingstmittwoch.

Bornheim von Anno dazumal. Man sieht, es ist Winter. Zwischen den kahlen Bäumen taucht die Johanniskirche auf. Ein Schlitten fährt in Richtung Frankfurt. Noch war Bornheim ein Dorf. Die Frankfurter hatten ein Viertelstündchen Wegs dorthin. ▷

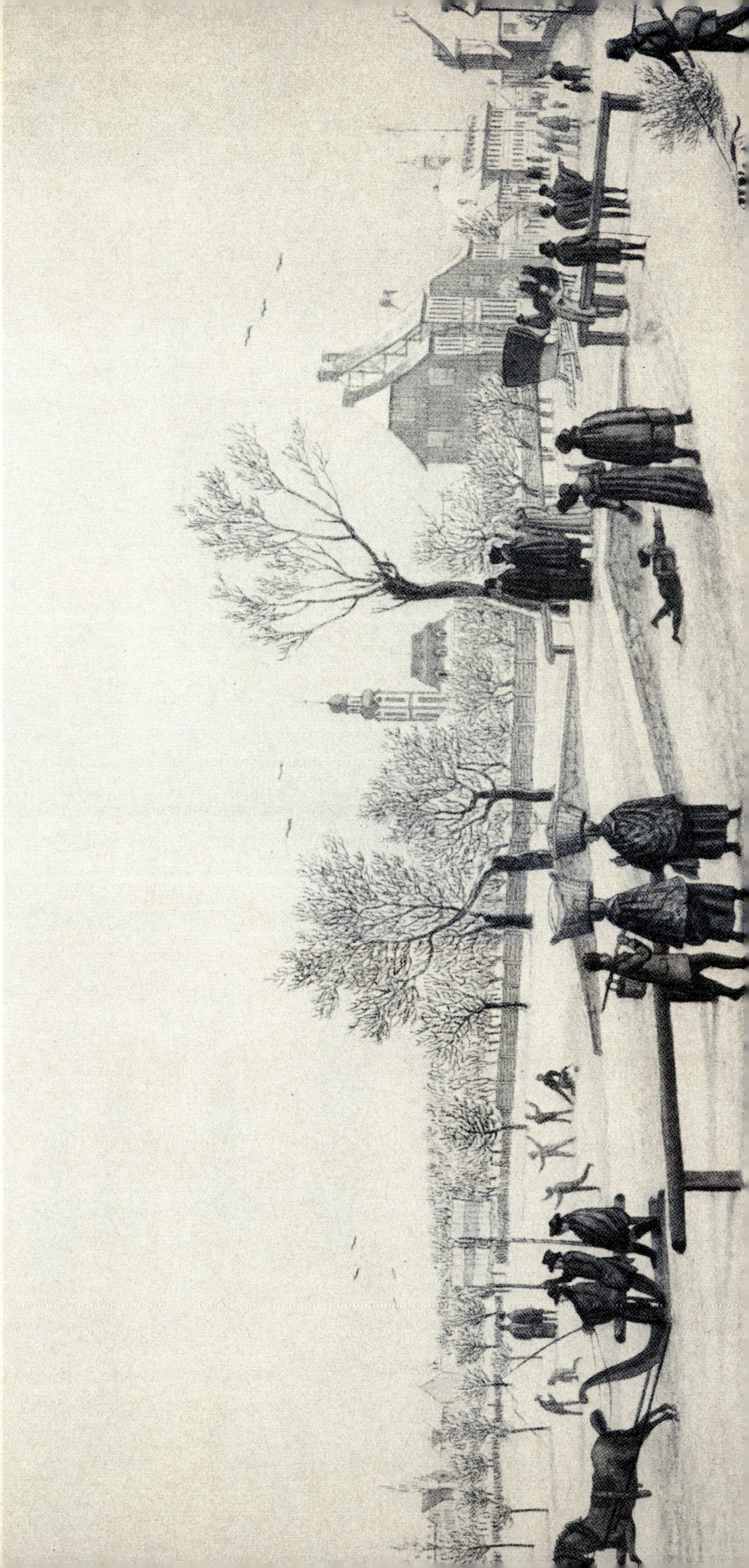

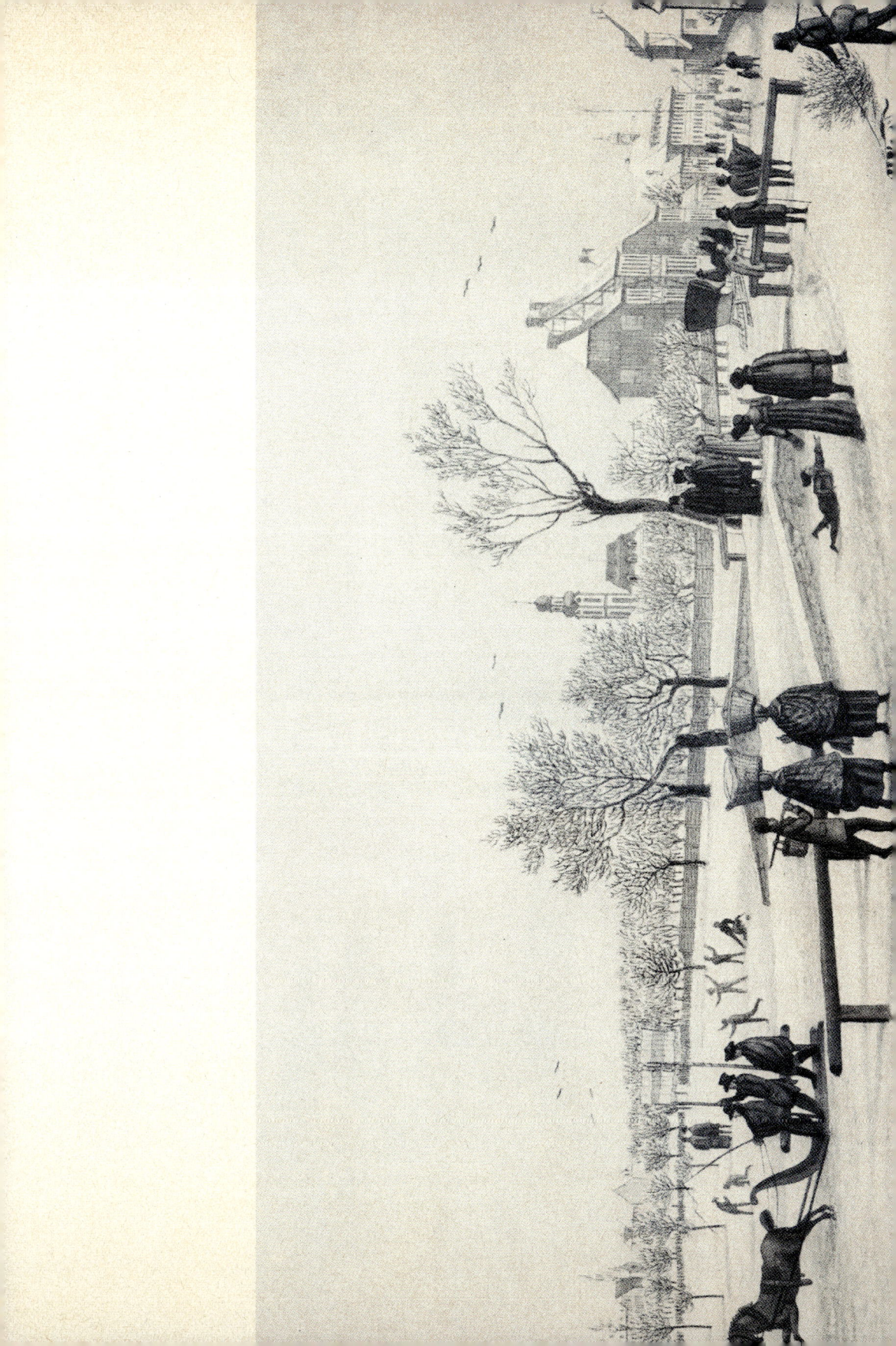

Die Johanniskirche in Bornheim. J. F. Riese hat sie 1904 gezeichnet. Sie blieb auch in der Zeit der Düsenjäger ein stiller Winkel.

Zu den Dingen, die sich die Frankfurter heute auch nicht mehr vorstellen können, gehört die Bornheimer Heide. Sie dehnte sich noch vor achtzig, neunzig Jahren zwischen Frankfurt und dem »lustigen Dorfe« aus. Ihre Pappelallee war berühmt. Am Horizont die Johanniskirche.

Das Foto entstand um 1873. Es ist die erste Zeit der Pferdestraßenbahn. Ein Wagen hält an der Hauptwache. Geduldig wartet der Gaul auf das Zeichen, daß es weitergeht. Der Mann mit dem Handwagen rechts davon gehörte zur Straßenreinigung. Die vierbeinigen »Motoren« der Trambahn gaben ihm reichlich Arbeit.

Im Hotel »Zum Schwan« schloß Bismarck den Frieden mit Frankreich. Rechts neben ihm Außenminister Jules Favre. Niemand, auch kein Kellner, durfte den Raum betreten.

Der alte Goetheplatz – damals, als ihn viele Frankfurter noch Stadtallee nannten. Links die Töpfengasse. Die Kamera von Mylius stand irgendwo am Theaterplatz.

Am Pfingstdienstag hatten die Frankfurter ihren Nationalfeiertag im Wäldchen gefeiert, und am Mittwoch marschierten sie in hellen Scharen zur Nachfeier hinaus auf die Dörfer, nach Bernem vor allem.

Erhalten blieb davon bis heute die Kirchweih. 1962 beging man die 354. Bernemer Kerb. Die Zahl hängt damit zusammen, daß der Historiker Lersner, der 1662 geboren wurde, in seiner »Chronica der Freyen Reichs-, Wahl- und Handelsstadt Franckfurth am Main« berichtete, die erste Kirchweih in Bornheim habe im Jahre 1608 stattgefunden. Niemand weiß die Zahl genau, und zwischendurch war das Fest einmal lange verboten. Aber kein Zweifel – es ist eines der ältesten Volksfeste, das wir feiern. Wilhelm Sauerwein, der in seinen kleinen Komödien einen Frankfurter Lehrer verewigt hat, den Gräff (»wie er leibt und lebt«), hat um 1840 herum auch eine Bernemer Kerb geschildert:
Da hocken überall die Kuchenweiber und rufen den Vorübergehenden mit schallender Stimme zu: »Betrachte se doch die schee merb War! Nemme se doch was mit! Butterkuche, Kimmelweck, e Wunner Gottes! Bretzele, Kuchelloppe, Herz was begehrscht de! Ebbelranze, Quetschekuche, alles von heut.« Über die Bornheimer Heide wandeln die schöngeputzten Mamsellen und halten verschämt Ausschau. »Dreh dich emal um! Des is der wusselig Champagnerreisende, von dem ich der letzt verzehlt hab!« »Warum hat er dann en Brill uff der Nas, is er korzsichtig?« »Er ist e bissi geistreich. Wann er uns aaredt, dann redt nix Dummes!« Vor dem vollbesetzten Äpfelweingarten hält ein Ehepaar an. Sie: »Na! Es is mer hier zu dorchenanner!« »Sei doch kaa Misantröppin!« »Na! Hier is mersch doch e bissi zu gemischt.« »Awwer sin den net alle Mensche gleich? Hier sitzt mer so lendlich. Mer sieht des Griene. Alles geht hier verbei. Hier kann mer sei Menschekenntnis vergrößern.« »Schwätz bis iwermorje!« Und in einem stillen Winkel bei einer Bornheimer Milchfrau packen zwei Frankfurter Damen das Mitgebrachte aus. »Hier in dene Zeitunge is allerhand vor den Schnawel. Wehle se nach ihrem Gusto! In dere Owerpostamts-Zeitung is hausmachent Worscht, in dere Didaskalia e Rindszung un roher Schinke...« »Was is dann in dem Schornal de Francfort?« »Da is Kees drin...«

Über Bornheims historische Vergangenheit dürfen wir uns kurz fassen. Die Geschichte der deutschen Länder ist unendlich kompliziert. Aber wahrscheinlich ist sie nirgendwo so kompliziert wie in Hessen. Begnügen wir uns deshalb mit folgenden lapidaren Feststellungen:

Die Stadt Frankfurt besaß durch etliche Jahrhunderte einige Dörfer in der Umgebung als »staatliches Eigentum«. Dazu gehörten z. B. Soden, Sulzbach, Hausen, Oberrad, Bonames, Nieder-Erlenbach, die Hälfte von Niederursel und noch ein paar andere. 1475 kam Bornheim dazu. Frankfurt kaufte damals das Dorf den Schelmen von Bergen ab. Was war vorher mit Bornheim? Zusammen mit 18 anderen Dörfern hatte es zu einer uralten Grafschaft Bornheimer Berg gehört. Der größte Teil davon fiel an die Herren von Hanau, und daher kam es, daß Frankfurt einst im Halbbogen von Bockenheim bis Bergen vielfach an hanauisches Land stieß (oder später kurhessisches, als die Grafschaft Hanau 1785 mit dem Kurfürstentum Hessen-Cassel vereinigt wurde; 1866 wurde dann alles miteinander preußisch). Bornheim aber wurde, wie gesagt, 1475 eines der Frankfurter Dörfer. Und dabei blieb es auch. Die Bornheimer hatten ihren eigenen Bürgermeister und Schultheißen, ihren eigenen Gemeindehaushalt und auch ihr eigenes Rathaus. Im übrigen gab es das Kuriosum, daß die Freie Reichsstadt Frankfurt in ihren Dörfern über Leibeigene gebot. »Halbe Bauern« nannte man die Dörfler damals. Aber ihr Los war wenig drückend, sie mußten auch die städtischen Äcker bearbeiten. 1818 ging die Leibeigenschaft zu Ende.

1877 wurde Bornheim eingemeindet – das heißt, Frankfurt erhielt nunmehr als Stadtteil, was ihm durch 400 Jahre als Dorf bereits gehört hatte...

Bornheim war ein stattliches Dorf. Die Bornheimer Gemarkung mit ihren vielen blumigen Flurnamen reichte im Norden bis zur Festeburg, also noch über die Friedberger Warte hinaus, im Süden fast bis zum Bethmann-Park, im Osten bis zum Weiher des Ostparks und im Westen bis an den Hauptfriedhof. Was Bornheim als Morgengabe bei der Eingemeindung vor allem mitbrachte, war eine Unmenge Bauland. Das stürmisch wachsende Frankfurt hat es sehr gut brauchen können. 1877 hatte Bornheim knapp 10000 Einwohner. Daraus wurden über 100000! Bornheim wurde Frankfurts volkreichster Stadtteil.

## Die Annexion von Bornheim:

»Dein uff ewig!« So begrüßte Stoltze in seiner »Latern« die Eingemeindung Bornheims 1877. Herr Hampelmann umarmt die stattliche neue Bürgerin, und die beiderseitige öffentliche Meinung, das alte Frankfurter »Intelligenzblatt« und der Bornheimer Gemeindediener, geben sich einen Kuß. Im Hintergrund die Johanniskirche und der Dom, noch im Zustand des Wiederaufbaues.

Es ist lange her, fast zwei Jahrhunderte, daß das Dorf Bornheim einmal in den Ruf einer gewissen Sittenlosigkeit geriet. In mehreren Gastwirtschaften gab es nämlich Damenbedienung. Ein anonymer Verfasser aus dem 18. Jahrhundert, der meinte, ganz Europa kenne Bornheim, hat uns darüber in einem Buch berichtet. Es erschien 1791 in einem Londoner Verlag und nannte sich »Briefe über die Galanterien von Frankfurt am Mayn«. Es gehört zu den rarsten Frankfurter Büchern überhaupt; ich glaube, es gibt zur Zeit nur ein einziges Exemplar in ganz Frankfurt. Was der Autor über das damalige Bornheim zu erzählen hatte, war sicher mächtig übertrieben. Immerhin, es muß schon recht vergnügt zugegangen sein, und es war gut, daß »man in manche Häuser von hinten hineinschlüpfen konnte, ohne viel gesehen zu werden«. Die Namen der Gastwirtschaften, die der

Verfasser nennt, sind heute meistens verschollen und vergessen. »Die fröhlichen Männer« hieß eine von ihnen.

Und die Obrigkeit? »Sie wird im Dunkeln herumgeführt.« Aber offenbar nicht auf die Dauer. Denn schon Pfarrer Kirchner – das Denkmal des freundlichen, pausbäckigen und tüchtigen Mannes steht am Scheffeleck, die Inschrift ist, wie's einmal üblich war, auf der Rückseite des Denkmals – kann 1818 befriedigt feststellen, daß sich durch die polizeiliche Aufsicht in Bornheim vieles zum besten geändert habe. Und als 1830 der junge Dichter Wilhelm Hauff von Bornheim schrieb, war alles vergeben und vergessen. In seinen »Memoiren des Satans« läßt Hauff den eleganten Teufel auch das lustige Frankfurter Dorf aufsuchen. Aus dem »Goldenen Löwen«, einem weit und breit bekannten Lokal, »tönten ihm die zitternden Klänge von Harfen und Gitarren und das Geigen verstimmter Violinen entgegen«. In seiner Begleitung ist ein junger, schüchterner, über beide Ohren verliebter Kaufmann aus Dessau. Der Teufel hilft ihm im »Goldenen Löwen«, die Tochter des reichen Simon aus der neuen Judengasse zu gewinnen. Dort, wo das Gasthaus stand, ist heute die Kirchnerschule...

### Wie der Appelwei entstand

Den Reichsappel in der Hand,
Floh Kaiser Karl zum Mainesstrand,
Un hat, da er sehr abgehetzt,
Sich uff den Appel da gesetzt.
Nadirlich aanzig aus Verseh,
Denn so e Sitz is grad net schee,
Uff aamal odder spiert er was
Un greift danach un is ganz naß
Un lutscht dan draa: Uij! Schmeckt das fei!
Un kreischt dann; „Des is Appelwei!
Gottlob, jetz hat der Dorscht e End,
Gleich morje nemm ich e Padent!"

Adolf Stoltze

## BERGER STRASSE 1 BIS 448

Als Bornheim eingemeindet wurde, hatte es noch keine Berger Straße. Die Hauptstraße, die durch Bornheim lief und im Süden an der Bornheimer Heide endete, hieß Gelnhäuser Straße. Im Norden hatte sie eine Fortsetzung, die Bornheim mit Seckbach verband und deshalb den Namen Seckbacher Gasse trug. Beide Straßen zusammen und ihre Verlängerung bis hinunter zu den Anlagen hat man erst viel später Berger Straße getauft.

Ich habe eine Schwäche für die Berger Straße. Sie ist so quicklebendig, und sie führt stracks durch das Menschenleben, wo es am allerdichtesten ist. Sie ist selbst so etwas wie ein Symbol des Lebens. Idyllisch beginnt sie. An einem grünen Kleinod, genannt Bethmann-Park. Die Nummer 1 ist ein Stück der Parkmauer. Auf der linken Seite beginnen die Häuser erst mit der Nummer 15. Die Straße geht dann bergauf, gemächlich, aber ständig bergauf, einen langen Bergrücken hinauf. Früh beginnt links und rechts der »Ernst des Lebens«: Herderstraße, Hegelstraße, Kantstraße, Schopenhauerstraße, Schleiermacherstraße... Stoltze schlug einst die Hände über dem Kopf zusammen, als er von dem Plan vernahm, ausgerechnet auf der alten Bornheimer Heide Philosophenstraßen zu schaffen, dort »wo Keu un Säu erumgeloffe sin un mehr Schoppestecher als Schopenhauer umherwannelten«. Man sollte, so meinte Stoltze, die Straßen nach dem besten Äpfelweintrinker von Bornheim und der berühmtesten Kuchenvertilgerin benennen. Aber sein Protest nutzte nichts. Das Frankfurter Philosophenviertel, eine typische Miethäusergegend, entstand an einer Stelle, wo es kein Mensch je suchen würde. Je höher man die Berger Straße hinaufkommt, desto mehr strotzt sie von Leben und Menschen. Die bunten Läden drängen sich. »Unsere Zeil«, so nennen sie die Bornheimer. Dort, wo das Uhrtürmchen steht, sprechen sie wohl auch von »unserer Hauptwache«.

Kurz darauf erreicht die Berger Straße ihren großstädtischen Zenit. An der Kreuzung mit der Saalburgstraße. Eine der beiden Straßenbahnen, die den Spaziergänger von Anfang an begleitet haben, empfiehlt sich hier, die Linie 2. Sie biegt nach links ab, in jenes dichtbewohnte Gebiet, das vor achtzig, neunzig Jahren noch ein weites Garten- und Ackerland war und seit Urzeiten Zum Prüfling hieß (wobei Prüfling Pfropfling bedeuten soll). Bald darauf ist es mit der Straßenbahnherrlichkeit der Berger Straße ganz zu Ende. Auch die Linie 10 schlägt sich in die Büsche und macht auf der Gronauer Straße kehrt.

Wir stehen am Kern des alten Dorfes Bornheim. Links zieht eine steile Gasse hinauf. Alt-Bornheim hat man sie in neueren Zeiten getauft. Rechts steht die Kirchnerschule. An der Kreuzung ist ein Obelisk aus Sandstein. Der Hohe Brunnen. Er kündet von der ersten Wasserleitung, die die Bornheimer sich vor rund 130 Jahren zulegten.

Links oben auf dem Berge ragt der Zwiebelturm der Johanniskirche über die Dächer. Wir schlendern hinauf. Das ist noch ein stiller Winkel, mit Pfarrhaus, Gemeindehaus und Gastwirtschaften, dem Großen und Kleinen Schmärrnche. Unwillkürlich gleitet das Auge den Kirchturm hinauf und das Kirchendach entlang. Es sucht einen historischen Zeugen (oder seinen Nachfolger), nämlich den ersten Blitzableiter, von dem Frankfurts Historie berichtet. 1781 wurde er der Bornheimer Kirche aufgepflanzt. Fünf Jahre zu spät, muß man hinzufügen. Denn am 17. Juli 1776, morgens um drei, zerstörte ein Blitzschlag das alte Kirchlein bis auf die Grundmauern.

Im Innern der Kirche findet man etwas, was gewiß nicht allzu häufig ist – die Kanzel ist nicht links oder rechts im Schiff, sondern hoch mitten über dem Altar. Der Herr Pfarrer betritt sie über eine kurze Brücke von der Rückseite des Altars her, und zu der Brücke gelangt er über eine Treppe, die in einem Nebenraum ist. Die Pfarrer im lustigen Dorf haben nicht immer nur Freude an ihren Pfarrkindern gehabt. Sicher nicht ohne Grund haben die Bornheimer Pfarrer bis ins 19. Jahrhundert hinein ungewöhnlich oft gewechselt. Lehrer W. Heister, der verdienstvolle Bornheimer Lokalhistoriker, berichtet von einem Geistlichen namens Mitternacht, der in der zweiten Hälfte des 17. Jahrhunderts in Wort und Schrift heftig gegen die Bornheimer Kerb gewettert hat, gegen »die hiesigen Saufknechte und Weinhelden« und »ihr verdambtes Sauffest«. Nun, das »verdambte Sauffest« wurde tatsächlich verboten, und dabei blieb es über ein Jahrhundert lang. Erst 1812 gab's wieder Kerb in Bornheim.

Vom alten Gottesdienst in der Johanniskirche erzählt sehr hübsch der Frankfurter Künstler Johann Friedrich Hoff, Freund Ludwig Richters und Urbild eines bärtigen gutmütigen Zeichenlehrers, in seinen Erinnerungen (»Aus einem Künstlerleben«, 1901). Die Frau Pfarrer saß Angesicht zu Angesicht mit der Gemeinde und zählte die Häupter der Frommen, und die Gemeindemitglieder, die nichts zur Kollekte beisteuerten, verneigten sich stumm vor dem Klingelbeutel.

Wir gehen zurück zum Hohen Brunnen. Wie schmal wird jetzt die Berger Straße! Und wie krumm zieht sie um die nächste Ecke, vorbei an den beiden vom Zahn der Zeit benagten, breit hingelagerten Häusern, die einmal zwei prächtige Höfe gewesen sein müssen. Ein paar Schritte weiter heißt es dann auf der linken Straßenseite: »Weiße Lilie.« Die Lilch! Der berühmte alte Gasthof! Mit fröhlichem Schmausen und Trinken und Tanzen, später auch mit Theater und Varieté. Das heutige Haus ist neueren Datums. In den getäfelten Wirtsstuben von einst hat sich ein Antiquitäten- und Teppichhändler eingerichtet. Im Tanzsaal dahinter, den ehemaligen Blumensälen, ist heute ein Kino.
Gleich darauf hat man den schönsten Blick auf alte Bornheimer Fachwerkhäuser. Es sind die Nummern 312 und 314 der Berger Straße. Über dem einen Haus hängt noch das Schild mit der goldenen Sonne. Aber die Läden der Wirtsstube sind geschlossen. Auch diese einst vielbesuchte Wirtschaft mit den alten Kastanienbäumen im Garten hat sich jenen Bornheimer Gasthäusern zugesellt, von denen leider nur noch die Erinnerung blieb.
Das Fachwerkhaus daneben, die Nummer 314, nennt man das Rathaus. Vielleicht wohnte hier der letzte Schultheiß; wir haben nicht weiter nachgeforscht. In das Haus führt eine herrlich geschnitzte Tür. Daneben hängen die Namensschildchen der jetzigen Bewohner. Wir zählen deren rund zwanzig! »Ja, wisse Se«, erläutert ein alter Mann, der vorbeikommt, »der Besitzer von dem Haus hat sich da hinne was Neues gebaut und die Abbartemangs da vorn einzeln vermietet.« Ein Jeep hält, eine junge uniformierte Amerikanerin springt ins Haus. Im ersten Stock schreit ein Baby. Man hört eine Frauenstimme: »Sst, Daddy is sleeping.« Bornheim 1963.

Ein paar Häuser weiter ist die Nummer 326. Es steht noch ein altes niedriges schiefergedecktes Gebäude. Hier war einmal Hoffmanns weitberühmte Pfannkuchenwirtschaft. 1878 traf den Wirt mitten unter seinen Gästen der Schlag. Eine ländlich stille Straßenkreuzung. Dahinter nimmt die Berger Straße mit Mietshäusern und einem neuen Wohnblock einen Anlauf, als wolle sie noch einmal große Dinge vollbringen. Aber es geht mit ihr zu Ende. Sie erreicht ihren höchsten Punkt. Er liegt im Freien. Links ist ein Sportplatz, rechts eine alte kleine Äpfelweinwirtschaft. Das »Sträußi«. Sie ist geschlossen. Auch ihre Stunde hat geschlagen. Hinter dem Gemäuer herrliche alte Kastanienbäume. Es ist das letzte Haus von Bornheim. Durch einen Hohlweg stürzt nun die Berger Straße als Landstraße hinab nach Seckbach.

Das »Sträußi« hat die Nummer 448. Das Haus war die Frankfurter Grenze. Es ist das frühere Akzisenhaus, wo die Waren verzollt werden mußten, wenn man nicht vorzog, sie auf halber Höhe durch die stillen Obstgärten am Hang nach Bornheim und Frankfurt hineinzuschmuggeln. Hinter dem »Sträußi« stand vor vielen Jahren auf der Höhe mit ihrem schönen Rundblick ein Galgen. Es war die Gerichtsstätte der Grafschaft Bornheimer Berg. Ein Parallelpfad zur Berger Straße führte dorthin, der Armesünderweg. Später wurde daraus ein Sträßchen, an dem sich einige Anwohner niederließen, und da niemand gern als ein armer Sünder gelten möchte, nannte man das Galgensträßchen phantasielos um in Kohlbrandstraße.

Die Berger Straße ist die Hauptschlagader Bornheims oder ihre Wirbelsäule oder wie immer man es anatomisch ausdrücken möchte. Aber sie ist natürlich nicht Bornheim allein. Dazu gehören Kirchen und Schulen und Siedlungen sonder Zahl, dazu gehören der Nußberg, der Bornheimer Hang mit den Sportplätzen davor, die Friedberger Warte, der Günthersburgpark, der Huthpark, der Röderberg, der »Weiße Sand«, die Ketteleralle mit dem Kerwehaus, vor dem die Burschen alljährlich den geschälten und geschmückten Kerwebaum aufpflanzen, dazu gehören Tausende von Häusern und Häuschen, ein Netz von schmalen Gassen und breiten Alleen, von Gärten und einsamen Feldwegen... Ein Stadtteil, so groß wie eine Großstadt.

Was sagte Friedrich Stoltze zu der Eingemeindung von Bornheim? Er hielt in seiner »Latern« zweimal eine längere Festrede an das »Bernemer Volk«, 1873, als die Eingemeindung angekündigt wurde, und 1877, als sie Tatsache geworden war. Zitieren wir einiges daraus:

»Bernem liegt jetzt am Maa. Die Bernemer hawe jetzt e Zeil, sie hawe ihr Theater, ihre Stadtbiweljodek, Nadurhistorisch Museum, ihre Herbst- und Ostermess, zwaa Perdsmärkt, drei Monumente, en Schillerplatz un en Goetheplatz, en Kaiserdom und e Paulskirch. Die Frankforter herngege hawe jetzt die beste Butterkuche. Die Bernemer awer hawe jetzt die berihmteste Bratwerscht. Und was schon so lang is bedauert worn, daß Frankfort nicht emal sei eige Nationalhymne hätt, is jetzt dorch den Hinzutritt von Bernem, des schon längst seinen Nationalgesang besitzt, beseitigt worn. Also laßt uns fraadig mit einstimme:

      Seht emal die Säu im Gaarte,
      Seht err, wie se weule,
      Seht emal die Löcher an,
      Die se schon geweulet han!«

1877 schrieb Stoltze: »Bernem is jetzt faktisch Frankfort eiverleibt. Mei Herz und dei Herz is aa Klumpe, mei Hemd und dei Hemd is aa Lumpe. Goethe is jetzt aach in Bernem geborn! Dorch e Verschmelzung vom Bernemer Dialekt mit dem Sachsehäuser kann mit der Zeit e ganz neu Sprach entstehn. Was mer awer for unser Bernemer Mitberjer von wege ihrm ewige Seeleheil lieb is, des is, daß Bernem jetzt dorch sei Einverleibung mehr Kirche hat. Bernem hat bisher nor e aanzig Kerch gehat, und dessentwege sin die Bernemer aach noch lang net all eneigange.« Und Stoltze tröstet schließlich die Bornheimer, die seit Jahr und Tag auf die versprochene Trambahn, auf neues Pflaster und ihre neue Wasserleitung warten müssen: »Was mer Euch versproche hawe – des hawe mer Euch versproche! Nor kaa Iwwersterzunge! Ihr hätt in gar kaa bessere Händ falle könne als wie in unser...«

## BAUEN, BAUEN, BAUEN!

Es waren schon prall gefüllte Jahre damals! Es war viel »los« in Frankfurt! Greifen wir einmal das Jahr heraus, das auf die Eingemeindung Bornheims folgte, das Jahr 1878.

Wer gern beim Bauen zuschaute, der hatte damals eine herrliche Auswahl an Bauplätzen. Der größte lag am alten Bockenheimer Tor. Vor Jahr und Tag war dort ein Teil der Anlagen verschwunden. Ein prunkvolles, mächtiges Gebäude war entstanden – das neue Theater. Das Opernhaus. Noch war es nicht ganz fertig, aber der Voranschlag war längst um ein Mehrfaches überschritten. Der Bau fraß eine Million nach der anderen. Allen Ernstes war die Frage aufgetaucht, ob Frankfurt sich hier nicht übernommen habe und den Bau nicht doch lieber einstellen sollte.

Eine andere imposante Baustelle lag unweit der Hasengasse, dort, wo früher lange niedrige Militärbaracken gestanden hatten, die »Flohkasernen«. Zuletzt hatten die Preußen darin domiziliert. Jetzt baute man hier die erste Markthalle Deutschlands, die spätere Kleinmarkthalle. Tag für Tag bestaunte eine dichte Menschenmenge, wie die kühne Eisenkonstruktion, 117 Meter lang, 34 Meter breit, in die Höhe wuchs.

Auf dem Gelände des alten Rahmhofes nördlich vom Schillerplatz baute man am Prachtgebäude der neuen Börse. Noch immer gab es keine Schillerstraße. Am Ufer in Sachsenhausen entstand die neue Dreikönigskirche; im Mai 1881 konnte man sie einweihen. Weiter westlich an dem Ufer, wo es noch ganz ländlich war, näherte sich ein anderer prächtiger Bau der Vollendung. Es war das neue Städel. Die Gemäldegalerie befand sich noch in der Neuen Mainzer Straße. Aber bald konnte sie umziehen.

An der Konstablerwache war man mit einer ganz großen Sache beschäftigt. Nach Osten, quer durch die Häuserviertel und über den Bleichgarten hinweg bis zu den Anlagen, legte man eine neue breite Straße, die verlängerte Zeil. Und schon hörte man davon, daß die ersten Entwürfe für den größten Bahnhof Europas weit draußen auf dem einsamen Galgenfeld erörtert wurden...

Ende der 70er Jahre erschienen in den Frankfurter Blättern die Anzeigen eines der ersten Fahrradhändler in Deutschland, des Herrn Heinrich Kleyer. Er wurde der Begründer der Adlerwerke. Zum »ungenierten Erlernen« des neumodischen Fortbewegungsmittels richtete er in der Gutleutstraße 9 auch eine Radfahrschule ein. Der Name Fahrrad bürgerte sich übrigens recht spät ein. Lange Zeit sprach man nur vom Velociped.

Orig. Philadelphia Rasen-Mäh-maschinen, Wring- und Mangel-Maschinen, Gartenwalzen und Gartenwerkzeuge, Gasoel-Patent, Kochapparate, Teppichkehrmaschinen, Velocipedé jeder Art.
**Heinr. Kleyer,**
Frankfurt a. M.,
8 Bethmannstr. 8.

Dabei hatte Frankfurt soeben erst einen anderen Riesenbau, einen Wiederaufbau, vollendet. Der Dom, der 1867 in Flammen aufging, war neu erstanden. Am 6. Oktober des Vorjahres hatte man den Schlußstein des Kreuzes auf dem neuen Turm gesetzt. Hoch oben auf dem weiten Baugerüst hatte man diesen Augenblick festlich gefeiert, und es wird berichtet, daß die Teilnehmer an der Feier schließlich über den Schlußstein hüpften und seitdem stolz verkündeten, sie seien die einzigen Frankfurter, die über ihren Domturm gesprungen seien. Jahrelang hatte man an dem Dom gebaut. Zwei Millionen, genau 1 976 732 Mark, hatte das große Werk gekostet. Geld war reichlich und aus den verschiedensten Quellen geflossen, nicht zuletzt aus der Lotterie des Dombauvereins.
Das Wahrzeichen Frankfurts hatte sein Aussehen verändert. Durch viereinhalb Jahrhunderte hatte der Turm als Krönung eine runde Kuppel getragen; so kannte ihn die Welt. Boshafte Leute nannten die Kuppel die Frankfurter Schlafmütze.

Der geniale erste Bauherr des Domes, Madern Gertener – er hat auch den Eschenheimer Turm gebaut –, hatte sich den Domturm anders gedacht, mit einer himmelweisenden Spitze. Aber als die Frankfurter 99 Jahre lang an dem Turm gebaut hatten, ließen sie ihn schließlich, im Jahre 1514, unvollendet stehen.

Jetzt hatte man die alte Idee wiederaufgegriffen. Man hatte Gerteners Vision vom Frankfurter Domturm erfüllt. Dombaumeister Franz Denzinger, den man sich aus Regensburg geholt hatte, erneuerte den Turm im wesentlichen so, wie ihn Gertener vor mehr als einem halben Jahrtausend auf einige Pergamente gezeichnet hatte. Er wurde einer der schönsten Kirchtürme Deutschlands.

Weniger zufrieden war man mit dem Wiederaufbau des Kirchenhauses. Denzinger brachte alle Schiffe auf eine Höhe, er fügte die wenig stimmungsvolle Eingangshalle zum Turm hinzu und verkürzte den alten Kreuzgang auf weniger als die Hälfte. Es gab Kritik. Der Stadtpfarrer Münzenberger protestierte so heftig, daß ihm Denzinger das Betreten der Baustelle verbot. Jedoch, Frankfurt hatte seinen Dom wieder.

Noch fehlten die Glocken. In zweistündiger Arbeit zog man am 18. Januar 1878 die mächtigste der neuen Glocken, die Gloriosa, an ihrem »hoffentlich für Jahrhunderte bestimmten« Orte auf – im ersten Geschoß des Turmes. 266 Zentner wiegt sie, gegossen aus 21 eroberten französischen Geschützen und dem geretteten Glockenmetall. Darüber in den Turm kamen die anderen Glocken, die zweitgrößte, die Carolusglocke (95 Zentner), die Bartholomäusglocke, die Aveglocke, die Stadtglocke, die Zeitglocke, die Kreuzglocke, die Gloriaglocke und die Vaterunserglocke, mit 14 Zentnern die kleinste. Beinahe wären aus ihnen wieder Kanonen geworden. 1945. Sie lagen schon auf dem großen Glockenfriedhof in Hamburg. Dort fand man sie nach Kriegsende und brachte sie zurück . . .

Der Januar in diesem Jahr 1878 ist bitterkalt. In einem großen Strohhaufen am Eisernen Steg entdeckt die Polizei neun Stromer, die hier Quartier bezogen haben. Ein Gewölbe der alten Stadtmauer bei der Friedberger Anlage erweist sich als eine andere geheime Unterkunft für Umherstreunende. Frankfurt muß damals von Bettlern und Obdachlosen gewimmelt haben. 150 polizeiliche Sistierungen in 24 Stunden sind keine Seltenheit.

Die Arbeitslosigkeit ist erheblich. Irgend jemand sucht durch die Zeitung einen Auslaufer. Es melden sich 120 junge und alte Männer. Der »Verein zum Wohle der dienenden Klasse« gewährt stellenlosen Dienstboten Kost und Logis für 80 Pfennig am Tag; das Heim ist in der Alten Mainzer Gasse. Die Nächte in der Altstadt sind oft unruhig. Das alte Worschtquartier im Schatten des Domes – das frühere Metzgerviertel – existiert nicht mehr. Seine neuen Mieter, und auch die in der Judengasse, gehören nicht zu den solidesten. Lakonisch berichtet eine Zeitung: »In der Nacht von Samstag auf Sonntag war wieder in dem Hause Breite Gasse 58 einer der scandalösesten Nachtscandale.« Was wirklich los war, erfährt man nicht.

Viele der herrlichen Kastanienbäume in der Bockenheimer Landstraße sterben ab. Man sieht es voll Kummer. Schuld hat die Gasleitung, die man von der Bockenheimer Gasfabrik her unter das Trottoir legte. Auch Stoltze hatte rechtzeitig gewarnt.

Im Viktoria-Theater tritt der berühmte Affendarsteller Jackson aus Liverpool in der Posse »Der Stumme und sein Affe« auf. Das Theater befindet sich an der Ecke der Porzellanhofgasse. (Gegenüber wird man später das Amtsgericht bauen.) Im Sommer ist es ein Zirkusgebäude, im Winter ein Tempel der leichten Muse. Es gibt sehenswerte Operettenaufführungen mit berühmten Gästen. Vor kurzem erst trat hier die Gallmayer aus Wien auf.

Das Schauspielhaus am Theaterplatz spielt zur gleichen Zeit Raimunds »Verschwender«. Das Theater wird von einer privaten Aktiengesellschaft betrieben. Noch kommt sie ohne städtische Subventionen aus (1880 braucht man dann die ersten Zuschüsse). Regisseur wird in diesem Jahr 1878 Otto Devrient aus der berühmten deutschen Theaterfamilie. Aber er ist es nur für fünf Monate. Dann kündigt ihm die Generalversammlung der Theater AG. Devrient hatte gleich mit einem schweren Fehler begonnen, er hatte Frankfurts beliebtesten Schauspieler, Emil Schneider, nicht wieder engagiert. Auch das Repertoire enttäuscht. Devrient geht. Schneider kehrt wieder. Man behilft sich zunächst mit einem Provisorium. 1879 wird dann ein neuer Mann kommen, der durch Jahrzehnte Frankfurts Theater leiten soll, **Emil Claar.**

Bleiben wir noch bei dem Jahr 1878.

Im Juni wird für kurze Zeit im Kaufmännischen Verein zum erstenmal Edisons Phonograph vorgeführt, der Vorläufer des Grammophons. »Er bringt einmal hineingesprochene Worte oder Töne noch nach Wochen und Jahren laut wieder hervor.« Viele Besucher glauben an einen Trick. Aber sie dürfen den Apparat selbst handhaben, während sich sein Besitzer entfernt. Man führt die Schulen geschlossen vor das kleine Wunder mit seinem langen schmalen Trichter und den geheimnisvollen Wachswalzen.

**Vom 12. Juni an, nur einige Tage im Locale des „Kaufmännischen Vereins", 1. Stock.** 4150
☛ **Der Phonograph nach Edison.** ☚
Der Phonograph-Sprechapparat, — welcher einmal hineingesprochene Worte oder Töne nach Wochen und Jahren laut wieder hervorbringt.
**Demonstrirt von 9—1 und 2—7 Uhr.**
Billets à 50 Pf., Schüler 20 Pf. im Vereinslocal und in den Cigarrenhandlungen der Herren C. Reuter, Allerheiligenthor, und J. Dreyfuß, Gr. Bockenheimergasse 15. Allen Vereinen und Lehranstalten günstige Bedingungen. **A. Fuhrmann.**

Am 6. Juni wird »Frankfurts erstes vaterstädtisches Museum« eröffnet, das Historische Museum. Im neuen Archivgebäude am Weckmarkt, südlich vom Dom. Nebenan ist das alte Leinwandhaus, das man einige Jahre später zum Museum noch hinzunimmt. Ein vaterstädtisches Museum. Es hat lange damit gedauert. Es ist spät, aber endlich doch gekommen. Viel hat Frankfurt inzwischen versäumt und verloren. Einer der großartigsten Funde ist schon 1826 in das Wiesbadener Museum gewandert, der römische Mithrastempel, den man auf dem Heidenfeld bei Heddernheim ausgrub. »Das Rettungswerk beginnt, es war der letzte Augenblick«, schreiben die Zeitungen. Was sie von den Schätzen des jungen Museums bei einem Rundgang berichten, macht es dem Heutigen besonders schmerzlich, daß Frankfurt jetzt wiederum so lange auf sein »vaterstädtisches Museum« warten muß. Niemals in seiner über 80jährigen Geschichte wäre das Historische Museum so notwendig wie heute.

Der Sommer – die Badeanstalten am Main öffnen um halb fünf – bringt einige Malheure. Im August verspürt die Stadt einen heftigen Erdbebenstoß. Herr Hampelmann sitzt mit seinem Settchen gerade beim Morgenfrühstück. »Das Kanebeh is mit uns in die Höh gehowe worn, der Disch hat gedanzt, der Kaffe is verschwabbelt gange, die Zuckerdos hat gerappelt, die Stuwedhir is uffgesprunge un drunne hat die Schell an der Hausdhir geklingelt. Settche, mach, daß mer enaus komme! Drauße hat's uff aamal unhaamlich in de Baam aagefange zu rausche.«
Im August brennt das Gesellschaftshaus des Palmengartens ab. Wir erzählten schon davon. Und ein gütiger Zufall bewahrt die Stadt vor einer Katastrophe:
Die berühmte Theatergesellschaft der Meininger gastiert einige Wochen im Schauspielhaus. Am 10. Juli steht Grillparzers Jugendschauerdrama »Die Ahnfrau« auf dem Programm. Um sechs Uhr kommen die ersten Zuschauer in den Saal. Kurz darauf tritt jemand vor den Vorhang und bittet die Herrschaften, das Theater zu verlassen, die Vorstellung falle aus. Sie tun es, murrend, verärgert. Draußen sehen sie, daß aus dem Dachgebälk Flammen schlagen. Kurz nach halb sieben stürzt der Kronleuchter in das Parkett. Das Feuer entstand über dem Kronleuchter. Das Dach brennt ab, alles andere kann man retten. Triefend vor Nässe stehen die Kulissen zur Ahnfrau auf der Bühne. Der Schaden beträgt 120 000 Mark. Für viele Wochen hat Frankfurt kein Theater. Im Viktoriatheater gastiert der Zirkus, das Thaliatheater am Mozartplatz existiert nicht mehr. Nur in Bockenheim spielt Kräusels Sommertheater die »Landpartie nach Königstein« (von diesem Vororttheater unter Bäumen werden wir im Kapitel Bockenheim noch zu berichten haben).
Ein »Unglück« besonderer Art trifft im Spätsommer Sachsenhausen. Der Polizeipräsident setzt für Dribb de Maa die Sperrstunde auf elf Uhr fest! Ein Aufschrei der Empörung geht durch die Reihen der Äpfelweintrinker. Stoltze eilt ihnen zu Hilfe:

> Denkt Euch, en junge Borsch von hiwe,
> Der net vor Acht zum Stoffche kimmt,
> Un mecht sei Halwe, sechs bis siwe –
> Is der um Elf for'sch Bett bestimmt?

Und er donnert in der »Latern« dem königlich preußischen Polizeipräsidenten entgegen: »Um Elf Feierawend? Bei dene Eppel net!«

Noch vieles gibt es aus dem Jahr 1878 zu berichten. Der Schöffe Franz Brentano bestimmt in seinem Testament, daß seine große »Kreuzabnahme« von A. van Dyck im Dome aufbewahrt werden soll. Dort, im nördlichen Querschiff, hängt das Millionengemälde noch heute. Das Netz der Pferdebahnen wächst. Am 1. September kleben in ihren Wagen zum erstenmal bunte Reklameplakate. Die Buben hängen an die Schwänze ihrer Drachen kleine brennende Petroleumlämpchen, bis es die Polizei verbietet. Auf der Hundswiese, sie ist für viele Frankfurter eine unvergeßliche Erinnerung, spielen die Footballklubs Germania und Frankonia miteinander unentschieden. Das Universal-Reise-Bureau am jungen Kaiserplatz veranstaltet die ersten Gesellschaftsreisen. Nach Paris und zurück 3. Klasse 38 Mark.

Auch 1878 sterben bekannte und berühmte Leute. Das beginnt im Januar mit Heinrich Neeb, dem Komponisten und Gründer des Neebschen Männergesangvereins, und schließt wenige Tage vor Weihnachten mit dem plötzlichen Tode eines einsamen verbitterten Mannes, um den das literarische Deutschland heftig gestritten hat, Carl Gutzkow. Wie ein Einsiedler wohnt er in der Sachsenhäuser Stegstraße 29. An einem kalten Wintermorgen öffnet man die Wohnungstür, Rauch dringt heraus. Man findet Gutzkow erstickt auf dem Fußboden seines Wohnzimmers. Sofa und Stühle glimmen. Offenbar hatte Gutzkow wie jeden Abend eine starke Dosis Chloral gegen seine chronische Schlaflosigkeit genommen. Eine Lampe stand zu nah am Sofa, der 67jährige erreichte nicht mehr die rettende Tür.

Im Auftrag von 300 deutschen Schriftstellern spricht Wilhelm Jordan am Grabe des Mannes, der sich für ein Genie hielt, neunbändige politische Romane schrieb, als der Führer der jungdeutschen Literatur galt und von Enttäuschung zu Enttäuschung wanderte. Er liegt auf dem Hauptfriedhof begraben. Eines seiner Theaterstücke, »Der Königsleutnant«, spielt im Großen Hirschgraben, als Johann Wolfgang Goethe noch ein Knabe war und der Siebenjährige Krieg den französischen Kommandanten, den Grafen Thoranc, für lange Jahre ins Haus schneite. Gutzkow schrieb das Lustspiel zu Goethes 100. Geburtstag.

Die Ariadne des Bildhauers Dannecker galt durch ein volles Jahrhundert als Frankfurts berühmtestes Kunstwerk.

Das wurde 1816 die Heimat der Ariadne – das Privatmuseum des Frankfurter Bankiers Simon Moritz von Bethmann. Es ist das heutige »Odeon« in den Anlagen. Davor der Bethmannweiher.

Die Tournüre hatte gesiegt. Selbst Backfische trugen den Cul de Paris, das Polster auf dem verlängerten Rücken. »Cüllche Parillche« sagte man in Frankfurt.

Im August 1867 brannte der Dom. Anfang Oktober 1877 war sein Wiederaufbau vollendet. Frankfurt beging es mit einem großen Fest. ▷

1870 machte Mylius dieses Foto. Alles hat sich hier seitdem geändert. Nur die Krümmung der Straße blieb. Es ist die Einmündung der Hochstraße auf den späteren Opernplatz. Links ein Wachhaus des Bockenheimer Tores.

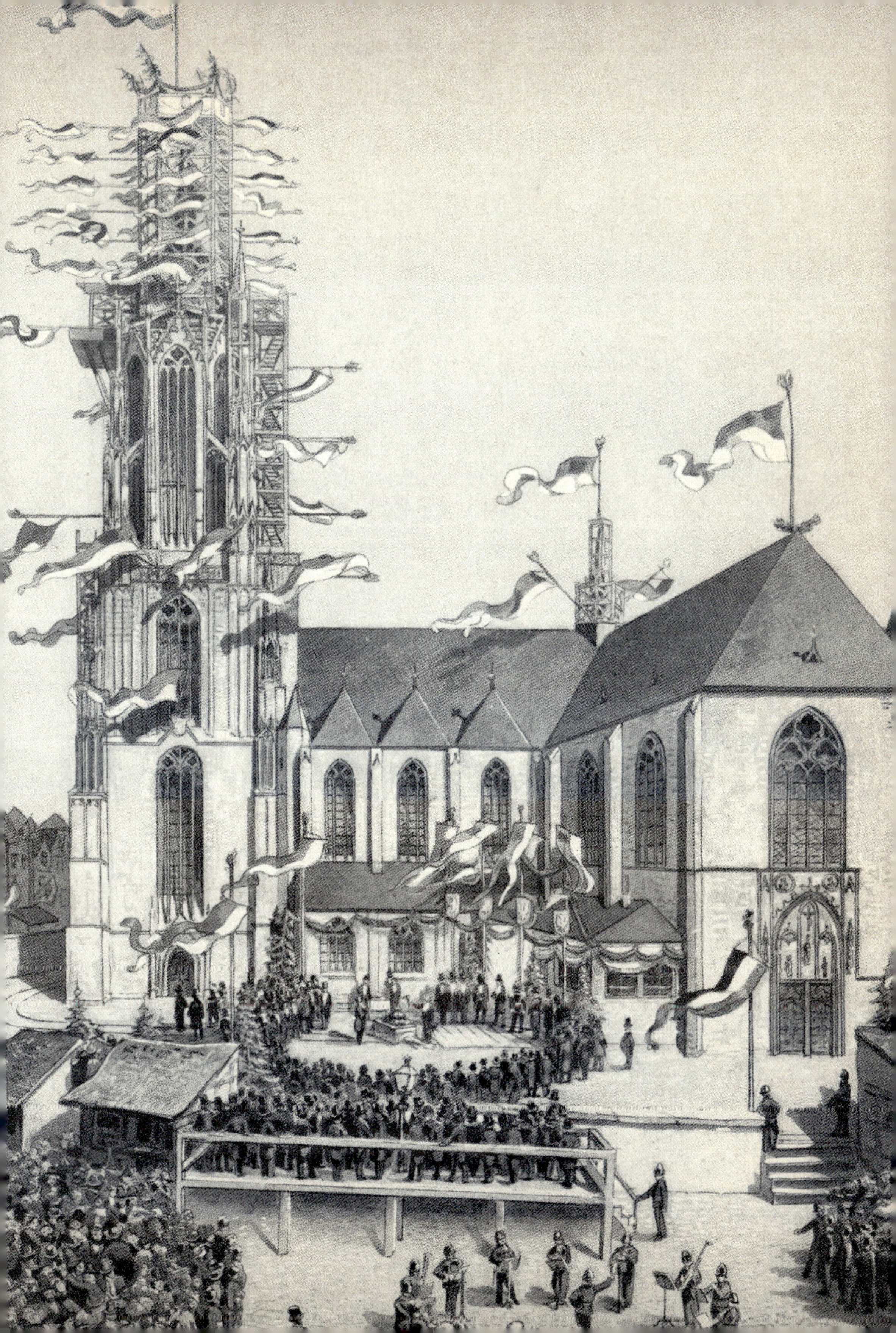

Junge Frankfurterin im Promenadenkleid um 1890. Sie brauchte gewiß lange, bis sie fertig war. Aber der Aufwand lohnte sich. Man fand sie sicher reizend.

So sah der Theaterplatz aus, als Adolf Stoltzes »Alt-Frankfurt« zum ersten Male über die Bühne ging. Ganz rechts das alte Schauspielhaus, mit dem Glasdach, das sich die Front entlangzog.

Am 25. September erlebt Frankfurt einen bedeutungsvollen Tag mehr in diesem Jahr: Das Hochsche Konservatorium wird von Oberbürgermeister Dr. Mumm eröffnet. Es ist eine Stiftung des Dr. J. P. J. Hoch, eines Mannes, der wie Städel, Senckenberg und andere Frankfurter sein ganzes Vermögen den Mitbürgern schenkte, damit aus dem toten Geld ein lebendiges, segenspendendes Werk werde.

Viele fragten sich damals: Wer ist denn dieser Dr. Hoch? Er war ein Einsiedler. Beim Tode seines Vaters, der es im alten Frankfurt bis zum Bürgermeister gebracht hatte, sah er sich ohne Mittel. Er wurde Hilfsaktuar. Am Abend verkehrte der kleine Beamte, der am Tage vielleicht gehungert hatte, in Frankfurts bester Gesellschaft. Er war als Klavierspieler hoch geschätzt. Die berühmte Sängerin Henriette Sontag – sie war mit dem Frankfurter Gesandten von Piemont, dem Grafen Rossi, verheiratet – bevorzugte Dr. Hoch als Begleiter bei ihren musikalischen Soireen. Zwei Erbschaften machten den Hilfsaktuar wohlhabend. Aber das Sparen und Hungern war ihm zur zweiten Natur geworden. Er galt als geiziger Sonderling und zog sich in die selbstgewählte Einsamkeit zurück. 1876 starb er, »und eine edle Tat trat vollkommen unerwartet ins Licht«.

Und noch etwas Wichtiges ist aus dem Jahre 1878 zu vermerken: Die Stadt erwirbt das Haus Alt-Limpurg neben dem Römer, und der erste Stock wird zum Sitzungssaal der Stadtverordneten. Durch viele Jahrzehnte sieht man nun in den Frankfurter Blättern eine Titelzeile, die den Fremden oft ein Rätsel aufgab und späteren Frankfurter Generationen mysteriös erscheinen mußte: »Aus Alt-Limpurg«, oder auch: »Aus dem Hause Alt-Limpurg«. Es sind die Berichte über die Versammlungen der Stadtväter.

Wie es im Saal der Stadtverordneten im Hause Alt-Limpurg aussah, hat uns auf seine Art Friedrich Stoltze in der »Latern« erzählt: »Was ich haaptsächlich an dem Sitzungslokal auszusetze habb, dess is sei Mobiljar. Setzt mer siwenunfuffzig Stadtvätter uff so Stihl? Wer kann da, uff so harte Bolster, lang Ruh im, lang Geduld im, lang Fraadigkeit im, lang Ausdauer im Allerwerteste un Allerliebste, was e Stadtvatter hawe muß, im echte Lokalgefihl hawe? Is des e Wunner, deß so mancher Stadtvatter liewer dehaam bei seiner Stadtmutter uffem Kanebee sitzt? Was könne so siwenunfuffzig rote sammete Ruhsessel mit gepolsterte Ricklehne schon koste?«

Besonders liebevoll beschäftigt sich Stoltze mit dem »ehrwirdigst Gegestann im Saal«, dem alten, großen, eisernen Ofen. »E hunnertjährig Raredät! Er gehört zu de Wahrzeiche von Altfrankfort, gleichsam als finfter Warttorm. In frihere Frankforter Zeite is er nor mit Babbelholz geheizt warn; seit dem neue Deutsche Reich werd er mit Eicheholz geheizt. Wann der alte Ofe verzehle könnt, was er schon all for Redde hat mit aageheert, da könnt sich awer dem König Salomo sei Buch der Weisheit schlafe lege...«

Am 13. November wird der Neubau des Städels am Sachsenhäuser Ufer eröffnet. Wir haben schon im zweiten Band von dieser großartigen Stiftung des Frankfurter Bankiers und Handelsmannes Johann Friedrich Städel erzählt. Die Schätze, die er ansammelte, die Mittel, die er für weitere Erwerbungen hinterließ, die Bilder, die durch die Initiative anderer hinzukamen, führten das Städel im 19. Jahrhundert in die vordere Reihe der europäischen Kunstinstitute.

Und doch – es gab eine Menge Leute, die die Ansicht vertraten, Frankfurts berühmtestes Kunstwerk befände sich gar nicht im Städel, sondern an einer anderen Stelle der Stadt. Das Kunstwerk, das sie meinten, war durch ein ganzes Jahrhundert so innig mit dem Namen der Stadt Frankfurt verknüpft wie sonst nur die Namen Goethe und Rothschild oder der Äpfelwein und die Würstchen. Es war die Ariadne des Herrn von Bethmann. Doch davon im nächsten Kapitel.

### Zur Geisterstunde

Der einst sehr beliebte Frankfurter Schauspieler Weidner spuckte einmal zur mitternächtlichen Stunde aus seinem Fenster. Er traf zufällig den Nachtwächter, der gerade unten vorbeiging. Der Mann schrie erbost hinauf: „Ei, Sie sin doch werklich e Donnerkeilblitzoos!" Weidner rief gelassen hinunter: „Ei, warum stelle Se sich dann in meinen Spucknapf?"

## DIE ARIADNE WAR EINE MAINZERIN

Eigentlich beginnt die Geschichte in Stuttgart. Aber wir wollen doch zunächst die junge Dame vorstellen, um die es geht, die Ariadne, und dazu müssen wir einen Sprung in die antike Mythologie machen. Es gibt dort eine Geschichte, die selbst auf jene Schulbeflissenen Eindruck zu machen pflegt, für die die Götter Griechenlands und Roms sonst nur ein heilloses Durcheinander bedeuten. Es ist die Geschichte vom Labyrinth.

Sie spielt, um sie kurz zu erzählen, auf der Insel Kreta und berichtet von einem König Minos, der ein unentrinnbares Netz von Irrgängen anlegen ließ. In ihm lebte ein Unwesen, halb Mensch, halb Stier, der Minotaurus. Alle neun Jahre mußten ihm sieben Jünglinge und sieben Mädchen aus Athen geopfert werden. Bei einer solchen Schar befand sich auch einmal der Sohn des Königs von Athen, der Held Theseus. Die Tochter des Königs Minos, Ariadne, verliebte sich bis über beide Ohren in ihn. Wenn er sie von Kreta fortbringe, so wolle sie ihm helfen, sagte sie ihm. Sie gab ihm ein Knäuel Garn mit auf den Weg ins Labyrinth. Theseus ließ den Faden in den Gängen abrollen, tötete den schlafenden Minotaurus und brachte alle am »Faden der Ariadne« wieder wohlbehalten ans Tageslicht. Sie flohen, zusammen mit Ariadne.

Auf der Insel Naxos machten sie Station. Der treulose Theseus ließ Ariadne dort mutterseelenallein zurück. Aber sie fand in ihrem Schmerz einen göttlichen Tröster. Denn auf der Insel landete der Gott des Weines, Bacchus, mit seinem Gefolge. Er warb um Ariadne. Darum heißt sie auch die Bacchusbraut. Später versetzte sie der Gott unter die Gestirne...

Und nun von der Antike in das beginnende 19. Jahrhundert, nach Stuttgart. Genauer auf den Königsplatz. Dort hatte damals der berühmte, etwa 50jährige Bildhauer Heinrich von Dannecker sein Atelier. Dieser Sohn eines Reitknechts war schon mit 22 Jahren von dem Herzog von Württemberg zu seinem Hofbildhauer ernannt worden. Sein bekanntestes Werk, an dem er ein Dutzend Jahre gearbeitet haben soll, wurde die große Schillerbüste, in ihren verschiedenen Fassungen; eine davon steht in Weimar.

Um 1806 herum kam Dannecker die Idee, eine Ariadne zu schaffen, auf einem Panther reitend. Als Modell gewann er die bildschöne, sehr beliebte Hofschauspielerin Charlotte Fossetta; sie stammte aus Mainz. Mit ihrem Mann, dem Hofstukkateur Fossetta, war Dannecker gut befreundet. In vielen Monaten entstand zunächst ein Gipsmodell der Bacchusbraut. König Friedrich von Württemberg soll bei seinen Besuchen im Atelier mit betonter Gleichgültigkeit an der lebensgroßen Figur vorübergegangen sein. Diese Antike lag ihm nicht.

Dafür stellte sich ein anderer Besucher ein, ein ernsthafter Interessent. Es war der Bankier Simon Moritz von Bethmann aus Frankfurt, 40 Jahre alt, Kunstmäzen, russischer Staatsrat, führender Finanzmann für große Staatsanleihen und einer der angesehensten Bürger seiner Vaterstadt. Im Bethmannschen Landhaus vor dem Friedberger Tor hatte Napoleon, das haben wir schon früher erzählt, im Oktober 1813 nach der Schlacht von Leipzig seine vorletzte Nacht auf deutschem Boden verbracht.

Es muß im Jahre 1807 gewesen sein, als Bethmann auf das Ariadnemodell aufmerksam gemacht wurde. Die Figur fand seinen ganzen Beifall. Er regte Dannecker an, das Werk in carrarischem Marmor auszuführen. Trotzdem dauerte es noch drei Jahre – so hat viele Jahre später Professor Beyer-Boppard in einer kleinen Ariadnestudie berichtet – bis ein Kaufvertrag zwischen dem Bankier und dem Bildhauer zustande kam. Bethmann erwarb die Ariadne für 11 000 Gulden, und Dannecker verpflichtete sich, sie niemand anderem zu überlassen, »wenn ihm gleich noch so viel darauf geboten würde oder er durch Überredung oder Gewalt dazu veranlaßt werden sollte«. Das war, wie wir gleich sehen werden, kluge Voraussicht von dem Frankfurter Bankier.

Vier Jahre dauerte es, bis Dannecker die Ariadne auf dem Panther endgültig aus einem großen Marmorblock herausgemeißelt hatte. Anfang August 1814 war das Werk vollendet. Jeder durfte es in Danneckers Atelier bewundern. »Hier thronte die göttliche Ariadne in wunderbarer Schöne und Vollendung. Ergreifend wirkte auf jeden der harmonische Linienfluß, die attische Vollendung, der gemütsbestrickende Rhythmus, das reiche Innenleben und das charakteristische Gepräge maßvoller edler Ruhe.«

In diesen Jahren kam der Kaiser von Rußland nach Stuttgart, den König von Württemberg zu besuchen. Man führte ihn auch in Danneckers Atelier. Und bewundernd stand er vor der Ariadne. Sein Gastgeber, König Friedrich, begann sich nun auf einmal lebhaft für die Statue zu interessieren. Er wollte sie seinem russischen Gast schenken. Zu spät. Der Frankfurter Bankier war den Majestäten zuvorgekommen; auch hohe Ungnade vermochte daran nichts mehr zu ändern.
Im Juni 1816 trat die Ariadne ihre Reise nach Frankfurt an. Der schwäbische Dichter Friedrich Rückert rief ihr in einem Gedicht nach:

>Traur' Stuttgart, tief im Grame,
>Traure! Deine schönste Dame,
>Ariadne war ihr Name,
>Ariadn' ist dir geraubt,
>Ariadne, die vor allen
>Schönen, die ich hier sah wallen,
>Als die schönste mir gefallen
>Mit dem stolzerhobenen Haupt...

Er schließt mit den Versen:

>Heute klag ich noch und weine,
>Aber morgen will ich eine
>Wählen, nicht von Marmelsteine
>Zum Ersatz für den Verlust.
>Du von Stein, die ich verliere,
>Reit auf deinem Panthertiere,
>Reite du dahin und ziere
>Dort die fremde Stadt mit Lust.

In der »fremden Stadt« hatte inzwischen Herr von Bethmann der Ariadne eine würdige Stätte geschaffen, in seinem großen Garten an der Seilerstraße,

unmittelbar in der Nachbarschaft seiner Villa vor dem Friedberger Tor. Bethmanns Museum, so nannte man das im Empirestil erbaute Gebäude. Es enthielt eine Sammlung von Gipsabgüssen vieler berühmter antiker Kunstwerke.
Die Gelegenheit war damals günstig, denn Napoleon hatte auf seinen Kriegszügen die Originale in Paris zusammengetragen. Im Auftrag von Bethmann machte der kaiserliche »Formator« Getti von den Statuen und Skulpturen Abgüsse und schickte sie nach Frankfurt. Inmitten der Figuren, des Apollo vom Belvedere, der Laokoongruppe, der mediceischen Venus, thronte auf einer Drehscheibe nun Danneckers Ariadne. Der Zutritt war für jedermann frei.
In den fünfziger Jahren gab es dann eine Änderung. Die Stadt erwarb einen Teil des Parkes mit dem Teich und dem Museumsgebäude. Sie ergänzte damit den Ring der öffentlichen Promenaden. Die Sammlung der Gipsabgüsse zog um in die Villa Bethmann. Die Ariadne erhielt dort ihren eigenen tempelartigen Anbau, das Ariadneum. Das alte Museum aber wurde später der den Frankfurtern so wohlbekannte »Kursaal Milani«, benannt nach dem Cafetier Milani, der noch mehr Kaffeehäuser in Frankfurt hatte. Das Haus überdauerte den ersten und den zweiten Weltkrieg. Es ist das heutige »Odeon« am Bethmannweiher.
Es gab viele, die die Ariadne das größte Kunstwerk ihrer Zeit genannt haben. Wir wollen damit nicht rechten. Jede Zeit hat ihre eigenen großen Kunstwerke. Jedenfalls war die Ariadne unerhört populär. Sie gehörte zu den Sehenswürdigkeiten, die die Fremden nach Frankfurt zog. Durch insgesamt fünf Vierteljahrhunderte, von 1816 bis zum zweiten Weltkrieg, sind Zehntausende von Besuchern zu ihr gepilgert, den Reiseführer in der Hand (»von 11 bis 13 Uhr, Eintritt frei, falls geschlossen, beim Pförtner schellen, kleines Trinkgeld«).
Überschwenglich hat man sie gepriesen. Nach Frankfurt kommen und die Ariadne nicht sehen, so meinte ein Reisender, das wäre genauso, als wolle man in Rom den Papst versäumen. Der von uns schon öfters zitierte Advokat Beurmann schrieb 1835: »Man fühlt sich bei ihrem Anblick hin- und hergezogen zum Himmel und zu der Erde, und wieder zum Himmel und zu der Erde.« Er bemängelt nur, daß die Ariadne nicht den Namen ihres Schöpfers, sondern den ihres Besitzers in alle Welt getragen habe.

Ein anderer Autor, Eugene Guinot, schrieb ähnlich: »Alle Fremdenführer, alle Kellner, alle Jungen, die den Fremden ihre Dienste anbieten, tragen Bethmanns Namen im Munde. Wollen Sie zu Herrn Bethmann gehen, die Ariadne sehen? heißt es überall. Das ganze reiselustige Europa ist hier schon vorbeigekommen und hat seinen, Bethmanns, Namen kennengelernt. Es gibt keinen volkstümlicheren im Deutschen Bunde.«

Spätere Generationen, schon in unserem Jahrhundert, nannten die Marmorschönheit der Ariadne etwas reservierter »ebenso makellos wie leblos«.

Was ist aus der Ariadne geworden?
1941 wurde die berühmte Skulptur der Stadt Frankfurt von der Familie Bethmann geschenkt. Sie blieb an ihrem alten Platz. Drei Jahre später gingen das Landhaus Bethmann und das Ariadneum unter dem Bombenhagel in Flammen auf. Von dem Tempel standen noch bis zum Herbst 1963, inmitten einer kleinen Baumwildnis, die Grundmauern, die Tür mit den beiden Säulen, das Gitter...
In ein Gipsbett gelagert, das die Figur zusammenhält, befindet sich die Ariadne heute im Liebigmuseum am Schaumainkai. Ist sie verloren? Man kann es nicht sagen. Das hängt von zwei Dingen ab. Einmal davon, ob es gelingt, eine Methode zu entwickeln, verbrannten Marmor zu restaurieren, und zum anderen davon, ob die Stadt, wenn diese Bedingung erfüllt wäre, sich dazu entschlösse, Danneckers Kunstwerk in unserer Zeit wiederauferstehen zu lassen.

### Prost Neujahr!

Zu einem Handelsherrn in der Saalgasse kam am 1. Januar ein Mann und gratulierte dem Prinzipal zum neuen Jahr. Das war im alten Frankfurt große Sitte, wegen des Trinkgeldes. „Wer sin Sie dann?" fragte der Prinzipal. Der Mann antwortete: „Ich bin der Thermer (Türmer) von der Nikolaikerch!" Der Prinzipal: „Um Gottes wille, die Thermerstell uff dem Nikolaithorm is awer doch schon seit Jahr un Tag eigegange!" Der andere: „Ja, gucke Se, ich geb jetzt unne acht!"

## DIE HOCKINNEN ZOGEN UM – UND MIQUEL KAM

Die Markthalle in der Hasengasse wurde im Dezember 1878 fertig.
Sie war die erste ihrer Art in Deutschland; wir erwähnten es schon einmal. Da stand der imposante Bau aus Eisen und Glas. Dreiviertel Millionen Mark hatte er gekostet. Die Reisehandbücher vermerkten: sehenswert!
Aber die Halle blieb noch geschlossen. Sie konnte nicht eröffnet werden, denn es fehlte noch etwas, das Wichtigste – die amtlichen Vorschriften für den Betrieb. »Kaa Markthall ohne Marktordnung!« meinte Friedrich Stoltze in der »Latern«. Und er tröstete seine enttäuschten Mitbürger: »Hawe unsere Gemise- un Obsthockinnen, Floradöchter, Wildbretshänneler un Dorfbäcker, Strohmattekinstler, Gerauer Krautjunker, Ditzebächer Kartoffelplantagebesitzer, Hochstädter Handkäsindustrielle und barfüßige Beduinekinner aus der hessische Weißsandwüste so viele Jahrhunnerte bei Wind un Wetter unterm freie Himmel gesotze, so könne se aach noch e weiter Jahrhunnert dasitze...«
Es wurde jedoch nicht so schlimm. Nach einigen Monaten war die Ordnung in der Markthalle amtlich geregelt. Die 156 festen und 198 freien Stände im Erdgeschoß sowie die 114 festen Stände auf der Galerie waren von den Händlern fast alle belegt. Die Tore öffneten sich. Aus allen Stadtteilen strömten die Hausfrauen herbei. Man hatte auf Frankfurts erstem Supermarkt alles so schön beieinander, es war billiger in der Markthalle als anderswo, und man konnte dort so prächtig feilschen.
Die Freude war nicht ungetrübt. Es war zugleich der Abschied vom uralten Markt unter dem freien Himmel der Altstadt. Auf dem Alten Markt, über den die neugekrönten Kaiser vom Dom zum Römer geschritten waren, hatten tagaus, tagein die Hockinnen aus Sachsenhausen und Oberrad hinter ihren Ständen mit Obst und Gemüse gesessen. Ihre Zungen kannten keine Pause, und wenn es kalt war, zündeten sie das Stoofchen, das kleine eiserne Öfchen an, auf dem sie ihren Kaffee und ihre Hände wärmten und von dem die Kunde berichtet, daß die breit dasitzenden Hockinnen es auch gern unter ihre weiten Röcke schoben.
Es gab noch mehr offene Märkte im alten Frankfurt, für Blumen am Steinernen Haus, für Fische hinter dem Dom, für Ferkel an der Nikolaikirche. Und was auf

dem Hühnermarkt, dem Krautmarkt, dem Weckmarkt vorzugsweise verkauft wurde, das verrät schon der Name. Nicht alle Märkte verschwanden. Bis in unsere Zeit hinein blieb zum Beispiel der Markt auf dem Börneplatz, dem heutigen Dominikanerplatz, erhalten.

Die Markthalle bedeutete eine große Umwälzung. Tränenden Auges nahm so manche Marktfrau von ihrem Stand Abschied und zog in die Hasengasse. Auch Friedrich Stoltze hatte seine Bedenken: »In so ere Markthalle drin, könne da bei dem Gedrick hiesige Berjerinnen aach nor zwaa Stunne e Gespräch fihrn? Aach muß merr unsere ohnedies so verzärtelt Generation dorch Markthalle nicht noch mehr verzärtele: der richtige Deutsche beiderlei Geschlechts muß sich jeden Aagebligk uff en Winterfeldzug bereithalte. Beim letzte deutsch-franzesische Krieg hat's gewiß schon sehr an wetterfeste Marketenderinne gefehlt...«

Und der Sohn des Stoltze, der Adolf Stoltze, verfaßte zu derselben Zeit eines seiner hübschesten Gedichte, das Klagelied einer alten Hockin. So beginnt es:

> Hie in der Hall, da sein merr Dame,
> Dann Hocke sein merr lengst net mehr.
> Merr hawwe jetzt en annern Name,
> Ich wollt, daß es wie frieher wer,
> Was brauchte wir e Hall, wir Hocke!
> Wir hawwe ja bei Storm un Schnee
> Gesotze fast wie Zunner trocke
> Die Jahrn lang unnerm Barbelleh.

Je nun – auch in der Markthalle wechselten die Generationen. Die Erinnerung an die alten Zeiten begann zu verblassen...

Das war also 1879. In demselben Jahr wurde noch eine andere »Markthalle« in Frankfurt fertig – der Palast der Wertpapiere. Die neue Börse. Sie erhob sich dort, wo einst der Rahmhof war, und sie kostete viermal soviel wie die Markthalle in der Hasengasse, nämlich drei Millionen Mark. Der Architekt Rudolf Heinrich Burnitz hat sie gebaut. Mit seinem Namen sind viele Frankfurter Bauwerke dieser Zeit verknüpft.

Einst hatten sich Frankfurts Börsianer im Hofe des Hauses Braunfels getroffen, dem historischen Gebäude am Liebfrauenberg. Heute ist hier das Haus Neue Kräme 29. In dem ehemaligen geräumigen Hofe entstand die Macht der Rothschilds. 1840 baute man dann neben die Paulskirche Frankfurts erste Börse. Heute ist hier ein Parkplatz. Diese alte Börse – das Gebäude wurde, wie auch das Haus Braunfels, ein Opfer der Bombennächte – erwies sich bald als zu bescheiden. Frankfurt wurde im 19. Jahrhundert einer der führenden Börsenplätze der Welt. Darum machte man die neue Börse besonders stattlich. Sie ist es auch heute noch, im Zeitalter der Wolkenkratzer.

30 mal 40 Meter mißt der große Börsensaal. Er wurde einer der größten Säle in Deutschland überhaupt. Wenn man von den Bahnhöfen absah, dann gab es 1879 nur ganz wenige Räume, die größer waren als er: der Gürzenich in Köln, der Börsensaal in Bremen, der Concordiasaal in Hamburg und der Liederhallensaal in Stuttgart. In Frankfurt war nichts, was sich mit ihm vergleichen ließ. Nach Jahren der Zerstörung gehört auch heute wieder der Börsensaal zu unseren größten, jedenfalls zu unseren schönsten Sälen, wunderbar in den Farben Braun und Blau abgestimmt und gekrönt von der mächtigen Kuppel, durch die das Tageslicht fällt. Hausherr wurde 1879 die Industrie- und Handelskammer. Sie ist es geblieben. Sie wohnt nach wie vor in diesem Palast der Wirtschaft mit seinen rund 500 Räumen. Wie großzügig das Börsengebäude angelegt war, erwies sich auch nach dem zweiten Weltkrieg. Obgleich die eigentliche Börse unbenutzbar war, wurde das Gebäude die Zufluchtstätte gleich für zwei Theater. In den einen Flügel zogen die Städtischen Bühnen mit dem Schauspiel. In dem anderen Flügel richtete Fritz Rémond für einige Jahre sein Intimes Theater ein.

Wenn Sie über den Börsenplatz gehen, lieber Leser, dann sehen Sie sich doch einmal die Vorderfront des Haupttraktes an. Sie blieb so erhalten, wie sie Burnitz gebaut hat, mit ihren zweistöckigen Doppelsäulen und den vielen symbolischen Figuren daran und darüber. Sie verkörpern Krieg und Frieden, Wohlstand und Trauer, Post und Telegrafie, Schiffahrt und Eisenbahn und was noch alles, mit ganzen Reihen von rundlichen Putten und Meerweibchen. Sie gehören zur großen steinernen Bevölkerung unserer Stadt. Von solchen Figuren hat Frankfurt einmal gewimmelt. An überraschend vielen Stellen ragen sie heute noch immer in den Himmel, hier an der Börse, am Hauptbahnhof, am zerstörten Opernhaus, am Rathaus, am Frankfurter Hof, über dem Senckenberg, da und dort und überall. Mit wieviel Liebe und Mühe und Hoffnung, mit wieviel Kunst und Kosten hat man sie einmal aus dem Stein gemeißelt, und nun erleben sie das wohl bitterste Schicksal, das einem Menschenwerk widerfahren kann: sie stehen vor jedermanns Augen, und niemand sieht sie mehr. Außer den Kindern vielleicht.

Aber damals waren sie Symbole, ja so etwas wie Schutzengel. Sie sollten Frieden und Wohlstand beschwören, Handel und Wandel erblühen lassen. Das tat die neue Börse. Frankfurts Reichtum wuchs, die Zahl der wohlhabenden und ausgezeichneten Bürger stieg ständig. Selbst die Frau Hampelmann wandte sich (in der »Latern«) vorsorglich an ihren Gatten: »Net wahr, Hampelmann, wann ich Commerzjenrätin wern deth, da misste merr e Haus mache?« Und Herr Hampelmann antwortete mit einem Seufzer: »Ja, Settche, da misste merr e Haus mache. Du bist wie geborn zu ere hausmacherne Commerzjenrätin!«

Kaum viel mehr als ein Dutzend Jahre waren vergangen, seitdem Frankfurt preußisch geworden war. Was hatte sich inzwischen alles geändert!

Erstaunt läßt Friedrich Stoltze in der »Latern« den wiederaufgebauten Domturm um sich blicken: das uralte Worschtquartier zu seinen Füßen ist entblättert, das neue Historische Museum steht dort, wo einst der Kälbersaal des Schlachthauses war, auf die Pfingstweide ist der Zoo gezogen, von der anderen Seite des Mains grüßen die neue Dreikönigskirche und das Städel, ein Westend entstand mit dem Palmengarten, am Bockenheimer Tor steht ein Prachtbau, das Opernhaus, ein wenig davor die mächtige Kuppel der neuen Börse (»die alt war zu klaa for unser große Rosine«), überall ein Häusermeer von neuen Palästen und Villen, und statt der zwei Brücken führen nun fünf über den Fluß. »Stumm un sprachlos guckt er erunner uff die Stadt: Bist de's oder bist de's net?«

Der Domturm hätte *noch* etwas Neues erspähen können. Im Römer! Den neuen Herrn Oberbürgermeister!

Die Amtszeit des alten Oberbürgermeisters, des Dr. Mumm von Schwarzenstein, war abgelaufen. Man hatte ihn nicht wiedergewählt. Bei der Wahl Ende November 1879 waren sieben Stimmen der Abgeordneten auf ihn gefallen, 39 jedoch auf den Bürgermeister von Osnabrück, Dr. Johannes Miquel. Mit Miquel, der aus dem Hannoverschen stammte, begann die lange Reihe jener Frankfurter Oberbürgermeister, die nicht in Frankfurt geboren wurden; sie reicht bis heute.

Die Wahl Miquels war glücklich. Als er zehn Jahre später schied, um Finanzminister in Preußen zu werden, hat Stoltze ihm dies schwarz auf weiß bestätigt: »Miquel hat sich um Frankfurt hochverdient gemacht, in einer Weise, die ihm jedes Herz gewann.« Miquel war ein Mann der Sparsamkeit und ein Freund sorgfältig geordneter Finanzverhältnisse. Nach einem Jahrzehnt, in dem die Stadt für ihre großen Bauten und Vorhaben aus dem vollen gewirtschaftet hatte, tat dies Frankfurt sicher gut. »Atem schöpfen«, so nannte es Miquel. Er überzeugte durch seine Sachlichkeit und seine Argumente, Frieden und Einverständnis zogen in die Stadtverwaltung ein.

Natürlich hatte die Sparsamkeit auch ihre Schattenseiten. So hielt man Miquel häufig vor, daß er in Frankfurt, das sich so rasch ausdehnte, versäumt habe, den städtischen Grundbesitz zu vermehren und dadurch der Spekulation zu entziehen (sein Nachfolger Adickes hat dies dann nachgeholt). Das Tempo des Aufbaues verlangsamte sich natürlich. Und in Stoltzes »Latern« kann man an etlichen Stellen nachlesen, wie die Sparsamkeit auch übertrieben wurde.

Im Sommer 1882 zum Beispiel mußten die Gaslaternen auf den Straßen nach Mitternacht kleingedreht werden. Frankfurt versank in Dunkelheit. Augenzwinkernd bemerkte dazu Herr Hampelmann: »Der Herr Owerborjermaaster Miquel hat ewe sein Sommerurlaub aagetrete. Daderrmit is die Sparbichs der Stadt Frankfort uff sechs Woche verwaist. Jetzt, wo err fort is, wolle merr die Gelegenheit benutze un widder alle Stadtlaterne die ganze Nacht brenne lasse, bis er widderkommt. Dann dhun merr, als wann gar nix vorgefalle wär. Wann ersch merkt, kann ersch net mehr ännern!«

Insgesamt aber überwogen die Vorteile der Ära Miquel bei weitem...

## EIN GROSSER TAG: DAS OPERNHAUS

Miquel trat sein Amt Anfang März 1880 an. Einige Monate vorher war auf einen anderen sehr wichtigen Posten in der Stadt Frankfurt gleichfalls ein neuer Mann berufen worden. Er sollte die Ära Miquel erheblich überdauern, und seine Wahl sollte sich ebenfalls als durchaus glücklich für Frankfurt erweisen.

Es war an einem heißen Julitag 1879, als eine feierliche Schar schwarzgekleideter Herren den Bau des Opernhauses verließ. Sie hatten das neue Gebäude vom Keller bis zum First inspiziert. Das Haus war nahezu fertig. Nur die Steinmetzen waren noch in Scharen dabei, den überreichen Figurenschmuck an den Treppenaufgängen und den pompösen Außenfronten zu errichten. Für die reichen Frankfurter Familien war es eine Ehrensache geworden, Allegorien aus Stein für ihr Opernhaus zu stiften. Das ganze Werk krönte man mit einem herrlichen Pegasus. Den Hauptgiebel des Vorderbaus schmückte man mit einem Apollo in einem Sonnenwagen. Friedrich Stoltze nannte die Gruppe allerdings respektlos den »Apollo in der Badbütt«.

Die Herren überquerten den Platz bis zu den Anlagen und betrachteten von dort her den großartigen neuen Bau. Dann wandte sich einer von ihnen an den Mann, auf dessen Antwort sie alle warteten: »Halten Sie es für möglich, daß wir bereits im nächsten Jahr die Oper eröffnen können?« Der Angesprochene drehte nachdenklich an den spitzen Enden seines Kaiser-Franz-Joseph-Schnurrbartes. Dann nickte er und sagte: »Sie wissen, meine Herren, daß es sich um eine sehr schwierige und große Aufgabe handelt. Aber ich will es versuchen.«

Frankfurt hatte endlich einen neuen Intendanten bekommen: Emil Claar. Weder er, noch die Herren vom Aufsichtsrat der Theater-AG – ihr Vorsitzender war Hermann Presber, Vater des Schriftstellers Rudolf Presber – noch die Herren vom Magistrat, die den neuen Mann zum Opernhaus begleitet hatten, konnten in diesem Augenblick voraussehen, daß Emil Claar durch 33 Jahre, bis zum Jahre 1912, Frankfurts Theater leiten sollte...

Claar war damals 37 Jahre alt. Er stammte aus Österreich, aus Lemberg. Mit 18 Jahren hatte er seine erste kleine Rolle auf den Brettern des Burgtheaters gespielt.

Dann war er Schauspieler und Regisseur in Leipzig und am Hoftheater in Weimar, Oberregisseur am Deutschen Landestheater in Prag, und vier Jahre lang leitete er das Residenztheater in Berlin. Er heiratete eine Kollegin, Hermine Delia. In Berlin erreichte ihn die Anfrage, ob er nach Frankfurt kommen wolle. Erst später erfuhr Claar, daß er zwei mächtige Mitbewerber gehabt hatte, Heinrich Laube und Franz Dingelstedt, beides Direktoren des Burgtheaters.

Aber man wollte in Frankfurt einen jüngeren Mann. Man wußte, warum. Nach dem unglücklichen Zwischenspiel mit Direktor Devrient war die Situation am Frankfurter Theater verfahren. Vor allem mußte nun endlich das neue Opernhaus am Bockenheimer Tor eröffnet werden. Es hatte den Frankfurtern schon viele Sorgen bereitet und sie viel Geld gekostet. Nur ein baldiger glanzvoller Beginn konnte das alles vergessen machen. Dabei fehlte es überall. Es gab nicht einmal einen Chor.

Claar sagte ja. 16 Monate später, im Oktober 1880, betrat der greise Kaiser Wilhelm I. als Ehrengast zur Eröffnungsvorstellung das festlich glänzende neue Haus. Aber bleiben wir zunächst noch kurz bei der Baugeschichte des Opernhauses.

Das alte Komödienhaus am Theaterplatz genügte längst nicht mehr. Darüber war man sich einig. Es begann auch diesmal wieder mit einer Initiative der Bürger. Wie oft sind wir ihr schon in der Geschichte Frankfurts begegnet! Anfang 1870 taten sich 67 Familien zusammen und stellten der Stadt den hohen Betrag von 480 000 Gulden, fast 700 000 Mark, für den Bau eines neuen Theaters zur Verfügung. Die Bedingung, die sie daran knüpften, war die, daß diese Familien durch 99 Jahre bei der Vergebung der Logenabonnements bevorzugt bedacht werden sollten (natürlich zum regulären Preis).

Der Theaterbau wurde beschlossen. Den Wettbewerb der Architekten gewann ein Berliner, Baurat Lucae, ein Schüler Schinkels. Als Platz für das neue Theater wählte man die Anlagen am Bockenheimer Tor, dort, wo die Gärten der Familien Andreae und Scherbius lagen. 1873 konnte man endlich beginnen. Sehr viel mehr als die 480 000 Gulden der 67 Familien – der Betrag wurde später von ihnen auf 500 000 Gulden erhöht – sollte das Theater nicht kosten, allerhöchstens das Doppelte. Man dachte an einen verhältnismäßig bescheidenen Bau.

Als das Opernhaus schließlich fertig war, hatte es, zusammen mit dem Kulissenhaus an der Bockenheimer Anlage, 6,8 Millionen Mark verschlungen. Man begreift, daß manchmal schiere Verzweiflung in den Reihen des Magistrats und der Stadtverordneten herrschte, als der Bau immer größer und schöner, aber auch immer teurer wurde. Hatte sich Frankfurt übernommen? Sollte man überhaupt noch weiterbauen? Die Frage ist ernsthaft gestellt worden.

Das Schicksal des Baues schien besiegelt zu sein, als sein Baumeister Richard Lucae im November 1877 plötzlich starb. Viereinhalb Jahre baute man jetzt schon. Aber man baute weiter. Man übertrug die Vollendung des Werkes den Architekten Becker und Giesenberg. Man hielt sich bis zum letzten Kandelaber auf dem Platz vor dem Haus getreu an die Pläne Lucaes. Über den Giebel setzte man ein Wort Goethes: Dem Wahren, Schönen, Guten.

Stundenweit konnte man den Riesenbau mit seinen schimmernden Mauern aus belgischem Savinierstein über alle Bäume und Häuser hinwegragen sehen. Die Frankfurter wußten, daß sie eines der schönsten, größten und modernsten Theater der Welt in ihren Anlagen gebaut hatten. Sie waren unendlich stolz darauf. Und bald war vergessen und verschmerzt, was es gekostet hatte.

20. Oktober 1880. Sechs Uhr am späten Nachmittag. Kopf an Kopf steht die Menschenmenge auf dem Platz vor dem Opernhaus und in alle Nachbarstraßen hinein. Seit zwei Stunden rollen die Equipagen über die Mainzer und Bockenheimer Chaussee zum Theater. Gestern sind sie schon einmal, leer, probegefahren. Jetzt entsteigen ihnen in großer Abendtoilette, in Frack und Galauniform die Gäste. Am Vortag war die Generalkostümprobe gewesen, zugleich die »praktische Belastungsprobe für die Zuschauerränge«. Das Haus war so überfüllt, daß der Polizeipräsident es abriegeln ließ.

Fast 2000 Menschen haben in dem neuen Theater Platz, doppelt soviel wie im alten Komödienhaus. Beruhigt erfährt man aus der Zeitung, daß über das Haus 83 Hydranten verteilt sind und daß jeder Vorstellung elf Mann der Freiwilligen Feuerwehr, fünf Mann der Berufsfeuerwehr und die 16 Mann der Theaterfeuerwehr beiwohnen werden.

Bis um halb sieben muß die Auffahrt der Equipagen beendet sein, müssen alle Besucher im Hause sein. Es klappt. »Die Zirkulation ging leicht vonstatten«, berichten am anderen Tag die Journale.

Der hohe Ehrengast, Kaiser Wilhelm I., 83 Jahre alt, ist seit dem Mittag in Frankfurt. Er hat bereits den Palmengarten und die Darstellung der Schlacht von Sedan im Panorama auf dem Beethovenplatz besichtigt. In seiner Begleitung ist Kronprinz Friedrich Wilhelm, der als Friedrich III. acht Jahre später nur ein Vierteljahr regieren und an Kehlkopfkrebs sterben wird, der »Kaiser der 99 Tage«.

Kurz nach halb sieben fahren die hohen Herrschaften am Opernhaus vor. Es ist dunkel geworden. Wenige Augenblicke vorher ertönten vollkommen unerwartet laute Feuersignale. Die Menge sieht, daß sich der Abendhimmel im Süden, über Sachsenhausen, von Minute zu Minute mehr rötet. Es spricht sich rasch herum, daß ein Gebäude am Wendelsweg, ein Schweizerhaus, in Flammen steht. Das gehört nicht zum Festprogramm.

Oberbürgermeister Dr. Miquel, einige Stadträte und der Hausherr, Intendant Claar, empfangen die Ehrengäste. Die Marmortreppen sind mit türkischen Teppichen belegt. Überall stehen livrierte Diener, die Haare weiß gepudert. Nach der Begrüßung in der Halle bleibt der Kaiser stehen, blickt lange in die Höhe und wendet sich zu Emil Claar: »Das könnte ich mir in Berlin nicht erlauben!« Dann werden er und sein Gefolge zur Fremdenloge im ersten Rang geleitet.

Die zweitausend Menschen erheben sich. Bankier Carl Metzler bringt ein dreifaches Hoch auf den Kaiser aus. Neun Jahre später wird er es an derselben Stelle wieder tun; es wird ein anderer Monarch sein, Wilhelm II., der Enkel. Der alte Kaiser bleibt einige Augenblicke an der Brüstung der Loge stehen und betrachtet den imposanten Raum, mit seinen vier Rängen und den 24 Proszeniumslogen, mit dem riesigen Vorhang vor der überhohen Bühne – auf ihn sind die Gestalten aus dem Prolog von Goethes Faust gemalt –, mit dem Orchester, das nach Bayreuther Vorbild vertieft sitzt; alles wird überstrahlt von dem Kronleuchter mit seinen Hunderten von Gasflammen.

In den linken Logen sitzen der Landgraf von Hessen, der Prinz von Weimar, die Familien Bethmann und Rothschild, in den Logen auf der anderen Seite haben der Aufsichtsrat der Theater AG sowie Emil Claar und seine Frau Platz genommen. Die Stadtverordneten füllen die ersten Parkettreihen, der Magistrat sitzt in den Seitenlogen des Ersten Ranges. Eine glänzende Gesellschaft hat sich versammelt. Frankfurt ist wieder einmal vierspännig ausgefahren. Die Preise sind überraschend niedrig. Der teuerste Platz kostet 7 Mark 70 Pfennig, ein Stehplatz auf der Galerie 80 Pfennig.

Der Kaiser nimmt Platz, die Zuschauer tun desgleichen. Das Orchester spielt einen Jubelmarsch. Der Vorhang öffnet sich zum Festspiel. Der 60jährige Wilhelm Jordan hat es geschrieben. 1848 war er nach Frankfurt gekommen, als der jüngste Abgeordnete der Nationalversammlung in der Paulskirche, und er war in der Stadt heimisch geworden. Sein Festspiel hat nur zwei Figuren, die Muse und die Germania. Sie treffen sich auf dem Brünhildisfelsen am Großen Feldberg. Die Muse ist ungehalten, gerufen worden zu sein. Aber die Germania zeigt ihr ein »stolzes Bild«, das neue Niederwalddenkmal, ein »feierliches Bild«, den soeben fertig gebauten Kölner Dom, und ein »heiteres Bild«, das Frankfurter Opernhaus. Dann entschwinden beide hinter Wolken. Die Germania kehrt als Frankofurtia wieder, und während sie ihre Verse spricht, entrollt sich im Hintergrund das Panorama der Frankfurter Mainfront. Die Kaiserhymne ertönt, das Haus hört sie stehend an. Dann folgt Mozarts »Don Juan«.

Nach dem ersten Akt wird dem Kaiser im Foyer Tee gereicht. Das schwere silberne Service hat Baron von Bethmann zur Verfügung gestellt. Der Kaiser plaudert allseits liebenswürdig; es wird vermerkt, daß er sich betont herzlich an die Baronin Mathilde von Rothschild wendet. »Der Kronprinz hielt sich ganz retiré.«

Die Vorstellung schließt kurz nach neun. Als erster verläßt der Kaiser das Haus, während alles auf den Plätzen verharrt. Es regnet in Strömen. Frankfurts Feuerwehr bildet mit Fackeln Spalier, soweit sie nicht beim Brand in Sachsenhausen zu tun hat. Der Kaiser hat in der Hauptpost, dem alten Roten Haus, Quartier genommen. Die Abfahrt der Equipagen dauert von halb zehn bis fünf Minuten nach zwölf. Es regnet ohne Pause. Im »Frankfurter Hof« trifft man sich zu einem Festbankett. Der Kaiser nimmt daran nicht mehr teil.

Frankfurts Opernhaus ist eingeweiht...

Unter den 2000 Menschen, die den Festakt erlebten, befand sich natürlich auch Friedrich Stoltze. Wie sah *er* die Feier?
Nun, Herr Hampelmann erinnert zunächst in seinen Berichten, die in der »Latern« erschienen, an ein kleines Malheur, an einen Schildbürgerstreich, der beim Bau des Opernhauses passiert war: Man hatte die Kassen vergessen und mußte sie später notdürftig in den Bau hineinflicken. Seine Theaterkarten mußte man also im Saalbau abholen. »Die Laaferei un den Ärjer, bis ich endlich mei Billjet im Sack hatt! Dreimal haw ich der Theater-Direktion mei vier Aktie vor die Fieß geworfe un viermal haw ich sie wieder uffgehowe.«
Aber schließlich sitzt er doch »im schwarze Frack mit gehle Glacé nach Vorschrift un e weiß Krawatt« im Theater. »Der Aablick von unserm neue Opernsaal war morganahaft.« Die Festaufführung des »Don Juan« findet seinen vollen Beifall: »Bravo, bravissimo! Da capo! Noch emal mit Freibilljet! For die Unnerbeamte!« Aber das Festspiel des Herrn Jordan! Das hat es dem Stoltze angetan. Die Humoristen haben ein scharfes Ohr für unfreiwillige Komik. Das prasselt nur so auf den armen Festspieldichter hernieder. Es erheitert Herrn Hampelmann, daß die Muse erst von der Germania erzählt bekommt, »es haw emal en gewisse Goethe in Frankfort gegewe« und daß man nicht wisse, welche von den neun Musen diese Muse eigentlich sei (»ich nemm aa die vom Tanz, denn sie hippe mitenanner als vom Feldberg, dem Niederwald und dem Mühlberg eriwer und eniwer«), es erheitert ihn, daß die Muse sich durch Jahrhunderte so wenig um den deutschen Boden gekümmert haben soll (»awwer sie kann doch gleich die Wacht am Rhein singe«) und daß das ganze Volk ausnahmslos zum Kölner Dom beigesteuert habe (»ich waaß doch noch aan, der aach nix gewe hat!«).
Ein Satz, den die Frankofurtia feierlich ins Publikum spricht, beschäftigt den Herrn Hampelmann besonders, die Feststellung nämlich, daß die Frau Rat Goethe heute noch zu Tausenden in Frankfurt anzutreffen sei. Es soll ein kleines Lob auf die Frankfurterin sein. Aber Hampelmann sieht's ein wenig anders: »Des hat zwar maa Fraa, mei Settche, ebbes verschnippt, dann sie hätt so was gern ganz allaa for sich beansprucht. Awer der ganze Terrass' im Palmegarte un im Zoologische hats bis in die klaa Zeh enei gut gedhaa. Seit vorgestern Morjend wimmele alle Gasse

in Frankfort von nix als Frau Rath Goethe, un manche von dene hat die Wolfgäng zu halwe Dutzende in die Welt gesetzt. Die ganze Stadt werd noch zu *aam* große Herschgrawe, und man werd sei Last kriehe mit achtdausend Goethehäusern.« Hampelmann beschließt, sein Söhnchen, das Jean-Noe'che, mit ins Opernhaus zu nehmen. »Du wersckt seh«, sagt er zum Settche, »er kimmt als Wolfgängelche widder eraus. Awer aans mecht ich dir un alle Frau Räthine rate – zieh dei Frohnatur net bloß for'sch Theater aa, sondern trag se aach im Haus!«

Man klagt über die unbequemen Sitzplätze im neuen Theater. Stoltze tut es mit einer Handbewegung ab. »Zu schmal sin die Sitze nerjends in dem neue Owernhaus, aber die Mensche sin zu dick. E enger Sitz is e weiter Begriff...« Immerhin gesteht er später einmal: »Wann ich so in meim Parquetplatz hock un da owe den Sänger hör, denk ich als so bei merr: Hätt ich dei Stimm und du mein Sitz!« Aber dies nur nebenbei, als Rankenwerk, zu dem großen Ereignis. Frankfurt hat ein Opernhaus bekommen, das einer Weltstadt würdig ist. Die gesamte Festvorstellung wird nach acht Tagen für ein neues Publikum wiederholt. Nur die Ehrengäste aus Berlin fehlen.

### Einleuchtend

Schopenhauer bewarb sich einmal um Aufnahme in den Frankfurter Klub. Als man zur Abstimmung schritt, wurde als Bedenken geltend gemacht, daß der Herr Philosoph Schopenhauer doch eigentlich ein Gottesleugner sei. Da erhob sich einer aus dem Klub, er soll der alten Frankfurter Familie Andreae angehört haben, und sagte: „Dem Herrn Schopenhauer sei Gottlosigkeit is ewe dem sei Geschäft. Un was des Geschäft betrifft, so hawe mir uns doch vorgenomme, jeden sein Wech gehe zu lasse!" Schopenhauer wurde einstimmig aufgenommen.

## WER ZÄHLT DIE FESTE!

Die Eröffnung des Opernhauses war ein großer Feiertag für Frankfurt. Das versteht sich. Aber es war bei weitem nicht der einzige Feiertag, den Frankfurt damals erlebte. Man hat in den Jahren und Jahrzehnten nach 1870 allenthalben, wo nur die deutsche Zunge klang, mit wahrer Inbrunst Feste gefeiert, und man hat auch immer wieder einen Anlaß dazu gefunden.

Die erste deutsche Erfindermesse entfaltete sich 1881 in Frankfurt, und zwar auf dem Gelände des heutigen Botanischen Gartens am Grüneburgpark. Die Sensation der Ausstellung war eine elektrische Miniatureisenbahn; die Zeichnung erschien in der »Latern«.

Wenn man die Zeitungen von damals durchblättert, dann wimmelt es darin von Festen, Kongressen, Tagungen, Ausstellungen, Eröffnungen, von Menschenmassen, die aus allen Himmelsrichtungen irgendwo zusammenströmten, irgend

etwas zu feiern. Frankfurt wimmelte fleißig mit. Feste feiern – das war ein Zeichen der Zeit. Und darum wollen wir ihm ein kurzes Kapitel widmen und wenigstens einige der wichtigsten Dinge, die hierhergehören, erwähnen.
1869 zum Beispiel trafen sich die deutschen Naturforscher und Ärzte in Frankfurt. Im Jahr darauf waren es die Journalisten, 1872 die Juristen, 1874 die Buchdrucker, kurz danach die Müller. Stoltze begrüßte sie mit den Versen: »Es werden uns so dicke Herren sehr frommen, acht Jahre sind wir preußisch nun, und haben nicht sehr dick zu tun – willkommen!« 1876 versammelten sich in Frankfurt die deutschen Bierbrauer. 1878 und 1888 waren es die Hundefreunde. »In der große Hall is es e bissi kiehl«, berichtet Herr Hampelmann, »die klaane Windspielercher hawe gar nix aa, net emal e Feigeblättche, se sin ganz nackend und schnattern wie die Gänsercher.«
1880 rückten in unübersehbaren Scharen die Turner an, zum 5. Deutschen Turnfest. Zu ihrem Empfang hat Friedrich Stoltze jene Verse gedichtet, die dann so ungemein populär wurden:

>     Es is kaa Stadt uff der weite Welt,
>     Die so merr wie mei Frankfort gefällt,
>     Un es will merr net in mein Kopp enei:
>     Wie kann nor e Mensch net von Frankfort sei!
>     Un wär'sch e Engel un Sonnekalb,
>     E Fremder is immer von außerhalb...

Stoltze hat selbst nicht ganz ernst genommen, was ihm da so leicht aus der Feder floß, und er hat später einmal gesagt: »Hinner der Wart hört die Welt uff. Für einen Altfrankfurter war nicht begreiflich, daß es außer seinem Frankfurt noch eine Welt geben könne. Leider habe ich dieses überhebende Selbstgefühl auch noch mit den Worten verstärkt: Wie kann nor e Mensch net von Frankfort sei. Zu meiner Entschuldigung will ich sagen: Kommt doch net so gleich in Trabb, ach, und seht doch ei: Jedem Narrn gefällt sei Kapp, warum mir net die mei?«
Aber weiter mit den Festen! 1881 baute man auf dem Acker- und Wiesengelände

des heutigen Botanischen Gartens die Erste Patent- und Musterschutzausstellung auf; hier trafen sich die Erfinder. Es war schon eine große Schau. Mit einem Lift konnte man einen hohen Aussichtsturm hinauffahren, und eine elektrische Modelleisenbahn beförderte die Besucher von einem Ende der Ausstellung zum anderen. Zur gleichen Zeit tagten die Gartenbauer und die Balneologen. Im Jahr darauf gab es in Frankfurt die Generalversammlung der deutschen Katholiken und den evangelischen Schulkongreß. 1883 rückten die Geographen und Anthropologen an. 1887 wurde zu einem Höhepunkt: Deutschlands Schützen marschierten auf, 25 Jahre, nachdem sie sich zum ersten Male, und zwar auch in Frankfurt, getroffen hatten. Außerdem strömten die Bauern in Frankfurt zusammen, zur ersten Ausstellung der Deutschen Landwirtschafts-Gesellschaft; Max Eyth, Verfasser des Buches »Hinter Pflug und Schraubstock«, hatte sie geschaffen. Und schließlich strampelten in diesem Jahr aus ganz Deutschland auch noch die Radfahrer nach Frankfurt, zu ihrem Bundesfest...

Wer zählt all die Feste! Und der Friedrich Stoltze war immer mitten dabei! Er liebte Feste. Er hat viele Festreden gehalten, viele Festgesänge gedichtet. Umgekehrt haben ihm die Frankfurter Feste unendlichen Stoff für seine »Latern« und seine Krebbelzeitungen geliefert: »Des Schitzefest war großartig, schee un herrlich, wir hawe uns amesiert wie die Götter«, schreibt er 1887. Aber er gesteht im Briefkasten: »Wir haben mit aufrichtiger Betrübnis wahrgenommen, daß wir doch nicht mehr ganz so jung sind, um so lange Festlichkeiten Tag für Tag und Nacht für Nacht mitmachen zu können. Wir sind immer morgens gern früh bei der Hand. Am Dienstag waren wir schon um 4 Uhr im Palmengarten...« Stoltze war damals 71 Jahre alt.

Es gab auch schwarze Stunden bei den Frankfurter Festen. Zum Beispiel 1862 beim Ersten Deutschen Schützenfest. In der großen Halle auf dem Festplatz an der Friedberger Landstraße hatte Friedrich Stoltze gerade einen Trinkspruch auf die Damen ausgebracht, als es zu stürmen und zu regnen begann. Daraus wurde rasch ein Orkan, wie ihn Frankfurt selten erlebt hatte. »Des war e Geraas un Gedoob un Gebrill in der Luft! Die Windsbraut hat die Hall gepackt un geschittelt, als wann's e Sechskreizerständche wär. Un uff aamal hat's en Schlag gedah, un die Bretter sin gefloge, un die Balke sin gewiche, un die dausend Mensche sin de Ausgäng zugesterzt. Des Angstgekreisch von dene Weiwer un Kinner, es war der en Aageblick, den ich mein Lebtag net vergesse wern...« Es gab zwei Tote, eine Köchin und ein Küchenmädchen, und etliche Verletzte. Aber das Fest wurde nicht abgebrochen. 440 Zimmerleute bauten die Halle im Eiltempo wieder auf.

Ein anderes tragisches Unglück trug sich beim Deutschen Turnfest 1880 zu. Diesmal befand sich der Festplatz auf der Bornheimer Heide. Am letzten Tag, am 29. Juli, gab es großes Feuerwerk. 30000 Menschen strömten zusammen. Die ersten Raketen zischten in den Nachthimmel. Dann hörte man einen dröhnenden Donnerschlag. Man hielt ihn für einen pompösen Auftakt. Man wartete. Aber es kam nichts mehr. Plötzlich lief das Gerücht durch die Menge, ein Unglück sei geschehen. Ungläubig, entsetzt, starrten die Gäste in Reutlingers Bierzelt auf einen schrecklichen Gegenstand, der plötzlich auf einem der Tische lag. Es war eine abgerissene Frauenhand.

Langsam und schweigend verlief sich die Menge. Die meisten erfuhren erst aus den Zeitungen, was geschehen war. Ein gußeiserner Mörser mit 300 Schwärmern war explodiert. Eine Frau wurde buchstäblich zerrissen. Drei weitere Menschen starben noch auf dem Platze, ein Feuerwehrmann etwas später im Krankenhaus. 21 Zuschauer wurden zum Teil schwer verletzt. Manchem mußte man an Ort und Stelle ein zerfetztes Glied amputieren.

Es war, als ob nicht ein Bündel Schwärmer, sondern eine Ladung Dynamit explodiert wäre. Wie viele mögen damals in dieser Nacht entsetzt von Dynamit gesprochen und erzählt haben! Denn es waren die Jahre, in denen man immer wieder von gräßlichen Dynamitattentaten in den Zeitungen las. Die Leute, die sie verübten, nannten sich Anarchisten.

In zwei Kontinenten, in Europa und Amerika, war ein langer, erbitterter und geheimer Kampf zwischen diesen Anarchisten und den Hütern von Sicherheit und Ordnung entbrannt. Auch Frankfurt spielte darin eine wichtige Rolle. Frankfurt und die Anarchisten. Es ist ein fast vergessenes Kapitel in der Geschichte unserer Stadt, seltsamerweise muß man hinzufügen, denn der erbarmungslose Kampf forderte ein prominentes Opfer.

## DER MORD AN POLIZEIRAT DR. RUMPFF

Zeit: 13. Januar 1885. Schauplatz: die Straße »Im Sachsenlager«. Sie zieht vom Gärtnerweg hinauf zum Grüneburgweg und erinnert an die Belagerung Frankfurts durch die protestantischen Fürsten im Jahre 1552.

Es ist Abend, gegen halb acht. Es hat geschneit. Die stille Straße ist dunkel und nahezu menschenleer. Ein einzelner Mann kommt sie herauf, vom Opernplatz her. Er schleift sein rechtes Bein ein wenig nach, er hinkt. Viele Frankfurter kennen den Mann an seinem Gang. Vor dem Haus mit der Nummer fünf bleibt er stehen. Er greift nach dem Schlüsselbund in der Rocktasche und verschwindet im Dunkel des Vorgartens.

In einem Hauseingang schräg gegenüber ist ein 14jähriger Tapeziererlehrling eben dabei, die Arbeitssachen seines Meisters, der vorausgegangen ist, zusammenzuräumen. Plötzlich hört er einen Schrei (»einen starken Schrei«, heißt es später im Polizeiprotokoll). Er sieht, wie aus dem dunklen Vorgarten des Hauses Nr. 5 eine Gestalt stürzt. Ein Mann. Es ist nicht viel von ihm zu erkennen. Er springt zum Grüneburgweg hinauf und verschwindet um die matt erleuchtete Häuserecke. Der Lehrling weiß nicht, was er tun soll. Er wartet noch ein paar Augenblicke. Alles bleibt still. Dann packt er die Sachen auf den Drückkarren und trollt sich. Niemand außer ihm hat den Schrei gehört...

Zwanzig Minuten später verläßt ein Dienstmädchen das Haus Nr. 5. Sie will noch etwas beim Spezereihändler besorgen. Alle Geschäfte in Frankfurt haben damals, 1885, bis acht Uhr geöffnet, viele bis neun und länger. Das Mädchen sieht an der Gartenmauer eine Gestalt im Schnee liegen. Eine andere Hausangestellte kommt hinzu. Sie beugen sich über den Liegenden. »Mein Gott, das ist ja der gnädige Herr!« ruft die eine. Der Mann öffnet langsam seine Augen, sieht sie an, dann sinkt sein Kopf zurück. Er ist tot.

Wie ein Buschfeuer verbreitet sich an demselben Abend die Nachricht durch die erschreckte Stadt: Polizeirat Dr. Rumpff, Leiter der Frankfurter Kriminalpolizei und der Politischen Polizei, ist vor seinem Wohnhaus mit zwei Messerstichen in die Brust ermordet worden.

Hundertmal, tausendmal mag an diesem Abend der Satz gesagt worden sein: Sie haben ihn also doch erwischt! Sie, das sind die Anarchisten. Niemand in Frankfurt zweifelt daran, daß sie die Mörder sind. Was ihnen vor zwei Jahren, als sie die Dynamitbombe im Polizeipräsidium legten, nicht gelungen war (wir werden davon noch erzählen), das haben sie jetzt mit dem Dolch in der Stille eines Winterabends erreicht. Ihr gefährlichster Gegner in Frankfurt ist tot.

Die Anarchisten. Wir müssen ein wenig weiter ausholen. Sie waren ein unheimliches, tödliches Gewächs, das auf dem Boden der erbitterten politischen und sozialen Kämpfe dieses Jahrhunderts gewachsen war.
Es waren die Jahre, in denen allenthalben die Sozialisten große Wahlerfolge errangen und mit den konservativen Regierungen in schwerster Fehde lagen. Zwei rasch aufeinanderfolgende Attentate auf Kaiser Wilhelm I. – beide Attentäter waren Einzelgänger – gaben damals, im Jahre 1878, Bismarck die erwünschte Mehrheit im Reichstag für sein Sozialistengesetz. Dieses Ausnahmegesetz bot die Möglichkeit, die Zeitungen der Sozialdemokraten zu verbieten, ihre Vereine aufzulösen und ihre Versammlungen zu unterdrücken. Schon am Tage nach der Veröffentlichung des Gesetzes wurde der sogenannte »Kleine Belagerungszustand« über Berlin verhängt. Durch ihn wurde jeder unerlaubte Waffenbesitz streng geahndet, und die Polizei konnte alle mißliebigen Personen kurzfristig aus der Stadt ausweisen. Sie tat es auch. Andere Städte folgten, Hamburg und Leipzig, und von Ende 1886 an war auch unsere Stadt in den »Kleinen Belagerungszustand« versetzt. Schon vorher war es auch in Frankfurt zu sehr unliebsamen Zwischenfällen gekommen. Vor allem einer von ihnen machte böses Blut. Der Friedhofskrawall. Wir wollen ihn kurz erwähnen:
Es war am 22. Juli 1883. Ein altes Mitglied der Sozialdemokratischen Partei war gestorben. 200 oder 300 Männer, Frauen und Kinder gaben ihm das letzte Geleit. Auf dem Hauptfriedhof sahen sie sich einem halben Hundert Schutzleuten gegenüber. Es war verboten, eine Rede zu halten, und es war auch verboten, die rote Farbe zu zeigen. Einige der Kränze jedoch trugen eine rote Schleife, und ein Trauergast setzte zu einer Rede an: »Sehr geehrte Genossen...« Der Polizeikommissar

forderte die Menge auf, sich zu zerstreuen. Als dies nicht rasch genug geschah, wandte er sich an seine Mannschaft: »Treiben Sie die Leute mit der Waffe auseinander!« Man zog die Säbel und tat, wie befohlen. Einige harmlose Friedhofsbesucher, die mit der Sache nichts zu tun hatten, wurden gleich mit »auseinandergetrieben«. Es gab zwanzig Verletzte. Und einen Sturm der Empörung. Der Polizeikommissar, der so eilfertig den Säbel gezückt hatte, wurde vom Dienst suspendiert...
Im Schatten der sozialen Frage und der politischen Kämpfe wuchs auch der Anarchismus. Er strebte etwas ganz anderes an als die Sozialisten, die sich deshalb auch scharf von ihm distanzierten. Die Anarchisten wollten die Abschaffung des Staates, der öffentlichen Gewalten und jeder Regierung überhaupt. So verkündete es der Russe Bakunin. Und ein anderer Russe, Netschajew, predigte die »Propaganda der Tat«, das heißt den gewaltsamen Umsturz durch Attentat und Meuchelmord. Es war eigentlich nur ein Häuflein Menschen, das dem Anarchismus ergeben war. Aber es waren Fanatiker, zu allem entschlossen und bereit. Ihre Lieblingswaffen waren der Dolch und das Dynamit. Zahlreich waren ihre Anschläge in vielen Ländern der Erde. Zu ihren Opfern gehörten König Humbert von Italien, Frankreichs Präsident Carnot, Zar Alexander II., die Kaiserin Elisabeth von Österreich...

Warum haßten die Anarchisten den Frankfurter Polizeirat Dr. Rumpff? Nun, das hatte seine Vorgeschichte.
Dr. jur. K. L. F. Rumpff war 62 Jahre alt und seit einigen Jahren Witwer. Er war kein preußischer Polizeibeamter, wie so viele seiner Kollegen, die erst 1866 und später nach Frankfurt kamen. Rumpff stammte aus einer alten Frankfurter Familie. Ursprünglich war er Offizier gewesen, beim historischen Frankfurter Linienbataillon. Ein Sturz vom Pferd beendete seine militärische Laufbahn. Seitdem hinkte Rumpff. Mit 30 Jahren sattelte er um, er studierte in Heidelberg und wurde 1859 Assessor bei der Frankfurter Polizei. 1867 avancierte er zum Königlich-Preußischen Polizeirat. Man übertrug ihm die Kriminalpolizei und die Politische Polizei. Er galt als ein höchst tüchtiger, aber auch als ein starrer Beamter. Er wurde zu einem Spezialisten für Verschwörungen. Manchmal witterte er

Zur großen Empörung vieler Frankfurter sprengte die Polizei im Juli 1883 mit gezogenem Säbel eine sozialdemokratische Leichenfeier auf dem Hauptfriedhof. Dieser Friedhofskrawall (im Hintergrund das Alte Portal) war ein Ausdruck der heftigen sozialen und innenpolitischen Kämpfe in diesen Jahrzehnten.

mehr, als wirklich da war. Die Affäre, mit der er nicht nur für das breite Publikum in Frankfurt, sondern in ganz Deutschland sichtbar wurde, reicht zurück bis zu der Einweihung des Frankfurter Opernhauses.

Wir erinnern uns – zu dem Festakt am 20. Oktober 1880 war Kaiser Wilhelm I. nach Frankfurt gekommen. Am Morgen dieses Tages fand man einige Straßen mit anarchistischen Flugblättern voller blutrünstiger Drohungen bedeckt. Sie klebten auch an den Säulen der Triumphbögen. Ähnliche Flugblätter wurden an die Soldaten, an »unsere Brüder in den Kasernen«, verteilt. Sie verrieten die Handschrift eines vor Jahren nach London geflüchteten deutschen Anarchisten namens Most. Polizeirat Rumpff ging an die Arbeit. Zum Jahresende wurde eine geheime Versammlung der Anarchisten in Darmstadt ausgehoben, einer anderen kam man in der Gelnhäuser Gasse, einer ehemaligen Seitenstraße der Töngesgasse, auf die Spur. Die Druckstöcke fand man auf dem Dachboden eines Hauses in der Börnestraße. Es kam zu zahlreichen Verhaftungen. Gegen fünfzehn Personen wurde Anklage wegen Hochverrats erhoben.

Im Oktober des folgenden Jahres war der Prozeß vor dem Reichsgericht in Leipzig. Die meisten der Angeklagten waren Arbeiter oder kleine Handwerker aus Frankfurt, Darmstadt und Bessungen. Aber auch ein Belgier war dabei, ein sehr gewandter Mann, und eine Ausländerin, der die Reporter bemerkenswerte Eleganz bestätigten. Kronzeugen des Gerichtes waren Polizeirat Dr. Rumpff und ein Schneidergeselle namens Horsch, gleichfalls aus Frankfurt. Horsch hatte an den geheimen Sitzungen der Anarchisten teilgenommen, er hatte Flugblätter verteilt, er hatte die Säure besorgt, mit der man ein Attentat gegen Rumpff geplant hatte. Die anderen nannten ihn Verräter. Aber er war ein Spitzel Rumpffs gewesen, ein Agent provocateur. Der Polizeirat aus Frankfurt bestätigte: »Horsch ist von mir benutzt worden, wie ich andere Agenten auch benutze. Er hat gute Berichte geliefert.« Für jeden Bericht bekam Horsch zehn oder zwanzig Mark.

Ein Angeklagter, den Horsch aufs Geratewohl genannt hatte, wurde freigesprochen. Die anderen wurden zu mehrjährigen Zuchthausstrafen verurteilt. Die deutschen Anarchisten hatten jetzt ein Ziel. Es war der verhaßte Rumpff im Frankfurter Polizeipräsidium.

## »ICH BIN ANARCHIST!«

Zwei Jahre vergingen. Wieder war Kaiser Wilhelm I., er war jetzt 86 Jahre alt, nach Frankfurt gekommen. Im Gebiet von Bad Homburg gab es große Kaisermanöver. Bei Niedereschbach fand die Kaiserparade statt. Die Infanterie defilierte in Regimentsfront, die Kavallerie in Schwadronenbreite. Am Abend des 27. September besuchte der Kaiser erneut das Frankfurter Opernhaus. Aber er war nur auf der Durchreise. Sein eigentliches Reiseziel lag am Rhein. Am nächsten Tage sollte das Germaniadenkmal auf dem Niederwald bei Rüdesheim eingeweiht werden, errichtet zur Erinnerung an den Sieg über Frankreich.
80000 Menschen hatten sich an diesem 28. September 1883 an den Ufern des Rheins versammelt. 284 Kriegervereine waren aufmarschiert. 30 geschmückte Schiffe ankerten auf dem Fluß. Vor dem Denkmal hatten der Kaiser, sein Sohn, später Kaiser Friedrich III., und sein Enkel, nachmals Kaiser Wilhelm II., Aufstellung genommen, umgeben von allen deutschen Bundesfürsten und den Ministern, Bismarck und Moltke waren da, alle Botschafter und Gesandten, viele Generale, Abgeordnete und zahllose andere Ehrengäste. Oberpräsident Graf Eulenberg hielt die Festrede. Langsam glitt die Hülle vom Denkmal. Fanfarenmusik, Böllerknallen, das Geheul der Schiffssirenen und der Jubel der Menge.
Am Abend explodierte in einem leeren Raum der großen Festhalle unten in Rüdesheim eine Dynamitpatrone. Niemand wurde verletzt, die Täter entkamen. Es waren zwei Anarchisten aus Elberfeld, Rupsch und Küchler. Sie hatten die Patrone aus Wut darüber entzündet, daß die Dynamitladung versagt hatte, mit der sie vor wenigen Stunden die Festgesellschaft am Niederwalddenkmal in die Luft sprengen wollten. Vergeblich hatten sie, in der Menge stehend, auf die Detonation gewartet.
Im Dunkel der Nacht vorher hatten sie die Dynamitpatronen in einer Entwässerungsröhre unmittelbar bei dem Denkmal verborgen. Am nächsten Tag setzten sie dann, als die kaiserlichen Wagen nahten, die lange Zündschnur mit einer brennenden Zigarre in Brand. Aber es hatte in den späten Nachtstunden heftig geregnet. Die Zündschnur war unbrauchbar geworden.

Erst ein Vierteljahr später erfuhr die Welt von dem mißglückten Attentat. Einer der Attentäter hatte nach einem Weihnachtsfest Elberfelder Arbeiter vom Komitee den Ersatz der Reisekosten nach Rüdesheim verlangt. Irgend jemand machte die Anzeige. Auch der Mann, der die beiden zu dem Attentat überredet hatte, ein Schriftsetzer Reinsdorf, wurde ermittelt. Ein dreiviertel Jahr später starben Küchler und Reinsdorf unter dem Henkerbeil. Der blutjunge Rupsch wurde zu lebenslangem Zuchthaus begnadigt.

In dem Leipziger Prozeß trat erneut der »Sachverständige für anarchistische Verschwörungen«, Polizeirat Rumpff aus Frankfurt, auf. Er war an den Ermittlungen beteiligt gewesen. Inzwischen hatten die Anarchisten auch auf ihn einen Anschlag versucht. Knapp vier Wochen nach dem mißglückten Anschlag am Niederwalddenkmal.

Schauplatz war das Königlich Preußische Polizeipräsidium in Frankfurt. Das hatte damals seinen Sitz in einem alten Gebäude etwas hinter dem Römer, dem sogenannten Clesernhof; er steht längst nicht mehr. Das Haus war Ende des 17. Jahrhunderts von einem Nürnberger Kaufmann gebaut worden. 1863 kaufte es die Stadt und verlegte dorthin die Polizeiverwaltung. Dort blieb sie auch, als Frankfurt preußisch wurde. Als man um 1900 mit den großen Neubauten für das Rathaus begann, verschwand dann der Clesernhof.

Am frühen Abend des 30. Oktober 1883, kurz nach 18 Uhr, wurde der Clesernhof durch eine schwere Detonation in seinen Grundfesten erschüttert. Alle Gasflammen erloschen, zahllose Scheiben zersprangen, die Treppen wurden durch die Wucht des Luftdrucks gehoben, die Stufen aus den Mauern gerissen, die Geländer wie dünne Drähte zerrissen. Eine Mauer zum Meldeamt im Parterre wurde eingedrückt.

Obgleich das Haus um diese Zeit voll von Polizeibeamten war, wurde niemand verletzt. Polizeipräsident von Hergenhahn, der keinen schlechten Ruf in Frankfurt genoß, hatte seine Räume im 2. Stock, ebenso Polizeirat Dr. Rumpff. Beide Herren waren im Haus gewesen. Die Untersuchung ergab, daß irgend jemand eine Ladung Dynamit in einen dunklen Winkel unter die Haustreppe geschoben und mit einem Zünder zur Explosion gebracht hatte. Man verhaftete ringsum alles, was als Anarchist bekannt oder verdächtig war. Aber jedermann hatte ein Alibi. Der Täter blieb unbekannt.

Niemand zweifelte daran, daß die Bombe unter der Treppe dem Dr. Rumpff im besonderen gegolten hatte. »Es ist mir nicht beschieden, so zu sterben«, erklärte er damals lächelnd. »Das einzige, was ich befürchte, ist, daß man mir einmal eine Dynamitpatrone zum offenen Fenster hineinwirft.« Andere befürchteten es auch. Die Wohnungen im Haus Sachsenlager 5 ließen sich kaum vermieten.

Und nun war Rumpff doch tot. Erstochen am Abend des 13. Januar 1885 vor seinem Haus. Dem Trauerzug folgten demonstrativ Tausende von Arbeitern in ihren Jacken und Blusen. Sie lehnten die Tat ab.

10 000 Goldmark war die Belohnung, die man aussetzte. Man hatte gar keine Hinweise, nur die Aussage eines 14jährigen Tapeziererlehrlings über einen Schrei und eine im Dunkeln davoneilende Gestalt. Tag für Tag berichtete man von neuen Verhaftungen. Es waren die Falschen. Niemand dachte sich viel dabei, als ein Handwerksgeselle in einer Herberge von Hockenheim sistiert wurde. Ein Gendarm hatte seine Papiere beanstandet, der Mann war geflohen und hatte drei Schüsse auf seine Verfolger abgegeben. Man brachte auch ihn nach Frankfurt. Ein Verhafteter mehr.

Oder hatte man diesmal die Hand auf den Richtigen gelegt? Gerüchte drangen aus dem Clesernhof. Der Polizeipräsident bat die Frankfurter Presse dringend um Stillschweigen. Sie folgte. Aber die Berliner Zeitungen berichteten lustig drauflos, und wutschnaubend konnten die Frankfurter Journale nur nachdrucken, was vorher dort bereits zu lesen gewesen war. Der Mann, der im neugebauten Untersuchungsgefängnis auf dem Klapperfeld saß, hieß danach Julius Lieske, war 20 Jahre alt und ein Schustergeselle aus Zossen bei Berlin. Er gab zu, Anarchist zu sein. Vor kurzem sei er aus der Schweiz nach Deutschland gekommen. Aber er sei niemals in Frankfurt gewesen.

Diese Behauptung erwies sich für Lieske als verhängnisvoll. Es war dem Untersuchungsrichter Dr. Fabricius ein leichtes, durch seine Beamten ein Dutzend Zeugen zu eruieren, die Lieske an den fraglichen Tagen in Frankfurt gesehen und gesprochen hatten. Das alles stellte man fest: Lieske hatte eine Schlafstelle in der Alten Mainzer Gasse gemietet, er hatte in der christlichen »Herberge zur Heimat« verkehrt, er hatte dort den Schlosser Hübner ausführlich nach der Wohnung und den Gewohnheiten des Polizeirats Rumpff befragt und er hatte sich in Frankfurt jenen falschen Ausweis besorgt, der ihm dann in Hockenheim zum Verhängnis wurde. Lieske hatte dieselbe Handschrift wie auf der Frankfurter polizeilichen Anmeldung, und er machte beim Diktat denselben Fehler, er schrieb Bradenburg statt Brandenburg.

Schließlich eruierte man, daß Lieske am Morgen nach der Mordtat zu einem Arzt in einem Ort an der Bergstraße kam, um sich eine frische tiefe Schnittwunde an der linken Hand verbinden zu lassen. Er gab dafür ein halbes Dutzend verschiedene Erklärungen. Die Polizei hatte schon vorher als sehr wahrscheinlich bezeichnet, daß der Täter sein Opfer mit der Linken gefaßt, mit der Rechten zugestoßen und sich dabei selbst an der linken Hand verletzt haben mußte. Eine Nachbarin beschwor, Lieske zweimal vor dem Haus von Rumpff gesehen zu haben. Und in seiner rechten inneren Rocktasche fand man den blutigen Abdruck eines schmalen spitzen Gegenstandes, der ein Dolch gewesen sein konnte.

Ende Juni begann der Prozeß vor dem Frankfurter Schwurgericht. Seit mehr als drei Jahrzehnten tagte es im mittelalterlichen Leinwandhaus gegenüber der Südfront des Domes (von dem Haus überlebten einige Wände den Bombenkrieg, und man hat seinen Wiederaufbau ins Auge gefaßt). 500 Zuschauer faßte der Saal. Viele fanden keinen Platz. Lieske, blaß, mittelgroß, hager, oft in theatralische Pose verfallend, oft trotzig und höhnisch, gab alles zu, vor allem seinen Aufenthalt in Frankfurt, alles, bis auf den Mord. »Ich bin Anarchist!« Den Mord aber habe er nicht begangen. Dabei blieb er. Die Geschworenen bejahten die Schuldfrage. Das Stimmenverhältnis blieb geheim. Das war das Todesurteil.

Nach der Verkündung rief Lieske mit erstickter Stimme in den Saal: »Ich stehe hier, aber wehe euch! Eure Bluturteile werden euch überleben! Und Sie, Herr Staatsanwalt, das ist auch der Letzte, den Sie zum Tode verurteilt haben!« Als er abgeführt wurde, klatschte Lieske dreimal heftig in die Hände und schrie in großer Erregung etwas, das klang wie: »Der Rumpff ist kaputt!«

»Auf dem Feldberg«. Die alten Frankfurter haben dieses Bild geliebt. Der Darmstädter Adolf Schmitz hat es 1853 gemalt. Es galt als eine der ältesten Darstellungen einer Wanderung auf den Feldberg. Beim Untergang des Münchner Glaspalastes am 6. Juni 1931 verbrannte auch dieses Gemälde.

Wilhelmsbad bei Hanau. Die Residenz im Walde. Für die alten Frankfurter war es selbstverständlich, mindestens einmal im Jahr dorthin zu pilgern.

Einsam und idyllisch, baute man 1729 an der Oppenheimer Chaussee das Frankfurter Oberforsthaus. Hier traf sich lange Jahre die »bessere Welt«.

Es ist der 20. Oktober 1880. Frankfurt eröffnet sein großartiges neues Opernhaus. Im Hintergrund die Kaiserloge mit Wilhelm I. und dem Kronprinzen. Das Festspiel geht zu Ende. Alles hat sich erhoben. In der Loge ganz links unten der Hausherr, Intendant Emil Claar. Irgendwo unter den 2000 Gästen war auch Friedrich Stoltze.

Ein Bornheimer Fotograf machte dieses Bild im Jahre 1864 vor einem gemalten Hintergrund. Es zeigt die Turngemeinde Bornheim, die heute noch besteht. Die Fahne stammt aus dem Revolutionsjahr 1848. Im Zweiten Weltkrieg wurde sie ein Opfer der Bomben.

Im Juli 1880 sah Frankfurt auf der Bornheimer Heide das 5. Deutsche Turnfest. Auf dem Platz konnten fast zwei Dutzend Riegen gleichzeitig turnen. Die Tribüne zählte 3000 Sitzplätze. »Es ist ka Stadt uff der weite Welt, die so merr wie mei Frankfort gefällt...« dichtete damals Stoltze zur Begrüßung.

Die Revision wurde vom Reichsgericht verworfen, ein Gnadengesuch abgelehnt. Am 16. November wurde Lieske im Zuchthaus Wehlheide, Kassel, durch den Scharfrichter Krautz hingerichtet. Kurz vorher sagte er zu seinem Verteidiger: »Der Tod hat für mich keine Gräßlichkeit. Ich zittere vor dem lebenslänglich Eingekerkertsein.«

Von weiteren Attentaten der Anarchisten in Frankfurt weiß die Chronik nichts zu berichten. Zu erwähnen wäre in dem Zusammenhang jedoch noch, daß bald nach allen diesen Vorgängen die Polizei aus dem alten Clesernhof auszog. Man baute nämlich in den Jahren 1884 bis 1886 oben auf der Zeil (Nr. 60) ein neues Polizeipräsidium, ein dreistöckiges Backsteingebäude »in Formen der deutschen Renaissance«. Dahinter errichtete man auch ein neues Polizeigefängnis, an Stelle der alten Konstablerwache. In der Männerabteilung konnte man 138 Häftlinge unterbringen, in der Frauenabteilung deren 102. Erhalten blieb nur dieses Polizeigewahrsam. Wo das Polizeipräsidium war, steht heute der große Verwaltungsbau des Hertie-Konzerns...
Im Osten grenzte das Polizeipräsidium an die Klapperfeldstraße. Auf dem eigentlichen Grundstück »Klapperfeld« baute man um diese Zeit auch Frankfurts »Justizpalast«, für das Amtsgericht, das Landgericht und das Oberlandesgericht.

### Uffklärung

Bei aaner Verhandlung vorm Frankforter Schöffegericht gabs uff aamal hinne im Zuschauerraum korjose grunzende Töne, so daß der Richter en mißbilligende Blick hingeworfe hat. Nadirlich hat sich aach der Budell (Gerichtsdiener) uffgericht un hat aach en sehr drohende Blick nach dere Gegend geworfe. Uff aamal grunzts widder. Der Richter hält ei un fixiert des Bublikum, un der Budell hat sich noch viel länger gemacht und hat en nichtsdorchbohrende Blick ehinner geworfe. Uff aamal hat sich Aaner moralisch verpflicht gefühlt, Uffklärung zu gewe un rieft aus em Zuschauerraum evor: „Ei, Herr Präsident, do hinne da sitzt e Mann, der is von Ditzebach, der mißt aagentlich emal niese. Er kann odder net!"

## AUGUST RAVENSTEIN UND DER TAUNUS

Anfang August 1881 trug man einen sehr populären Frankfurter zu Grabe. Er hieß August Ravenstein.

Der junge Ravenstein war bei dem Buchhändler Jügel an der Hauptwache in die Lehre gegangen. Dort hatte er seine große Liebe zu den Landkarten entdeckt. Etliche Jahre war er dann bei der Direktion der Thurn- und Taxispost angestellt. 1830 gründete es das »Geographische Institut von August Ravenstein«. Er begann mit Stadtplänen von Frankfurt und Karten von der Umgebung (»vorzüglich brauchbar bei gewöhnlichen Ausflügen«). Als Domizil des jungen Unternehmens wird auf den alten Karten noch die Seilerstraße 2 genannt. Bald zog es seine Kreise immer weiter. Es entstanden Karten von Heidelberg, Wiesbaden, Baden-Baden, vom Rheingau, vom Taunus mit einem Feldbergpanorama, und so wuchs daraus – nunmehr in der Wielandstraße, wo es heute noch ist – das große kartographische Unternehmen »Ravenstein Geographische Verlagsanstalt«. Durch über 130 Jahre ist es ein Familienunternehmen geblieben.

Ravenstein war es, der die Gründung eines Frankfurter Verkehrs- und Verschönerungsvereins anregte, der wiederum zum Schöpfer des Palmengartens wurde. 1868 gründete Ravenstein einen der ersten deutschen Wandervereine, den Taunusklub, genannt der »Bund der Feldbergläufer«. Und er war einer der Begründer des Vereins für Geographie und Statistik. Was Ravenstein über alles das hinaus so populär machte, war jedoch etwas anderes: 1833 gründete der damals 34jährige Buchhändler und Verleger, Freund des viel älteren Jahn, den ersten Frankfurter Turnverein.

»Frankfurts Turnvater« und »Frankfurts Taunusvater«, diesen Ruf erwarb sich Ravenstein in den folgenden Jahrzehnten. Auf dem Stadtplan von Delkeskamp aus dem Jahr 1864 ist dort, wo der Sandweg, die Friedberger Anlage und die Pfingstweidstraße zusammentreffen, ein schöner freier Platz mit einem einstöckigen Gebäude eingezeichnet. »Turn Anstalt«, so schrieb Delkeskamp dazu. Es war das Reich von August Ravenstein. Um 1840 herum hatte er diese private Anstalt geschaffen. Heute führt quer über das ehemalige Turnparadies die Zeil. Alles, was sich damals in Frankfurt an den Turngeräten und im Laufen und Springen betätigen wollte, strömte zu Ravenstein.

Am 23. Juni 1844, einem sehr heißen Tage, traf man sich, Turner und Wanderer, zu Übungen, Spielen, Gesang und allerlei Belustigungen auf dem Plateau des Feldberggipfels. Es war das erste Feldbergfest; die Turner haben es seitdem über hundertmal, bis heute, gefeiert. Es war Ravensteins Fest. Vor uns liegt der vergilbte Aufruf, den er zum zweiten Treffen, 1845, veröffentlichte. Er spricht von einem »Knabenzug auf den Feldberg«, und es war wohl vor allem die Schuljugend, die sich damals zu gemeinsamen Ausflügen ins Gebirge zusammentat. Der Mindestbeitrag betrug 12 Kreuzer, für die Musik, das Feuerwerk und die Drucksachen. Der Überschuß war für den Bau eines Feldberghauses bestimmt. »Der Feldberg ist nirgends steil«, heißt es da, und weiter: »Niemand hat nötig, sich mit Mundvorrat zu belästigen.« Die Gastwirte der umliegenden Orte hätten bewiesen, daß sie auch auf dem Feldberg ihr Publikum trefflich zu bedienen wüßten. Die Spiele begannen um 11 Uhr, nämlich Ringen, Marschieren, Steinstoßen und Laufen. Die Bahn war 300 rheinische Fuß lang, mit einer scharfen Wendung. Der Stein, mit dem man stieß, wog einen Drittelzentner.

Was uns hier besonders interessiert, sind die Dinge, die mit dem »Taunusvater« Ravenstein zu tun haben. Denn wir wollen uns nunmehr, wenigstens in großen Zügen, einem Kapitel zuwenden, das für die Kenntnis der Frankfurter Geschichte so wichtig ist wie irgendein anderes. Es sind die Lieblingsausflüge der Frankfurter Bürger. Wir wollen dabei mit dem Taunus beginnen, mit Frankfurts Hausgebirge, zu dessen »Erschließung« August Ravenstein mit seinen Karten, seinem Wanderklub, seinem Feldbergfest, mit ungezählten Anregungen, Vorschlägen und Reden so viel beigetragen hat.

Der Taunus. Noch vor rund 150 Jahren kannten die Menschen, die ringsum wohnten, den Namen nicht. Sie sprachen vom Gebirge oder von der Höhe. Daran erinnern noch einige Ortsnamen, vor allem Homburg v. d. H. (Homburg vor der Höhe), aber auch Hausen v. d. H. oder Rodheim v. d. H.

Das mag manchem erstaunlich klingen. Der Leiter des Frankfurter Stadtarchivs, der hervorragende Historiker Professor G. L. Kriegk, schrieb noch 1839 in seiner »Physisch-geographischen Beschreibung der Umgegend von Frankfurt am Main« wörtlich: »Taunus ist der Name, mit welchem jetzt die Wissenschaft die zwischen der Wetterau, dem unteren Main, dem Rhein und der Lahn liegende Berglandschaft bezeichnet. Er ist dem auf und an diesem wohnenden Volke unbekannt.«
Den von der Wissenschaft spendierten Namen Taunus soll man von den Römern entliehen haben. Tacitus spricht (nicht in der »Germania«, sondern in den »Annalen«) von einem mons taunus, einem Berg Taunus. Man hat später richtige »Expeditionen« ausgerüstet, um festzustellen, welchen Berg Tacitus wohl gemeint haben mag. Eine andere Theorie lautet dahin, daß Taunus nichts anderes als der alte germanische Name von Friedberg (taun = Zaun) sei. Wie auch immer – unser Gebirge, das älter als die Alpen ist, wurde erst sehr, sehr spät getauft. Zur Popularisierung des Namens hat dann die erste Eisenbahn in unserem Gebiet, die man 1839 von Frankfurt über Höchst nach Wiesbaden legte, viel beigetragen, die Taunusbahn.
Nicht viel älter als der offizielle Name ist im Grunde genommen auch die Entdeckung des Taunus durch die Frankfurter. Jahrhundertelang haben nur Förster, Holzfäller und einige Sonderlinge nebst den nirgendwo fehlenden Wilddieben und Räubern seine Wälder durchstreift.
1649. Wie bei einer denkwürdigen Forschungsreise in ferne Länder hat uns die Geschichte das Datum einer echten Taunuswanderung aufbewahrt. In diesem Jahr wagte sich Johann Joachim Winkelmann – nicht zu verwechseln mit anderen, berühmteren Winkelmännern – bis auf das Plateau des Feldbergs, worüber er der Nachwelt berichtet hat. Ob Goethe jemals den Feldberg bestiegen hat, wird bezweifelt, obgleich er es in »Dichtung und Wahrheit« so nebenbei behauptet. Die Entdeckung des Feldberges als Wanderziel fällt jedoch durchaus erst in die frühen Jahrzehnte des 19. Jahrhunderts. Dann allerdings wurde der Gipfelmarsch zur großen Mode. Vom übrigen Taunus kannte man im allgemeinen noch den Kleinen Feldberg, kurioserweise oft auch Lütje Feldberg genannt, den stillen Altkönig oder Altking und einige besonders schöne Täler.

Es war für viele Frankfurter eine bewegende Nachricht, als sie damals erfuhren, daß oben im Gebirge, und doch so nah bei ihnen, etliche Dörfer waren, in denen echte, tiefe Not herrschte, in Reifenberg, in Schmitten, in Arnoldshain, in Seelenberg. Mit Sammlungen, öffentlichen Aufrufen, mit Heimarbeit und ähnlichen Dingen suchte man damals den »armen Orten am Feldberg« zu helfen.

Einzelwanderer müssen zu diesen Zeiten im Taunus eine Seltenheit gewesen sein. Immer wieder wird von Gesellschaften gesprochen, die gemeinsam das Wagnis eines Fußmarsches auf den Feldberg unternahmen. Man konnte aber auch schon mit dem Wagen bis aufs Plateau fahren! Meistens brauchte man einen Führer. Die Wege waren noch nicht gekennzeichnet. So berichtet der Frankfurter Pfarrer und Historiker Anton Kirchner aus dem Jahre 1818:

»Um den Feldberg bei Sonnenaufgang zu besteigen, pflegt man gewöhnlich im höchsten Sommer, bald nach Mitternacht, mit einem Wegweiser von Kronberg aufzubrechen. Nicht lange, so tritt der Wanderer in den herrlichen Wald ein, der die zweite Stufe des Berges umgibt. Der kahle Gipfel endlich ist nur mit Heide- (Erica vulgaris) und Preiselbeerenkraut (Vaccinium vitas Idaea L.) bedeckt... Wenn man am uralten Sitz der Brunehild hinaustritt, sich in das weite Wolkenmeer zu tauchen, in welchem die Berggipfel wie Inseln umherschwimmen, und wenn nun endlich hinter jenen Gipfeln die ersehnte Morgenröte auflodert, die junge Sonne sich im Perl des Taues badet, während ein tiefes Schweigen, durch keinen Flug eines Insektes unterbrochen, weit überall im unermeßlichen Raum herrscht, oh, wie ist es dann im Herzen so ganz anders als dort unten im Erdenstaube.«

Alles, was Kirchner auf dem Plateau des Feldbergs außer Heide- und Preiselbeerenkraut vorfand, war »auf der erhabensten Stelle eine hohe, pyramidenförmige, zum Behufe von Messungen errichtete und weithin sichtbare Signalstange«. Übersehen hatte er da oben offenbar die Grenzsteine. Denn in den Feldberg und seinen Gipfel teilten sich mehrere Kleinstaaten, vor allem Nassau und Hessen-Homburg. Das war nicht unwichtig, wie man bei den Chronisten des Feldbergs, z. B. bei Professor J. Kracauer, nachlesen kann. Nach 1848 gerieten nämlich die Feldbergfeste der Turner und Sänger in den Geruch von Demokratie und Freiheitsliebe. Der Landgraf von Homburg ließ deshalb im Jahre 1850, als er hörte, die Frankfurter planten große gemeinsame Ausflüge auf den Feldberg, von seiner gesamten Streitmacht den Berg besetzen. Das Homburger Terrain wurde von ihr abgesperrt, und die Wanderer feierten auf dem nassauischen Gebiet des Feldbergs. Jenen Turner, der angeblich gewagt hatte, ein Bein ins Homburgische hinüberzustrecken und daraufhin ergriffen werden sollte, hat Friedrich Stoltze besungen...

> Doch der Turner hielt's geraten
> Seitwärts in die andren Staaten
> Friedlich sich zurück zu zieh'n.
> Ob er an dem Berg gerüttelt,
> Ist noch nicht genau ermittelt.
> Keiner konnte fangen ihn.

Der eben zitierte Chronist des Feldbergs, Kracauer, nennt übrigens das große Dankfest, das man am ersten Jahrestag der Schlacht von Leipzig, am 18. Oktober 1814, auf dem Feldberg feierte, die »eigentliche Geburtsstunde der Taunustouristik«. 500 Feuer brannten ringsum auf allen Bergeshöhen, ein »indianisches Weißfeuer« von einzigartiger Wirkung entzündete man auf dem Altkönig, und der 65jährige Goethe bewunderte mit Marianne von Willemer im Gartenhäuschen des Bankiers im Sachsenhäuser Hühnerweg das nächtliche Schauspiel. Aus Frankfurt war »eine ungeheuere Karawane hochgestimmter patriotischer Pilger zu Fuß, hoch zu Roß und im Wagen« hinauf auf den Feldberg gezogen. Vor den flammenden Scheiterhaufen sprach man mit gewaltigem Pathos, wovon sich, wie berichtet wird, nur der Hauptredner, Ernst Moritz Arndt, durch seine Zurückhaltung unterschied.

Damals war der Feldberggipfel noch ohne eine Behausung. Erst 1860 weihte man das aus Spenden und Sammlungen gebaute erste steinerne Feldberghaus ein. »Dem Wanderer zum Schutze, den Stürmen zur Trutze«, so stand über dem Eingang. Festredner war natürlich August Ravenstein, und der erste Gastwirt da oben wurde Herr Ungeheuer aus Reifenberg.

## DIE »SODENER KRANKHEIT«

Was ein echter Taunide war, der verschmähte übrigens auch später Fuhrwerk, Straßenbahn oder Omnibus. Er marschierte in aller Herrgottsfrühe von Frankfurt los, über Rödelheim, Eschborn und den Vortaunus nach Kronberg und von dort auf den Feldberg. Ebenso ging er den ganzen Weg zurück, über Oberursel bis nach Frankfurt. Die Schulklassen machten es bei ihrem jährlichen Ausflug ähnlich, wenn auch nicht in einem Tage.

»Ein Schulausflug 1850« heißt eine Kindheitserinnerung von Adolf Stoltze. Außer dem nötigen »Achlebutz«, dem Freßproviant, sollte jeder Bub 12 Kreuzer mitbringen. »Dann ehrschtens«, so erklärte ihnen Lehrer Feng, »misse merr in Falkestaa iwwernachte, zweitens uff dem Rickweg in Owerurschel frihsticke un drittens in Heddernheim noch e Klaanigkeit verzehre. Außerdem brauche merr en Fihrer uff de Feldberg enuff, der aach sei sechs Batze kost.«
Um halb vier am Nachmittag traf sich die Klasse am Bockenheimer Tor, »mit Butter- odder Worschtebredercher, Schinke oder Kuchelloppe, gesottene Eier oder Säufiß in der Botanisirbichs«. Zu Fuß gings nach »Falkestaa«, wo es im einzigen Wirtshaus des Dorfes Dickmilch mit Brot gab und ein Nachtquartier auf Stroh »Kopp an Baa, Baa an Kopp, in errer ferchterlich niddrige Stubb«. Die Kittel und Stiefel mußten die Buben aus Platzmangel auf der Gasse ausziehen. Um halb zwei in der Früh war Abmarsch. Mit einer Pechfackel ging der Führer durch den Wald voraus. Noch in tiefer Dunkelheit war man oben, und weil »mir Buwe in unsere dinne Kittelcher vor Frost geschnappert hawe«, wurde ein großes Feuer angezündet. Nachdem man den Sonnenaufgang genügend bewundert hatte, stieg man hinunter nach »Owerorschel«, wo im Schützenhof schon der Kaffee bereit stand. Den Rest der 12 Kreuzer legte man, wie geplant, in Heddernheim an, für einen halben Handkäs nebst Brot und einen halben Schoppen Äpfelwein für jeden Buben. »E Stun speter sin merr nach vierundzwanzigstindlicher Abwesenheit von Frankfort uff dem Baradeplatz eigetroffe, wo merr unsern Lehrer Feng hochlewe hawwe lasse und dann seelevergniegt haamgedappt sin.«

Am Fuße des Taunus liegen viele schöne Städtchen und Dörfer. Die kannten die Frankfurter viel früher und besser als die einsamen, windigen Höhen. Sie gehörten zu ihren Lieblingsausflügen.

Die Landpartie nach Königstein! So hieß nicht nur ein bis in unsere Tage gespieltes Lustspiel des Theaterdirektors Carl Malß, nein, dieser Ausflug war tatsächlich im alten Frankfurt eine Selbstverständlichkeit. Jeder »bessere« Frankfurter mußte einmal im Jahr mit dem Landauer seinen ganzen lebenden Haushalt »ins Gebirge« fahren. Endstation war oft schon die große Gartenwirtschaft »Zum Löwen« am Ortseingang von Königstein. »Ja, so e Bergbardieh, da steht mer e Vergnige aus!« seufzt bei Malß voller Behagen der wollene und baumwollene Warenhändler Hampelmann vom Paradeplatz.

Bad Homburg! Wie viele Häuser hätte man wohl von dem Geld bauen können, das die Frankfurter in die Spielbank der Brüder Blanc trugen! Wie schön war es, daß man so nahe ein Bad hatte, in dem die Könige Europas Kurgast waren! Die Frankfurter gingen gern nach Homburg. Hier war die große Welt! Aber als Homburg 1866 preußisch geworden war und die Spielbank aufgelöst wurde – dafür machten die Brüder Blanc Monte Carlo weltberühmt –, da war das eine der wenigen preußischen Taten, über die selbst Friedrich Stoltze tief befriedigt war. Ihm war das Homburg des Rouletts, der Mätressen, der übertriebenen Eleganz und der Selbstmorde immer ein Dorn im Auge gewesen. Das trug ihm den Zorn vieler Homburger ein, auch den seines dortigen Zeitungskollegen. Was wiederum Stoltze bei dem Bau der ersten Krematorien Gelegenheit bot, in der »Latern« bissig festzustellen: »... alle solle se verbrennt wern, mit Stumb un Stiel, Männercher un Weibercher. Vor den Herausgeber der Homburger Zeitung dhut merrsch awwer laad, der is net ganz zu verbrenne, der hat Wasser im Kopp.«

In den 70er und 80er Jahren kam Homburg für die Frankfurter mehr und mehr aus der Mode, weil Homburg, wie sie meinten, die Haltung und die Preise eines Weltbades beibehalte, obgleich sich doch einiges geändert habe. Nun, Homburg erlebte in seiner Wandelhalle noch viele illustre Gäste. König Eduard VII., von dem das Gerücht ging, er nehme bei jeder Kur in Homburg 40 Pfund ab, kreierte sogar eine neue Hutmode, den Homburg.

Daß der englische König in Homburg Stammgast war, hing natürlich auch damit zusammen, daß seine Schwester ganz in der Nähe wohnte, auf ihrem Witwensitz Schloß Friedrichshof in Kronberg. Kaiserin Friedrich (ihr Name war Victoria), die älteste Tochter der englischen Königin Victoria, war die Gattin des unglücklichen »Kaisers der 99 Tage«, Friedrichs III., und die Mutter Wilhelms II. Über ihr sehr gespanntes Verhältnis zu ihrem Sohn und zu Bismarck schreiben die Historiker beider Nationen noch heute dicke Bücher. Ursprünglich wollte die Kaiserin ihren Witwensitz in Frankfurt nehmen, und zwar wählte sie, 1889, hierfür den Luisenhof beim Günthersburgpark. Der Hof war ein Vierteljahrhundert vorher von der Freifrau Luise von Rothschild erbaut worden. Aber die Pläne der Kaiserinwitwe zerschlugen sich, leider, sie zog nach Kronberg, und die Stadt erwarb den Hof.

In den Wäldern nördlich von Homburg lagen geheimnisumwitterte Ruinen. Sie sollten noch aus der Zeit der Römer stammen. Das interessierte jedoch damals, in den achtziger Jahren, höchstens einige Fachgelehrte. Die Saalburg, das waren für den normalen Sterblichen nur irgendwelche »Altertümer«. Zwanzig Jahre später sollte sich diese Haltung gründlich ändern. Wir werden noch davon erzählen.
Bad Soden! Ja, *das* war etwas ganz anderes! Frankfurt und Bad Soden – welch lange und innige Verbindung bestand zwischen den beiden Orten! Es gibt aus dem Jahre 1845 ein »Frankfurter Handbuch für Fremde und Einheimische«. In ihm werden Königstein, Eppstein und Falkenstein mit jeweils zehn Zeilen abgetan, auch Kronthal, das später Englands größter Lieferant von Mineralwasser werden sollte. Bad Soden hingegen (»an und für sich ein freundliches Dorf, das mit jedem Jahr an Ausdehnung zunimmt«) erhält fast sieben Seiten Text!
Das war kein Zufall. Denn Bad Soden war und blieb *das* Bad und *die* Sommerfrische für die Frankfurter. Jedes Jahr einmal nach Soden! So lautete die Devise. Auch die Frau Hampelmann in Stoltzes »Latern« bekam pünktlich »mit Eitritt der milde Witterung den bedenkliche hohle Huste« und ward »sodekrank«. »For Sode lew ich, for Sode sterb ich!« erklärt sie pathetisch ihrem Hampelmann. Was bleibt ihm anders übrig, als sie ziehen zu lassen...

## DER STADTWALD BLIEB EIN WALD

Der Taunus ist das eine große Wanderziel der Frankfurter im Norden und Nordwesten. Das zweite, bescheidenere, aber mindestens ebenso beliebte, liegt im Süden – der Stadtwald.

Wir haben bereits früher einmal, im ersten Band, erzählt, daß der Stadtwald vor langen Zeiten ein Teil des gewaltigen königlichen Forstes Dreieich gewesen ist und daß ihn die Frankfurter schon vor 600 Jahren (genauer 1372) erwarben. Sie haben einen prächtigen Bürgerwald daraus gemacht. Manchen, der auf einem Stadtplan mit dem Finger die Frankfurter Grenzen da unten im Grünen abgeht, wird vielleicht überraschen, daß so beliebte Ziele wie Gravenbruch und Mitteldick bereits außerhalb der Stadtgrenzen liegen. Die Ausdehnung des Stadtwaldes bleibt trotzdem erstaunlich. Von der Heimatsiedlung bis Neu-Isenburg, von Kelsterbach bis Offenbach. Von Westen nach Osten sind das in der Luftlinie 15 Kilometer. Das ist, zum Vergleich, die Entfernung von Bornheim bis mitten ins Stadtzentrum von Hanau.

Es ist also nicht übertrieben, wenn man behauptet, wer den Frankfurter Stadtwald einigermaßen kennenlernen wolle, müsse schon ein oder zwei Wochen Ferien nehmen. Der Wanderer kann zu einem halben Dutzend idyllischer Weiher pilgern, auch ohne den Buchrainweiher, der bereits zu Offenbach gehört. Aber er möge sich keinen zu alten Plan mitnehmen, denn er wird auf ihm zum Beispiel weder den Jacobiweiher an der Oberschweinstiege (den »Vierwaldstätter-See«) noch den Maunzenweiher finden. Sie wurden erst Anfang der dreißiger Jahre künstlich angelegt. (Übrigens – Weiher! Wenn man sie alle zusammenzählt, dann hat unsere Stadt deren gut und gern zwei Dutzend! Das halbe Dutzend im Stadtwald, die drei im Anlagenring, die zwei im Palmengarten, der Säusee bei Seckbach, die Weiher im Zoo, im Ostpark, im Holzhausenpark, im Bethmannpark, im Höchster Stadtpark, am Rebstock, im Niedwald, gegenüber der Festhalle und wo noch immer.)

Manche Stelle im Stadtwald ist so einsam und weltenfern, daß es hier vor 600 Jahren nicht viel anders gewesen sein mag. Und was birgt der Stadtwald doch alles an

Menschenwerk – den Flughafen, das Stadion, die Pferderennbahn, zwei Waldfriedhöfe, den Golfplatz, Spielplätze mit viereinhalb Hektar Fläche, Forsthäuser, Gasthäuser, Schießstände, Baumschulen, Pumpwerke, Parkplätze und Frankfurts großen Mülleimer, den Monte Scherbelino. Drei Eisenbahnlinien ziehen hindurch (nach Mainz, nach Groß-Gerau, nach Darmstadt), zwei Straßenbahnen führen nach Neu-Isenburg und Schwanheim, und die beiden Autobahnen nach Heidelberg und Aschaffenburg schneiden sich hier rechtwinklig im imposanten Straßenkreuz. Das alles, alles schluckte der Wald – und blieb ein Wald.

Von den »tausendjährigen« Eichen bei Schwanheim weiß jedes Kind. Älter als 300 oder 400 Jahre sind sie kaum. Viel weniger bekannt ist, daß so manche Buche, die hoch wie der Eschenheimer Turm über ihre Kolleginnen hinwegragt, schon dastand, als noch der 30jährige Krieg das Land verwüstete (und das nahe Frankfurt so glücklich verschonte). Der älteste Baum im Stadtwald ist vielleicht jene über 500 Jahre alte Eiche an der Gehspitz-Schneise, von der Oberforstmeister Dr. Jacobi einmal berichtete. Ob sie noch stehen mag?
Die Frankfurter haben allezeit ihre Lieblingsplätzchen im Stadtwald gehabt, die sie bei ihren Spaziergängen anpeilen wie die Schiffe die Häfen. Man kennt sie. Die Goetheruhe. Ja, die besaß einmal ihr eigenes Tempelchen. Ganz in der Nähe ließ dann der Frankfurter Gerst auf seine Kosten den Goetheturm bauen; mit 43 Metern soll er der höchste Holzturm in Deutschland sein. Welch »aufregendes« und harmloses Vergnügen, ihn bei einem starken Winde hinauf- und hinunterzusteigen!
Oder die Schillerruhe. Hier, kurz hinter Neu-Isenburg, soll der 23jährige Dichter mit seinem Freunde Schleicher erschöpft eingeschlafen sein, auf der Flucht zu Fuß von Mannheim nach Frankfurt, vor dem Herzog Karl von Württemberg, der seinem jungen Regimentsmedikus nach dem großen Erfolg der »Räuber« bei Strafe des Arrests anbefohlen hatte, in Zukunft nur noch medizinische Schriften zu verfassen. Die Mendelssohnruhe. 1839 fand hier zu Ehren des Komponisten, der mit einer Frankfurter Pfarrerstochter verheiratet war, ein liebliches Waldfest statt. Die Körnereiche. Zu mitternächtlicher Stunde pflanzten sie Frankfurter Bürger am 50. Todestag Theodor Körners, 1863.

Und natürlich die Oberschweinstiege und die Unterschweinstiege. Hier lagen einst Stallungen für die Schweine, die man zur Eichelmast in den Wald trieb. So mancher Spaziergänger hat sein Leben lang Schwierigkeiten, die Namen der beiden Schweinstiegen auseinanderzuhalten. Dabei ist es einfach, wenn man sich an den Lauf des benachbarten Mains hält und sich dran erinnert, was bei ihm oben und was unten ist. Oder daß in derselben Reihenfolge Oberrad und Niederrad an seinen Ufern liegen.

Bei allen diesen Plätzen weiß man noch, woher ihre Namen stammen. Zur Not auch noch beim Maunzenweiher, bei dem man angeblich die letzte Wildkatze in unserer Gegend erlegt haben soll. Aber ins Sagenhafte verlieren sich die Namen anderer Stätten im Walde. Der Mörderbrunnen. Ja, was geschah da wirklich? Oder das hölzerne Kreuz, östlich von der Unterschweinstiege. Verbrannte an dieser Stelle tatsächlich einmal eine Köhlerfamilie? Man weiß es nicht mehr...

Das Oberforsthaus. Es war der beliebteste Treffpunkt im Stadtwald. Es lag einmal romantisch und lieblich mitten im Walde. An der Landstraße nach Gerau, Oppenheimer Chaussee genannt. 1729 baute man es für den ersten «reitenden Oberförster», den Herrn von Eysseneck.

Hier traf sich Frankfurts »feine Welt«. Hier stärkten sich die Kavaliere nach dem Morgenritt durch den nebeligen Wald. Hier verabredete sich der unglücklich verliebte preußische König Friedrich Wilhelm II. mit dem blutjungen Fräulein Sophie von Bethmann-Metzler. Ein Felix von Fröhlichheim schildert in einem Büchlein »Katzensprünge in und um Frankfurt herum im Herbst 1820«, wie am Sonntagnachmittag im Forsthaus »alle Tische in den Anlagen, ja, der ganze Rasen mit Caffeetrinkern bedeckt ist. Auch findet sich zu einsamen Wanderungen, zu Szenen der erhörenden und versöhnenden Liebe bequeme Gelegenheit. Das Forsthaus ist schon für Tausende ein Tempel des Hymens und der Freude geworden. Vielleicht hat die belebende elastische Waldluft nicht wenig Anteil daran.«

An Sonn- und Feiertagen spielte sich am Oberforsthaus zu Pferd und per Equipage ein eleganter Korso des reichen Frankfurts ab. Die Berjer bildeten das Spalier. Auch hier dürfen wir einen Zeugen nennen. Frau Sophie Schulz-Euler erwähnt in ihren

Jugenderinnerungen, die um das Jahr 1900 erschienen, aus jenen Tagen vor 1866, in denen Frankfurt die Hauptstadt des deutschen Staatenbundes war, auch das Oberforsthaus: »Die Damen in großer Toilette, die ganze Diplomatie, lauter stadtbekannte Persönlichkeiten – da gab's was zu sehen und zu glossieren. Waren die Wagen bis oben gefahren, so pflegten die Insassen auszusteigen, den Weg zurückzugehen und die dann von der anderen Seite angefahrenen Wagen wieder zu besteigen.«

Selbst am Wäldchestag pflegte sich früher die Hautevolee, und was sich dafür hielt, vorzugsweise am Oberforsthaus zu versammeln. Man kann's in einem der vielen Gedichte, die Friedrich Stoltze Frankfurts höchstem privatem Feiertag gewidmet hat, nachlesen:

> Hie is derrsch nowel! Ganz gewiß!
> Es ist net zu beschreiwe,
> Un weil's net zu beschreiwe is,
> So laß ich's liewer bleiwe!

Ein wenig von dieser abgeschlossenen Vornehmheit hat das Oberforsthaus auch noch später behalten – bis schließlich die neue Forsthausallee, Straßenbahn, Auto und Fahrrad die alte Stätte liebevoll an die breite, weite Bürgerbrust nahmen.

### Verschwendung

Im Jahre 1893 erhielt Philipp Holzmann von der türkischen Regierung den wirtschaftlich und politisch hochbedeutsamen Auftrag, die Bagdadbahn von Konstantinopel durch das zerklüftete Taurusgebirge nach Bagdad zu bauen. Als Frau Holzmann von ihrem Mann das erfuhr, sagte sie: „Ach, jetzt kauf' ich mir aber doch das Azaleen-Stöckche, das ich mir heute morgen in der Markthalle verkniffe hab'."

## RAZZIA AN DER GEHSPITZE

Wenn man vom Oberforsthaus auf der Oppenheimer Chaussee eine halbe Stunde in den Wald hineinging, kam man zur Gehspitze. Erst vor wenigen Jahren nahm die alte Waldgaststätte mit dem rätselhaften Namen ein unrühmliches Ende; der Verkehr verschlang sie. Für die alten Frankfurter lag sie weit draußen in der Welt vor den Stadttoren. Hierfür haben wir einen hübschen Beleg gefunden.

Er stammt von einem einst viel gelesenen Frankfurter Autor. G. W. Pfeiffer hieß er. Er schrieb neben einem Lustspiel »Die Borjerschlacht« (womit das jährliche Schweineschlachtfest der Frankfurter Bürger gemeint war) eine Menge Gedichte in Mundart und ein gutes Dutzend historischer Frankfurter Romane, von denen man manchmal noch den »Mann aus dem Römer« im Antiquariat auftreiben kann. Pfeiffer war Assessor bei der Frankfurter Polizei. Er hat 1828 auch eines der frühesten kriminalistischen Bücher in deutscher Sprache veröffentlicht. Es heißt: »Actenmässige Nachrichten über das Gaunergesindel am Rhein und Main und in den an diese Gegenden grenzenden Ländern.«

Das Buch ist im wesentlichen eine Zusammenstellung von Steckbriefen. Aber eingangs schildert Pfeiffer auch eine Razzia, und zwar an der Gehspitze.

Eine Landstreicherin, die Rosine Frankenberger, hatte verraten, daß die Gehspitze der Sammelplatz einer »weitläufigen Gaunerverzweigung« sei, die von dort aus Streifzüge in die Umgebung unternähme. Nun wohl! Die Gehspitze lag auf Großherzoglich Hessischem Gebiet, und darum mußte man die Polizeibehörde in Offenbach bemühen. Eine große Streifung wurde verabredet und eine bedeutende Zahl gutbewaffneter Polizeibüttel und Jägerburschen in aller Stille am Abend des 20. Juli 1826 am Oberforsthaus zusammengezogen. Die Zeit des Angriffs wurde auf eine halbe Stunde vor Mitternacht festgesetzt.

In zwei Abteilungen rückte man, als es zehn Uhr geworden war, gegen die Gehspitze vor. Die eine Abteilung vernahm plötzlich, abseits der Chaussee, ein lebhaftes Geplaudere im Walde. Behutsam näherte man sich. Im Lichte des Mondes sah man eine Schar Vagabunden auf Laubsäcken am Fuße hoher Buchen lagern. Sie fühlten sich sicher, und die Weibsleute schnatterten laut in ihrem Rotwelsch.

Der Tag aller Tage im Frankfurter Stadtwald war und blieb natürlich der Wäldchestag am Pfingstdienstag. Die Historiker haben stets mit Erstaunen festgestellt, wie sehr an diesem Tage die Schranken innerhalb einer straff nach Ständen und Einkommen geschiedenen Bürgerschaft fielen. Oder wie Stoltze sang: »E Aanigkeit von Aanigkeit dhut heut die Stadt beglicke, daß merr den Staab drei Meile weit am Himmel kann erblicke!« Es gab auch kalte Wäldchestage, so im Jahre 1886, nach dem Spottbild in der »Latern«.

Die Streife bildete leise einen Halbkreis. Dann rief man den Überraschten zu, sie sollten sich ergeben. »Rasch war die ganze Gaunergesellschaft auf den Beinen, allein ein Blick auf die im Mondlicht blinkenden, von allen Seiten auf sie gerichteten Feuerrohre erlähmte jede Kraft. Ohne Hindernis wurden alle gefangengenommen und aneinandergebunden.«
Einige Polizeijäger blieben bei den Verhafteten zurück. Die anderen schlichen durch den nächtlichen Wald zur Gehspitze. Die zweite Abteilung war dort bereits eingetroffen. Punkt halb zwölf ertönten die verabredeten Signale. Von allen Seiten ging man gegen das einsame Gehöft vor. Keine Maus hätte hindurchschlüpfen

können. Aber, ach, man fand nur ein altes Bettelweib. So sehr man auch suchte, die Gehspitze war leer.

Der Ruf, das südlichste Haus Frankfurts und zugleich jene Gaststätte zu sein, die genau an der Stadtgrenze liegt, gebührt dem »Frankfurter Haus«. Am Ortseingang von Neu-Isenburg. Lange Zeit hatte es auch die höchste Hausnummer in Frankfurt: Darmstädter Landstraße 741.
Es ist schon ein Kuriosum! Denn eigentlich schließt die bebaute Darmstädter Landstraße auf der linken Seite mit der Nummer 339 und auf der rechten mit der Nummer 412. Dann kommt lange nichts, das heißt, es kommt Wald, und schließlich die Nummer 741, das »Frankfurter Haus«. Noch höhere Häusernummern hat heute die Mainzer Landstraße; sie endet, falls sie nicht schon wieder länger geworden ist, genau mit 800. Die Eschersheimer Landstraße erreicht die Nummer 607 und die Hanauer Landstraße die Nummer 587.
Daß das »Frankfurter Haus« so sonderbar weit draußen an der äußersten Stadtgrenze liegt und eigentlich das erste Haus von Neu-Isenburg ist, hängt eng mit der Geschichte dieser Nachbarstadt zusammen. 1699 schenkte der Fürst von Isenburg einigen hundert ausgewanderten französischen Reformierten ein schönes Stück seines Waldes zur Rodung, und er erlaubte ihnen, einen Ort zu gründen. Neu-Isenburg entstand. Die Frankfurter bekamen daraufhin einen gehörigen Schrecken. Denn die neue Siedlung grenzte an ihren dort ungeschützten Stadtwald. Darum bauten sie an diesen Platz schleunigst ein Forsthaus. Der erste Förster, der es bezog, soll, so heißt es, statt Gehalt die Erlaubnis bekommen haben, Bier und Wein auszuschenken. Es waren die Anfänge des »Frankfurter Hauses«.

# DIE GEISTER-RESIDENZ

Der Taunus und der Stadtwald – von ihnen müssen wir vor allem sprechen, wenn von den Lieblingsausflügen der alten Frankfurter die Rede ist. Sie waren ihre wichtigsten Ziele. Aber natürlich waren sie bei weitem nicht ihre einzigen.

Da gab es die so ungemein beliebte Gerbermühle. Über den Erinnerungen an Goethe, der hier so oft und gern bei den Willemers zu Gast war, hat man so gut wie vergessen, daß der Name der Mühle kein Zufall ist. Sie gehörte einmal dem Gerber und Lederhersteller Coudoz, lange bevor sie (1785) der Bankier Willemer als Sommeraufenthalt pachtete.

Bei Niederrad gab es den Sandhof, wo man nicht nur aß, trank und tanzte, sondern auch dem Hasardspiel »frönen« konnte. 1887 wurde der Sandhof ein Armenhaus, später kam er zu dem Areal des Städtischen Krankenhauses.

Da waren die so beliebten Gastwirtschaften im Dorfe Hausen. Zu ihnen konnten die Frankfurter notfalls auf einem Damm spazieren, der sie gegen die alljährlichen Überschwemmungen der Nidda schützte. In Bockenheim gab es die »Süßen Jungfern«, eine berühmte Konditorei in der Leipziger Straße. Da war ferner der Frauenhof in Niederrad, und an der Friedberger Landstraße lag der Heiligenstock, der auch Vilbeler Chausseehaus hieß, mit seiner Kanonenkugel in der Hauswand. Da gab es die Deutschherrenmühle am Mühlberg, »wo das Publikum der niedersten Stände oft tanzte«, und das Casino in Rödelheim. Und mit großer Regelmäßigkeit wanderten die Frankfurter hinaus zu den Kirchweihen auf die Dörfer, nach Bornheim, nach Seckbach, nach Oberrad und Niederrad.

Drei Lieblingsausflüge der alten Frankfurter wollen wir noch besonders erwähnen. Sie verdienen es, auch wenn von ihnen nichts oder nicht viel geblieben ist.

Der eine Ausflug betraf eine alte und merkwürdige Sitte. Am Himmelfahrtstag gingen nämlich viele Frankfurter in den Stadtwald und suchten dort Aaronswurzeln. In einem Stadtführer von 1845 heißt es, daß die Aaronswurzel an diesem Tage bei Morgenaufgang zu finden sei. Nachher versammelte man sich vergnügt »auf dem Wäldchen«, wo ständig ein großer Herd für das Kaffeekochen bereit stand.

Friedrich Stoltze läßt den Herrn Hampelmann mit seinem Settche in der »Latern« noch im Jahre 1880 Aaronswurzeln im Stadtwald suchen. Allerdings vergeblich, denn sie wissen gar nicht, wie Aaronswurzeln aussehen. Schließlich kauft Hampelmann einem Bübchen für 20 Pfennig einen dicken grünen Strauß »Aaronswurzeln« ab. Auf dem Heimweg begegnen sie vielen Bekannten, die alle »Aaronswurzeln« in den Händen tragen. Und Hampelmann stellt befriedigt fest: »Deß immer aa Strauß annerscht ausgesehe hat als wie der annere, des dhut zur Sache gar nix un beweist noch weniger. Uff Himmelfahrt hat jed Blanz im Frankforter Wald des Recht, e Aaronswurzel zu sei!«

Der zweite Ausflug der Frankfurter, von dem noch zu sprechen ist, ging im September zum berühmten Berger Markt. Schon in aller Frühe fuhren lange Prozessionen von Fuhrwerken aller Art durch Bornheim und Seckbach nach Bergen. Ganz Sachsenhausen kaufte dort seine Gießkannen und billigen Kochtöpfe. Und alles aß Zwetschenkuchen, trank Kaffee und den ersten »Süßen«.

Stoltze berichtet 1887 vom Berger Markt: »Allaa uff der ›Schöne Aussicht‹ sin net wenniger als Elfhunnertunachtzig Quetschekuche ge–e–f–r–e–s–s–e gespeist warn. Alles strömt enaus nach Berje, lauter Quetschemänner un mancher hat aach noch sei derr Quetsch am Arm... Mit dene Quetschekuchen, die in Berje in der Quetschezeit verzehrt warn, könnt mer noch emal en Ring um den Saturn lege. Eppelwei un Quetschekuchen, alle Stunne drei Maß un sechs Sticker, werke Wunner!«

Und zum Schluß noch ein anderer Lieblingsausflug der Frankfurter von Anno dazumal, der fast ganz ausgestorben ist. Der Ausflug nach Wilhelmsbad bei Hanau. Man machte ihn eigentlich das ganze Jahr über, in den freundlichen Jahreszeiten. Aber Ehrensache war er am Pfingstmontag. Zitieren wir auch hier unseren unerschöpflichen Chronisten, den Stoltze: »Am zwette Pfingstfeierdag gege Middag war in ganz Frankfort net for e Milljon e Kutsch mehr zu hawe. Net for zwanzig Gulde. Vorsorgliche Familjenvätter hawe schont drei Woche vor Pfingste ihr Kutsch nach Wilhelmsbad bestellt. Schont in aller Frih is Kutsch hinner Kutsch dem Allerheljedhor enaus. Awwer die Hauptfahrt hat middags zwische zwei un drei begonne. Hunnerte von Kutsche, a hinner der anner, alle Arte von Fuhrwerk,

Herrschaftswage un Mietskutsche, Familjewäge un Extraposte, e ununterbroche Wagereih von Frankfort bis Wilhelmsbad. Am Kurhaus war Milidärmusik. Un im Saal vom Kurhaus war sogar e Roulett, un mer konnt da schont mit em Sechsbätzner sei Glick versuche. Die Heimfahrt awends war sehr genußreich an Schossee-Staab.«
Ja, Wilhelmsbad! Ein dickes Buch könnte man darüber schreiben. Aus Amerika liest man häufig von den »Ghost Towns«, den Geisterstädten des Wilden Westens, in denen heute kaum noch jemand lebt. Wilhelmsbad ist eine deutsche »Ghost-Residenz«. Vor fast 200 Jahren zauberte sie der spätere Kurfürst Wilhelm von Kassel, damals junger und schwerreicher Graf zu Hanau, regelrecht aus dem Waldboden. Wir sind diesem Mann im zweiten Band schon einmal begegnet, bei den Rothschilds, für deren unerhörten Aufstieg er so wichtig wurde. Wilhelmsbad, ein Heilbad und »ein Luxusaufenthalt«, sah strahlenden Glanz und heiteres Leben – in den Speisesälen des Kurhauses, im Tanzsaal, im Spielsaal, auf der Promenade, bei den eisenhaltigen Quellen, bei der Lustschiffahrt auf einem Kanal, über den vier Treppenbrücken führten, auf dem künstlich angelegten Aussichtsberg und in dem großen englischen Park mit seinen ausgeklügelten Überraschungen. Kaiser und Könige kamen hierher. Königin Luise von Preußen empfing hier 1803 die Frau Aja, Goethes Mutter. Zwölf Jahre später erhielt ihr königlicher Gatte am selben Ort die erste Nachricht von dem Sieg bei Waterloo.
Schließlich wurde es immer stiller um das Bad im Walde. Schon in einem Reiseführer von 1845 heißt es: »Man spricht kaum mehr von Wilhelmsbad, wo nur noch Wirtschaft getrieben wird.« Für die Frankfurter blieb der zauberhafte Ort noch lange Zeit ein Lieblingsausflug. Dann geriet auch er bei ihnen mehr und mehr aus der Mode.
Heute geht man geruhsam die prächtigen, langgestreckten Bauten entlang. Ihre Zimmer sind zum größten Teil privat vermietet. Man schlendert im Park umher, zu den kleinen Seen, zu der künstlichen Turmruine, zur Pyramide, zur Schlucht mit der Hängebrücke, zu den kaum noch erkennbaren Resten des großen Karussells. In den Kolonnaden sitzen Kaffeegäste. Es wird noch Wirtschaft getrieben. Vom Heilwasser spricht niemand mehr. Die Quellen sind versiegt. Es ist so still. Und in einer Scheune ganz nahebei verfällt eines der ältesten deutschen Theater...

## DER WUNDERBAU AUF DEM GALGENFELD

Und nun, lieber Leser, kommen wir zu einem weiteren wichtigen Datum in der Geschichte unserer Stadt. Es ist der 18. August 1888. Er ist schon ein Markstein, dieser Tag mit den vielen Achtern.
An ihm wurde Frankfurts Wunderbau endgültig fertig. Wir erinnern uns – das Opernhaus war einer der kostspieligsten Bauten, die Frankfurt jemals bewältigt hatte. Aber der Bau, von dem wir jetzt sprechen, kostete mehr als das Fünffache dessen, was das Opernhaus verschlungen hatte. Fast 35 Millionen Goldmark! Ein schier unvorstellbarer Betrag für viele unserer Großväter!
Es war der Hauptbahnhof.

Wir nannten ihn Frankfurts Wunderbau. Wir können das Wort ruhig gebrauchen, ohne daß man uns des übertriebenen »Lokalpatterjotismus« zeihen wird. Man soll die Dinge auch nicht verkleinern. Der Frankfurter Hauptbahnhof *war* ein Wunderbau! Hier war Frankfurt wirklich einmal seiner Zeit vorausgeeilt!
Das Kuriose daran war, daß so viele Frankfurter damals kaum merkten, was da eigentlich am Rande ihrer Stadt entstand. Die Gegend, in der sich der Hauptbahnhof erhebt, lag für sie »weit draußen«. Das klingt für uns ganz unglaubwürdig. Und doch war es so. Zitieren wir den »Generalanzeiger« vom 14. Mai 1886: »Der Bau vollzieht sich so ruhig und geräuschlos, daß uns sein Vorhandensein erst als vollendete Tatsache zum Bewußtsein kommt. Die Baustelle liegt abseits von den Verkehrswegen, und so mochte man nur bei ungewöhnlich weit ausgedehnten Spaziergängen (!) gewahren, wie ein kompliziertes System von Erdwerken entstand und einzelne Hallenbauten aus dem Boden zu wachsen begannen. Ein sonderliches Interesse für die entstehende neue Anlage gab sich nicht kund...«
Für den Frankfurter hörte in dieser Himmelsrichtung seine Stadt an der Gallusanlage auf, bei den drei kleinen alten Westbahnhöfen. Dahinter lag das einsame Galgenfeld mit Äckern, Feldwegen, Gleisanlagen, Schuppen. Durch fünf Jahrhunderte, bis in die Zeiten Napoleons hinein, hatte hier das Hochgericht, der Galgen, gestanden.

Es gab viele, die den neuen großen Zentralbahnhof gern näher an Frankfurt gehabt hätten, ja manche sogar mitten auf den Roßmarkt. Welch ein Glück für die Stadt, daß es Weitsichtige gab, die den Bahnhof »weit draußen« für richtiger hielten und sich mit Recht sagten, die Stadt werde ihn schon einholen! Sie tat es. Es war Hexerei, wie dann das Bahnhofsviertel aus dem Boden schoß.

40, ja 50 Jahre lang hatten sich die Frankfurter mit den drei kleinen Bahnhöfen aus der Urzeit der Lokomotiven begnügt. Der Taunusbahnhof, der mittlere von den dreien, war einer der ältesten deutschen Bahnhöfe überhaupt; 1838 war er entstanden. Die beiden anderen, der Main-Neckar- und der Main-Weser-Bahnhof, waren nicht wesentlich jünger. Sie hatten einen Hauch von Romantik, und man hing an ihnen. Aber das änderte nichts an dem Urteil der Zeitgenossen: »Was Frankfurt an Bahnhöfen aufzuweisen hat, erinnert an die erste Barackenzeit der Eisenbahnen.«

Man bedenke, die Gütermenge, die hier 1842 auf den Schienen transportiert wurde, erreichte ganze 33 000 Zentner (Zentner! Nicht etwa Tonnen!). Bis 1871 waren daraus 24 Millionen Zentner geworden. Die Kommunikation zwischen den drei selbständigen Bahnhöfen war miserabel, und der Krieg mit Frankreich hatte gelehrt, daß die Frankfurter Bahnhöfe im Ernstfall wie eine Barriere wirkten.

Wenn man aber schon einen neuen Zentralbahnhof haben mußte, dann sollte es auch dafür stehen. Dann wollte man gleich den größten Bahnhof des Kontinents bauen. Frankfurt erhielt ihn. Man trennte den Personenverkehr vom Gütertransport und errichtete jenseits der Mainzer Landstraße einen besonderen Güterbahnhof. Und außerdem ein besonderes Bahnpostamt, das Postamt 9.

Bauherren waren die Preußischen Staatsbahnen und die Großherzoglich Hessische Ludwigsbahn. Man teilte sich die Kosten von fast 35 Millionen Mark etwa so, daß Preußen drei Viertel, Darmstadt ein Viertel übernahm. Neun Jahre baute man, nach den Plänen von Landesbaurat Eggert. In der Stille und der Abgeschiedenheit des Galgenfeldes.

Am 18. August 1888 wurde der neue Bahnhof eröffnet. Und plötzlich gingen den Frankfurter Bürgern die Augen auf, nein, sie gingen ihnen über. Es war wie in

Tausendundeinernacht. An Aladins Lampe hatte jemand gerieben – und da stand der Palast der Eisenbahnen! Und noch etwas geschah, was wie ein Wunder klingt. Am Tage der Eröffnung war weit und breit keine Festgesellschaft in Bratenrock und Zylinder zu sehen, keine Ehrenjungfrauen bildeten Spalier, keine Militärkapelle spielte, und niemand, niemand hielt eine Festrede. Man ging an die Arbeit. Die ersten Züge dampften in die Riesenhallen hinein und aus ihnen heraus. Es war die würdigste Eröffnung.

Mit den Morgenstunden des 18. August setzte eine Völkerwanderung von der Stadt zum neuen Bahnhof ein. Sie riß in den nächsten Tagen nicht ab. Eine endlose Schlange von Wagen rollte hinaus und wieder zurück. Über die Kaiserstraße – von den Anlagen an führte sie über freies Gelände, ohne ein einziges steinernes Haus – fuhren die geschmückten Wagen der Pferdebahn. Zum ersten Male zeigten sie das Schild: Konstabler Wache – Hauptbahnhof.

Die Menschen bevölkerten die Hallen des Bahnhofs, seine weiten Wartesäle, die großen Speiseräume, die Biertunnels. Auf dem gewaltigen Querperron herrschte den ganzen Tag über ein fürchterliches Gedränge. Alle Gesichter strahlten. »Freude war in Trojas Hallen!« schrieb ein Journalist, und mit besonderer Genugtuung beobachtete er »den Stolz in den Augen der zahlreich promenierenden Eisenbahnbeamten, von denen keiner eine Spur von Ermüdung zeigte, obgleich wohl keinem in der Nacht ein Stündchen Schlafes zugemessen war«.

Der Stolz war sehr berechtigt. Es war schon eine große Leistung, die die Eisenbahner damals vollbrachten. Mit den letzten Abendzügen wurden die drei alten Bahnhöfe an der Gallusanlage geschlossen. Dann schaffte man die Dutzende von Lokomotiven und die Hunderte von Wagen über die alten Geleise zum Hauptbahnhof. 1200 Mann arbeiteten bei künstlichem Licht die ganze Nacht über auf dem Vorplatz und innen im Bahnhof; sie legten die letzten neuen Geleise. Um zwei Uhr nachts zogen die Beamten um. Ein Nachtrupp schloß die Pforten der alten Bahnhöfe. Ihre Uhren blieben stehen, ihre Zeit war abgelaufen. Um vier Uhr gab es auf dem Querperron die »große Musterung über das gesamte Personal«. Noch einmal wurden jedem seine Aufgaben zugewiesen. Von dem ersten Vorsteher des Hauptbahnhofs; er hieß Stirn. Dann war man soweit.

Etliche Frankfurter hatten inzwischen eine hübsche Idee gehabt. In kleinen Trupps wanderten sie in den ersten Morgenstunden hinaus aus der schlafenden Stadt, vorbei an den toten alten Bahnhöfen, vorbei auch an dem lärmenden, hellstrahlenden neuen Bahnhof, durch die stillen Vorortstraßen, bis ins Nachbarstädtchen Bockenheim. Zum Bahnhof. Dort warteten sie zu Hunderten auf den ersten Zug, der in den neuen Zentralbahnhof einfahren sollte.
Es war der Nachtzug 306 von Hamburg. Seine Fahrgäste werden nicht schlecht gestaunt haben, als plötzlich so kurz vor Frankfurt die Abteile gestürmt wurden. Der neue Bahnhof? In Frankfurt? Sie wußten von nichts. Die Lokomotive allerdings war mit einem großen Adler und Blumen geschmückt. Punkt 4.47 rollte der Zug in eine der drei Riesenhallen. Der Frankfurter Hauptbahnhof war eröffnet... Wenige Minuten später liefen zwei andere Züge ein, aus Leipzig und aus Hanau. Die Vorderfront der einen Lokomotive war mit einer großen Figur der Germania geziert. Um 5.15 Uhr dampfte der erste Zug aus dem Hauptbahnhof hinaus. Der Frühzug nach Bebra. Viele Frankfurter stiegen in Offenbach aus. Sie hatten ihm das Ehrengeleit gegeben. Im ersten Zug aus Kronberg schmetterte eine Musikkapelle, und auf dem Dach des vordersten Wagens hatte man einen Riesenkorb voll Blumen und Gemüse befestigt.

Wir sagten vorhin: der Zug aus Hamburg sei in eine der drei Riesenhallen eingefahren. Vielleicht hat hier der eine oder andere Leser gestutzt, weil er weiß, daß unser Hauptbahnhof fünf Bogenhallen besitzt. Damals hatte er jedoch nur die drei großen mittleren Hallen. Die beiden kleineren links und rechts davon kamen erst in den Jahren 1914 und 1920 hinzu.
In jede der drei mittleren Hallen führten und führen je sechs Schienenpaare (in den Seitenhallen sind es je drei). Auf diesen 18 Geleisen fuhren damals täglich 113 Züge hinaus in die Ferne und 109 trafen auf ihnen ein. Jede Halle war (und ist) 56 Meter breit und 156 Meter lang. Das war unerreicht. Als größter deutscher Bahnhof hatte bis dahin der Anhalter Bahnhof in Berlin gegolten. Aber er hatte ja nur *eine* Halle für die Züge, 60 Meter breit. Fleißig errechnete man, daß man in jede der Frankfurter Hallen bequem den Kölner Dom, natürlich ohne den

Turmbau, stecken könnte, ja, daß dann noch so viel Platz übrigblieb, daß der Dom, zerlegt, noch ein viertes Mal in die Frankfurter Zughallen hineinginge.

Und diese Empfangshalle! Dort, wo man seine Fahrkarten kaufte. Das Vestibül, wie man sagte. Hatte irgendein Bahnhof etwas ähnlich Großartiges aufzuweisen? Der Bogen über der Außenfront galt als der größte bekannte Steinbogen überhaupt. Zu beiden Seiten der Empfangshalle lagen die Flügel. Links wie rechts hatte man die gleichen kolossalen Räume eingebaut, je zwei Wartesäle und je einen Speisesaal. Von ihnen war jeder so groß wie der größte Speisesaal im größten Frankfurter Hotel. Im südlichen Flügel lagen außerdem die eleganten Fürstenzimmer. Und alle Säle waren mit Dampfheizung ausgestattet!

Welch ein Wunder an Übersichtlichkeit war für die Reisenden entstanden! Hier gibt es ja gar keine Treppen, stellte der eine staunend fest. Ja, hier kann ja selbst ein Bäuerchen vom Lande nicht verwirrt werden, lobte ein anderer. Man erfuhr aus den Zeitungen erstaunliche technische Details. Außerhalb der Hallen erweiterte sich der Bahnhof zu 66 Schienengeleisen nebeneinander. Ständig beherbergte er mindestens 60 Lokomotiven. Selbst die größten Bahnhöfe in London und New York brachten es nur auf 44 Lokomotiven. Gab es neben dem Frankfurter vielleicht überhaupt keinen größeren Bahnhof? Nirgendwo?

Man versteht, was die Frankfurter bei alledem bewegte. Nach dem glänzenden Opernhaus, noch in demselben Jahrzehnt, nun auch *diesen* Wunderbau! Kein Zweifel. Man war auf dem Wege zur Weltstadt...

Wahrhaftig nicht das kleinste unter den vielen Wundern im Palast der Eisenbahnen war seine elektrische Beleuchtung. Sie wurde in vier eigenen Anlagen erzeugt. Man bedenke – fast sieben Jahre mußten noch vergehen, bis Frankfurt, am 1. Januar 1895, sein erstes Elektrizitätswerk erhielt!

Ein Riesenbetrieb war von nun an ständig auch während der dunklen Stunden in taghelles Licht getaucht. Allein im domartigen Vestibül brannten elf große Bogenlampen. Was tat es schon, daß man in den nächsten Tagen und Wochen immer wieder einmal in den Wartesälen und Speisesälen unter allgemeinem Ah und Oh plötzlich im Dunkeln saß! Das waren nur die Kinderkrankheiten einer neuen Ära.

Damals war noch die Zeit, wo man in den Zügen Öllampen brannte, meistens eine Lampe für drei Abteile. Ein Reisender, der von Heidelberg nach Frankfurt fuhr, hat den Augenblick als unvergeßlich geschildert, in dem sein düster beleuchteter später Abendzug ankam. »Endlich liefen wir auf langem ebenem ununterbrochenem Schienenstrang langsam und majestätisch in den größten Bahnhof der Welt ein, in ein Meer blendend weißen Lichtes getaucht.« Und gelassen nahm der Reisende hin, daß er den riesigen Bahnhof, als er spät nachts zu ihm zurückkehrte, verschlossen fand. »Keinen einzigen Passagier beherbergen die Wartesäle bei Nacht! Lieber Freund, die Hotelbesitzer müssen auch etwas verdienen, und schön ist es, wenn sich in einer Stadt die Institutionen brüderlich in die Hand arbeiten.« Andächtig studierten die Frankfurter damals auch die vielen Statuen und Skulpturen, mit denen die Fronten und Dächer ihres Hauptbahnhofes geziert waren. Vieles blieb erhalten. Aber kaum jemand hebt heute noch deswegen den Kopf. Die Gruppe, die alles krönt, zeigt Atlas, die Weltkugel tragend, unterstützt von zwei nackten Jünglingen, dem Dampf und der Elektrizität. An die fünf Tonnen wiegt die Gruppe. Ihr Kupfer ist längst vom Grünspan überzogen. Fast 30 Meter hoch mußte man sie aufs Dach der Empfangshalle hieven. Auch die beiden Frauenfiguren links und rechts von der großen Uhr an der Vorderfront haben zwei Weltkriege und allen Wandel der Kunst überstanden; der Abend senkt das Haupt, der Morgen blickt empor. Und die Adler heben unverändert ihre Schwingen,
Den ersten Unfall im neuen Bahnhof gab es am Tage nach der Eröffnung. Der Zug aus Wiesbaden um 22.27 Uhr bremste zu spät, der Prellbock wurde beiseite geschoben und die Lokomotive bohrte sich in den Querperron. Niemand kam ernstlich zu Schaden. Es blieb bei der Aufregung und einigen blauen Beulen.
Und der Stoltze? Was sagte er zu dem Wunderbau auf dem alten Galgenfeld? »Dem Verdienste seine Krone! Un mer verdiene gern. Von alle Seite is die Welt zu uns offe, un aus de fernste Länder kann mer uns ohne große Schwierigkeite en Besuch abstatte. Man werd bei uns net nor e offe Herz, sondern aach e offe Hand finne, die mer jedem ohne Aaseh der Natzionalität mit Vergniege so lange offe halte, bis er uns was ordentliches enei gelegt hat. Neapel seh un sterwe is Geschmacksach. Awer Frankfort seh un da lewe is noch viel besser...«

## DREIMAL »KNOCHEMIEHL«

Das Jahr 1888 wurde zu einem Triumphjahr der Dampflokomotive in Frankfurt. Der Hauptbahnhof wurde eröffnet. Aber auch an ganz anderen Stellen der Stadt begannen plötzlich Dampflokomotiven zu fahren – mitten auf der Straße! In zwei ganz verschiedenen Gegenden im Norden und im Süden der Stadt.

Die eine Gegend war die Eschersheimer Landstraße. Wir erinnern uns – seit 1872 gab es in Frankfurt die Pferdestraßenbahn, betrieben von einer belgischen Privatgesellschaft. Im Jahr 1888 kam ein zweites Straßenbahnunternehmen hinzu, die Lokalbahn AG. Sie bestand bis 1955.

Die Lokalbahn AG hatte außerhalb, so in Bad Homburg, einige Pferdebahnlinien eingerichtet. Nun legte sie ein Schienenpaar auch in Frankfurt, und zwar durch die Eschersheimer Landstraße bis zu dem „fernen" Dorfe Eschersheim. Einige Monate lang spannte man auch hier Pferde vor die Straßenbahnwagen. Aber am Morgen des 15. Oktober trauten die wenigen Anwohner der Eschersheimer Landstraße kaum ihren Ohren. Die »Pferde« pfiffen plötzlich. Aus ihnen waren kleine Lokomotiven geworden. Pustend und schnaubend zogen sie ihre drei Wagen die Eschersheimer Landstraße hinauf. Sie war damals nur bis etwa in die Gegend des Holzhausenparks bebaut. Die Fahrt ging vorbei an der langgestreckten Irrenanstalt auf dem Affenstein, dann war man schon draußen auf dem Lande. Zwei Jahrzehnte lang dauerte dieses Dampfzeitalter von Eschersheim. Es soll nicht immer ein reines Vergnügen gewesen sein, bei Wind und Wetter mit der »Knochemiehl« zu fahren. Die Eschersheimer Landstraße galt ohnedies als »fabelhaft stolprig und staubig, ein Greuel geradezu für alle Passanten, ganz besonders für die Radfahrer!« Das ungünstige Urteil färbte natürlich auch auf die Dampfbahn ab, und von der »Romantik der Technik« war nicht allzu häufig die Rede. 1908 war es damit vorbei. Von diesem Jahr an fuhr man auch nach Eschersheim elektrisch.

Die Gerechtigkeit gebietet, noch einen Augenblick bei der Frankfurter Lokalbahn AG. (Sitz Homburg v.d.H.) zu verweilen. Es sei ihr nie vergessen, daß sie den Frankfurtern den geliebten Taunus sozusagen vor die Haustür gerückt

Ein großer Tag für die »Dörfer« im Norden war der 12. Mai 1888. In schneidiger Fahrt trifft die erste Pferdebahn mit den »Spitzen der Behörden« ein. Nach diesem zeitgenössischen Bild in der «Kleinen Presse» führte die Bahn damals nicht nur nach Eschersheim, sondern sogar bis nach Heddernheim, wenigstens eine Zeitlang.

hat. Im Jahre 1910 legte sie die Linie 24 nach der Hohemark und die Linie 25 nach Bad Homburg Es waren Wagen mit Komfort; sie hatten sogar Spiegel.

Die zweite Gegend, in der man vor die Straßenbahnwagen nicht mehr Pferde, sondern Lokomotiven spannte, waren Sachsenhausen und der Stadtwald. Die Waldbahn. Die Frankfurter Waldbahngesellschaft war das dritte private Unternehmen, das in Frankfurt Straßenbahnen betrieb.
Am 4 Februar 1889 startete die erste Probefahrt. Es waren zwei Sonderzüge mit je fünf Wagen. In beiden Zügen hatte man einen Wagen als Erfrischungswagen für die Ehrengäste eingerichtet. Es schneite, als die Fahrt begann. Abfahrtstelle war die Untermainbrücke auf der Sachsenhäuser Seite. Erst ging es durch die staunende Schweizerstraße, dann links ab zum Lokalbahnhof, wo

ein zweiter Startpunkt war. Von dort dampfte die stolze Kavalkade die Mörfelder Landstraße entlang, nach Station Louisa und hinein in den Stadtwald. An der Oberschweinstiege hatte man als Haltestelle einen prächtigen Holzpavillon gebaut; er steht heute noch. Mit Pfiffen und Gebimmel ging es durch den winterlich stillen Wald. Am Stadtrand von Neu-Isenburg begrüßte die Bevölkerung des Ortes mit donnernden Hurrarufen die Expedition aus Frankfurt. Im »Frankfurter Haus« vereinte man sich zu einer Rast. Oberbürgermeister Dr. Miquel brachte ein Hoch auf die Nachbarstadt aus und der Bürgermeister von Neu-Isenburg eines auf Frankfurt. Gestärkt bestieg man die Wagen, neue Hurrarufe, die Wintersonne lachte, und zurück ging's durch den Stadtwald bis zum Riedhof an der Mörfelder Landstraße. Dort war der Ausgangspunkt für die zweite Strecke der Waldbahn. Nach Schwanheim. Am Tage der Eröffnung war es jedoch noch nicht soweit. Die beiden Züge fuhren nur bis zum Oberforsthaus.

So gut wie vergessen ist, daß die Waldbahngesellschaft noch eine dritte Linie betrieb, nämlich von der Mörfelder Landstraße durch die Niederräder Landstraße nach Niederrad. Sie hatte sogar einmal einen ernsthaften Unfall. Ende Mai 1895 wollte dort eine 60jährige Gemüsefrau aus Niederrad an der Haltestelle Forsthausstraße mit ihrem Pferdewägelchen schnell noch vor der Bahn über die Geleise. Aber sie schaffte es nicht, man stieß zusammen, die Frau blieb tot liegen. Eine Zeugin bestätigte, daß ihr die Verunglückte wenige Augenblicke zuvor von ihrem Kutschbock zugerufen hatte: »Ich muß mich eile, ich muß noch Kuche backe!«
Das Dampfzeitalter von Sachsenhausen dauerte wesentlich länger als das von Eschersheim. Dort waren es, wie erwähnt, zwanzig Jahre, in Sachsenhausen jedoch das Doppelte. Die Stadt kaufte zwar die Waldbahn schon 1899. Aber man ließ ihr neben vielen anderen Besonderheiten auch die Lokomotiven. Bis 1929. Dann fuhr man auch nach Neu-Isenburg und Schwanheim elektrisch.
Auch die Waldbahn hat man natürlich »Knochemiehl« genannt. Aber für die Linie nach Schwanheim insbesondere hat sich dann doch eine etwas ehrenvollere Bezeichnung durchgesetzt – das »fleißige Lieschen«.

Bis zum letzten Jahr des 19. Jahrhunderts wurden alle anderen Straßenbahnen in Frankfurt noch von Pferden gezogen. Lokomotiven waren demgegenüber ein Fortschritt. Aber vielleicht waren sie auch nur ein Umweg. Denn auf dem Wege, den man hier eingeschlagen hatte, ging es nicht weiter. Die Waldbahn und die Eschersheimer Bahn blieben die einzigen Strecken. »mit Dampf«.

Wie es in Wirklichkeit mit den Straßenbahnen weitergehen sollte, das erlebten die Frankfurter früher als die meisten anderen Großstädter. Denn sie bekamen bereits 1884 eine Straßenbahnlinie, bei der man weder Pferde noch Lokomotiven verwendete. Ihre Wagen fuhren – es klang wie Spuk und Zauberei – mit Hilfe des elektrischen Stromes. Es war die elektrische Bahn von Frankfurt nach Offenbach. Eine historische Linie, so kann man ruhig sagen. Denn sie war die zweite elektrische Straßenbahn in ganz Deutschland. Die erste »Elektrische« fuhr seit 1881 zwischen Berlin und Lichterfelde. Ihr Erbauer war Werner von Siemens. Die Frankfurter Endstation befand sich in der Nähe der Alten Brücke, die Offenbacher am Mathildenplatz. Das Elektrizitätswerk lag schön in der Mitte, in Oberrad.

Am 5. April 1884 war die erste Probefahrt. Fünf Tage später wurde Frankfurts erste elektrische Linie offiziell eröffnet. Tausende standen auf den Kais und jubelten, als die vollgepfropften Wagen sich wie durch Zauberwerk in Bewegung setzten und »mit voller Kraft« Richtung Seehofstraße um die Ecke quietschten. Die Fahrt dauerte rund 20 Minuten. Am Abend gab es die erste Störung. »Mit einem grellen Blitz riß die Leitung, und der Zug blieb unbeweglich stehen«. Man mußte aus Oberrad Hilfe holen und die Wagen abschleppen. Am 20. April lag die Strecke sogar den ganzen Tag still. Irgend etwas war in der Oberräder Zentralstation schiefgegangen. Man hatte auch einige Karambolagen mit scheuenden Pferden. Aber »die Fahrgäste erklärten sich sehr zufrieden«. Das Volk hat auch die Offenbacher Elektrische gern mit dem schmückenden Beiwort die »Knochemiehl« beehrt. Was damals nicht bedachtsam von Pferden gezogen wurde, das war in Frankfurt eben eine »Knochemiehl«.

1905 wurde die historische Linie Offenbach städtisch, teils frankfurterisch, teils »offenbächisch«. Im Jahr darauf fuhr bereits ihre Nachfolgerin auf der Strecke, die Linie 16.

Auf den Frankfurter Straßen tat sich also allerhand in diesen Jahren. Aber nicht nur auf den Straßen, auch auf dem Main. Der Fluß war im Laufe der Zeit mehr und mehr versandet. Er hatte schließlich kaum noch einen halben Meter Fahrtiefe. Mit dem Aufkommen der Eisenbahn war der Personenverkehr zu Schiff auf dem Main fast ganz erloschen. Das war eine wirkliche Wandlung. Durch Jahrhunderte war das tägliche Mainzer Marktschiff die wichtigste Verbindung Frankfurts mit seiner Umwelt gewesen. Der Hafen war am Fahrtor, dort, wo der große Kran stand.

Bis zum Jahre 1878 war der Güterverkehr auf dem Main schließlich auf klägliche 11 000 Tonnen gesunken. Es mußte etwas geschehen. Die Ufer hatte man schon in den siebziger Jahren, und noch früher, durch Kaibauten geschützt. Nun ging man an den Fluß selber. Man baggerte ihn aus und man baute den Fluß entlang fünf Wehre mit den entsprechenden Schleusen für die Schiffe und Rinnen für die Flöße. Damit hatte der Main endlich die nötige Wassertiefe für größere Schiffe bekommen – mit dem Ergebnis, daß der Güterverkehr bis 1895 auf 735 000 Tonnen hinaufschnellte und Frankfurt zu den großen deutschen Binnenhäfen aufrückte.

Was man unbedingt noch brauchte, das war ein neuer Hafen. Die alten Anlagen am Fahrtor, an der Untermainbrücke und unterhalb der Wilhelmsbrücke genügten längst nicht mehr. Der Westhafen entstand. Entworfen und geleitet wurde der Bau von Stadtbaurat W. H. Lindely, einem Engländer, der sich – übrigens wie auch schon sein Vater – um die Entwicklung Frankfurts verdient gemacht hat. Bei Sturm und Regen wurde der neue Hafen, in dem selbst die größten Rheinschiffe wenden konnten, am 16. Oktober 1886 eingeweiht. Und Stoltze sang in der »Latern«:

>Gott segne unser Stadt! Von dem Merkur erlese
>Zu große Dinge – des leucht ihr selwer ei.
>Was die Phönizier einst im Altertum gewese,
>Des größte Schiffahrtsvolk, des soll jetzt Frankfort sei!

## HIER GAB'S DIE ERSTEN TELEFONE DER ERDE

Im Jahre 1880 bereiteten sich in Frankfurt seltsame Dinge vor. Man sah allenthalben in der Innenstadt Männer in Arbeitskitteln umherlaufen, meistens begleitet von einigen Postbeamten. Sie blickten immer wieder prüfend in die Höhe, obgleich es da oben gar nichts Besonderes zu sehen gab. Dann begannen sie, hölzerne Maste am Straßenrand zu errichten, ganz ähnlich wie bei den Telegrafenleitungen. Andere verschwanden in den Häusern und erschienen oben auf den Dächern, wo sie kurze, merkwürdige Stangen aufstellten und dünne Drähte von Dach zu Dach zogen. Man erfuhr bald, was los war: »In Frankfurt wird die Telephonie eingeführt.«
Im Hochsommer 1881 war es soweit. Frankfurt hatte sein erstes Fernsprechamt erhalten. Am 1. Juli eröffnete die »telephonische Centralverkehrsanstalt« ihren Betrieb. Wieder einmal war Frankfurt mit an der Spitze. Kaum ein Dutzend Städte in Europa hatte damals ein Telefonamt. In Deutschland war es außer Frankfurt im Augenblick nur Berlin, wo man telefonieren konnte. Natürlich Berlin! So muß man hinzufügen; denn Reichspostmeister Dr. Stephan hatte dort ja schon vor vier Jahren die erste deutsche Fernsprechlinie überhaupt legen lassen, von seinem Arbeitszimmer in der Leipziger Straße zum Arbeitszimmer des Direktors vom Telegrafenamt in der Französischen Straße. Trotzdem hinkte Frankfurt nur ein Vierteljahr mit seinem Fernsprechamt hinter Berlin einher. Sehr rasch folgten viele andere Großstädte, Hamburg, Köln, Leipzig, Mannheim...

Die Telefondrähte liefen von allen Seiten in einem hölzernen Gerüst zusammen, das man auf dem Dach des Postgebäudes in der Zeil errichtet hatte. Von dort gingen sie zur Vermittlungsstelle. Sie lag im dritten Stock der alten Hauptpost. Frankfurts erste Telefonliste zählte 179 Teilnehmer (in Berlin waren es damals 953). Es waren vor allem Banken, Fabriken, Konfektionsgeschäfte, Rechtsanwälte und Lohnkutschereien, die sich als erste Frankfurter ein Telefon zulegten. Die Frankfurter Societäts-Druckerei GmbH, in der die »Frankfurter Zeitung« erschien, hatte die Nr. 29, und zwar hing der Apparat im Druckereibetrieb.

Drei Jahrzehnte später waren aus den 179 Teilnehmern 13000 geworden. Eine Gebühr für das einzelne Gespräch kannte man damals noch nicht. Man schloß zwei- bis vierjährige Verträge mit der Post und mußte für jedes Jahr 200 Mark im voraus bezahlen. Dafür durfte man so oft telefonieren, wie man wollte. Wenn man seine Kurbel drehte, dann meldete sich die Post, eine Männerstimme: »Hier Amt – was beliebt?« Man sagte die Nummer, die man zu sprechen wünschte, und wurde verbunden, der Beamte sagte »Bitte rufen!« und man schellte nochmals. War man fertig mit dem Gespräch, dann hängte man den Hörer an und drehte erneut seine Kurbel, als Signal für den Beamten. Am ersten Tag, am 1. Juli 1881, so wird berichtet, wußten sich die Telefonierer über den Draht noch nicht viel zu sagen. Man rief sich kreuz und quer an und wünschte einander allseits »Guten Morgen!«

Das Telefon. Welchen hervorragenden Platz nimmt unsere Stadt in der Geschichte einer der größten Erfindungen des ganzen 19. Jahrhunderts ein!

26. Oktober 1861. Schauplatz ist der große Vortragssaal im Gebäude des Physikalischen Vereins (Senckenberg) am Eschenheimer Turm, Ecke Bleichstraße. Die Mitglieder des Vereins und einige Gäste haben sich versammelt. Ihnen soll etwas demonstriert werden, was sie auf den ersten Blick nicht für glaubhaft halten. Durch einen dünnen Metalldraht sollen Töne über eine größere Entfernung übertragen werden.

Knapp hundert Meter entfernt, im Senckenbergschen Bürgerhospital an der Stiftstraße, steht der ,,Tonabsender«, ein kleiner viereckiger Kasten mit einem eingebauten Schallrohr. Das Wichtigste an ihm sind eine über einen Hohlraum gespannte Membrane (aus Schweinedarm) und ein Platinkontakt auf einer Feder. Die Töne werden die Membrane zum Schwingen bringen, und das wiederum soll den galvanischen Strom, der über den Kontakt läuft, abwechselnd unterbrechen und schließen. Die Änderungen im Strom werden durch eine Leitung übertragen.

*Das alte, verblaßte Foto birgt seine Überraschungen. Es ist der 27. Mai 1889. Vor dem neuen Hauptbahnhof nimmt König Humbert von Italien eine Parade der Bockenheimen Husaren ab. Es ist die Kaiserstraße von damals!* ▷

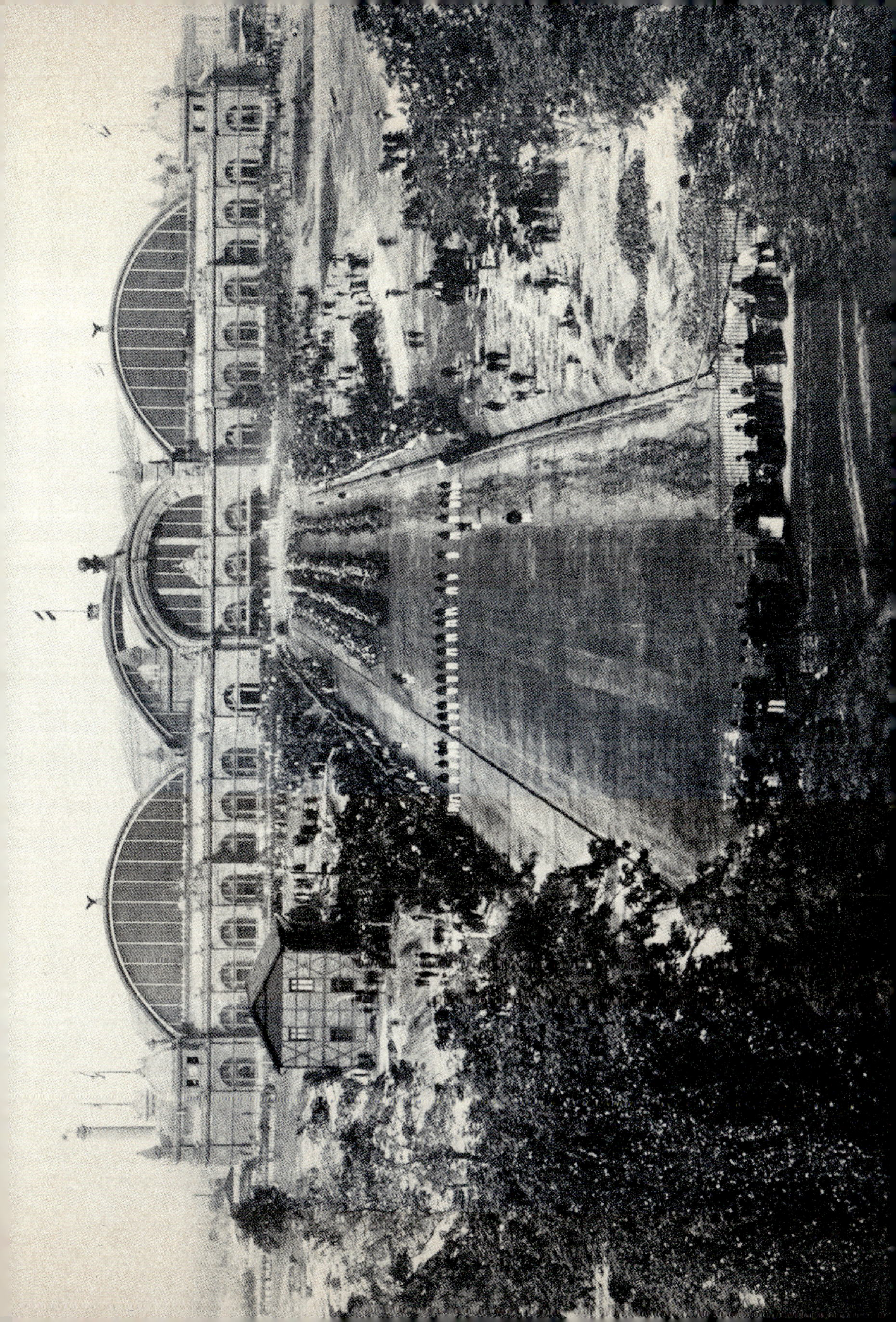

Die zweite elektrische Straßenbahn in ganz Deutschland fuhr von Frankfurt nach Offenbach, seit dem Frühjahr 1884, aus dem auch das Foto stammt.

Die ersten Versuche des Lehrers Philipp Reis mit seiner Erfindung, dem Telefon.

Höchst, von der Wörthspitze gesehen, dort, wo die Nidda in den Main mündet. In der Mitte die 1000jährige Justinuskirche und der schlanke Schloßturm, dann die Schornsteine des größten Unternehmens weit und breit, der Farbwerke (Zeichnung: R. Enders).

Auch am sanften Mainbogen beim Dörfchen Fechenheim entstand, seit 1870, ein großes chemisches Unternehmen, die Cassella Farbwerke.

Frankfurts erster Bürgermeister nach der Einverleibung in Preußen wurde Dr. Mumm von Schwarzenstein (links). Ihm folgte von 1880 bis 1890 Dr. Johannes Miquel (rechts). Das qu in seinem Namen sprach man wie ein k aus.

Fast ein Vierteljahrhundert lang, von 1891 bis 1912, leitete Dr. Franz Adickes die Geschicke Frankfurts. Unser Foto zeigt ihn im Mai 1912 bei der Legung des Grundsteines für die Brücke, die die Alte Brücke ersetzen sollte.

Spitalmeister Reichardt spielt zunächst, eng an dem Kasten stehend, ein Stückchen auf seiner Violine, dann bläst er noch etwas auf seiner Flöte. Und Wunder über Wunder – man hört die Musik tatsächlich drüben im Vortragssaal am »Tonempfänger«! Er besteht im wesentlichen aus einer mit Draht umwickelten Stricknadel als Eisenkern; ihm liegt die Erfahrung zugrunde, daß ein solcher Eisenkern zu »schwingen« und zu tönen beginnt, wenn die Stromänderungen durch die Drahtspule laufen.
Beifall für den Erfinder. Es ist der junge, spitzbärtige Philipp Reis, Sohn eines Bäckers aus Gelnhausen. Er ist Lehrer am Knabeninstitut Garnier in Friedrichsdorf im Taunus. Die Erkenntnis, daß man mit Hilfe des elektrischen Stromes Schallwellen übertragen kann, hat ihn seit Jahren nicht mehr losgelassen. Spitalmeister Reichardt hat den Auftrag, nach seinen musikalischen Darbietungen einige Male auch noch das Wort »Frankfurt« laut in den »Tonabsender« zu rufen. Er tut es. Aber im Physikalischen Verein hört man nichts davon. Der Reissche Apparat, die »singende Stricknadel«, kann Musik übertragen, aber noch nicht die menschliche Sprache. Telephon, so hat Reis seine Erfindung getauft, »Fernklang«. Der alte Mechaniker Fritz in Frankfurt hat die einzelnen Teile des Apparats nach seinen Anweisungen gebaut.
Am 4. Juli 1863, also knapp zwei Jahre später, führte Reis noch einmal sein Telephon im Physikalischen Verein vor. Die meistgelesene Zeitschrift der Welt, die »Gartenlaube« in Leipzig, berichtete damals in ihrer Nummer 51, Jahrgang 1863, von dem »Musiktelegraphen« und schrieb u. a.: »Herr Reis legte in der Sitzung des Physikalischen Vereins seinen wesentlich verbesserten Apparat vor, der bei verschlossenen Fenstern und Türen mäßig laut gesungene Melodien in einer Entfernung von zirka 300 Fuß deutlich übertrug.«
Man weiß, wie es weiterging – das Telefon von Reis geriet in Vergessenheit. Der Erfinder starb, erst 40 Jahre alt, in Friedrichsdorf. Andere haben den Apparat verbessert oder noch einmal erfunden, wie man es sagen will. Sie gaben ihm die für die Praxis entscheidende Fähigkeit, auch die Sprache zu übertragen. Den Sieg trug schließlich 1876 der amerikanische Taubstummenlehrer Graham Bell davon. *Eine* praktische Folge hatte das Telefon von Reis aber doch. Man darf sie unter die

historischen Besonderheiten unserer Stadt einreihen, die weitgehend unbekannt blieben. Frankfurt war nämlich der erste Platz auf der ganzen Welt, wo man Telefone kaufen konnte. Reis schloß 1863 mit dem Mechaniker J. W. Albert in der Neuen Mainzer Straße 34 ein geschäftliches Abkommen über den Verkauf seines Apparates. Wie viele davon hergestellt wurden, weiß man nicht. Albert verkaufte die Telefone in zwei Ausfertigungen, zu vierzehn und einundzwanzig Gulden. »Ich glaube, dem Wunsch vieler zu entsprechen«, bemerkte Reis, »wenn ich es unternehme, die verbesserten Instrumente in den Besitz der Cabinette zu bringen«. Die wichtigsten Teile, so fügte er hinzu, fertige er selbst an, nur die Nebenteile und die äußere Ausstattung überlasse er dem Mechaniker.

Ein gutes Geschäft scheint es nicht geworden zu sein. Die meisten Leute sahen in dem komischen Apparat nur ein Kinderspielzeug, und dafür war er zu teuer. Wer mag wohl damals erkannt haben, daß er eine erstaunliche und folgenschwere Erfindung vor sich hatte? Als man 1897 in Frankfurt zu einem Denkmal für Reis aufrief, erfuhr man, daß die meisten Albertschen Telefone nach Amerika verkauft worden waren und daß sich unter den damaligen Käufern kein einziges deutsches wissenschaftliches Institut befunden hatte! Das Denkmal für Philipp Reis kam erst nach dem Ersten Weltkrieg zustande. Es steht in den Anlagen am Eschenheimer Turm, und es hat manchen Widerspruch gefunden. Immerhin, wer wissen möchte, wie das früheste Telefon aussah, kann es dort ganz gut studieren.

Einer der ersten Menschen, die in ein Telefon hineingehört haben, war übrigens Adolf Stoltze, der Sohn des Herausgebers der »Frankfurter Latern«. Er war damals noch ein »Adölfchen«, er war Lehrling, und zwar bei der mehrfach erwähnten Firma Albert in der Neuen Mainzer Straße. Adolf Stoltze erinnerte sich später: »Ich mußte die Telephonapparate zu Reis hinbringen, der inmitten eines großen Gartens wohnte. Reis schickte mich in den Garten mit dem Empfangsapparat und versuchte, von dem Haus aus die Töne eines Klaviers zu übertragen. Ich hörte zunächst nichts, worüber mich Reis ausschimpfte, obwohl ich ganz und gar unschuldig war. Reis brachte darauf den Sendeapparat mit dem Klavier in nähere Verbindung, und nun konnte ich die Töne auch hören. Reis war außer sich vor Freude, und wir tranken dann in seinem Hause eine Flasche Wein.«

## DAS WORT HAT FRIEDRICH STOLTZE!

Rund ein Jahrzehnt dauerte die Amtszeit des Oberbürgermeisters Dr. Johannes Miquel. Von 1880 bis 1890. Wir wissen bereits, es war ein stilleres Jahrzehnt für unsere Stadt. Jedoch – das Opernhaus wurde eingeweiht und der Hauptbahnhof, der Westhafen wurde gebaut, und Frankfurt erhielt sein erstes Fernsprechamt.

Was geschah sonst noch in diesen 80er Jahren? Wir haben in den vergilbten Bänden der »Frankfurter Latern« geblättert. Der treue Chronist Friedrich Stoltze hat das Wort! Wir werden ohnedies bald Abschied von ihm nehmen müssen.

Da erfahren wir zum Beispiel aus dem Jahre 1880, daß man die Feuerwache auf dem Domturm mit meteorologischen Instrumenten ausgestattet hat. Das ist natürlich ein gefundenes Fressen für den Herrn Hampelmann: »Der Pathorn is unner die Kalendermächer gange. Wann gar kaa Wetter is, mecht die Feuerwacht aans, sonst segt er die Borjerschaft nach, sie wär net wachsam. Donnerts, wanns windstill is, so is e geheim Sitzung im Hause Limborg. Dhuts von der Börs her en Krach, so hat die Feuerwacht die Hannelskammer zu benachrichtige: alleweil is aaner pleite! Uff Himmelfahrt un Pingste bitte mer uns schee Wetter aus, sonst nehme mer dere Feuerwacht die Instrumente widder ab. Dorscht von Seite der Feuerwacht bedeut: Trockenheit. Wann der Mond in Erdnäh is, so braucht sich dessentwege die Feuerwacht net zu ferchte, er dhut er nix. In dene berihmte Sternschnuppe-Nächt hat die Feuerwacht die gefallene Stern genau uffzuschreiwe un se am annern Dag von de Stern, die noch am Himmel steh, abzuziehe, weil mer sonst gar net weiß, wieviel Stern noch vorhande sin...«

Im Januar 1881 werden einige öffentliche Wärmestuben eingerichtet. Stoltze: »E menschefreindlich Eirichtung. Awer doch nor e halb Maßregel. Die Wärmling misse ja widder enaus in die Kält. Mer söllt jedem e gefillt Wärmfläschi mitgewe, was er den annern Dag widderbringe könnt, um sichs frisch fille zu lasse. Ich bin for Kimmel mit Anis verdinnt...«

Die große Erfinderausstellung in demselben Jahr, die erste deutsche Patent- und Musterschutzausstellung, begleitet er mit etlichen Sondernummern seiner »Latern«. Und er besingt sogar noch den Schluß der Ausstellung im Herbst:

> Voriwer is des Zauwerspiel
> Un statt de schee geputzte Bobbe
> Vorm Musiktempel uff die Stiehl,
> Da sitze nor noch Regetroppe.

Die neue Eisenbahnbrücke über den Main am Sommerhoffpark beurteilt er bei einer gemütlichen Droschkenfahrt rund um Frankfurt folgendermaßen: »Des Eisenwerk is zwar sehr aafach, wie alles werklich Schöne, awer daderrbei doch simpel. E wahrer Schmuck for jede illustriert Zeitung, die an aam Dag all ihr Abonnente verliern will.« Als der Polizeipräsident von Hergenhahn anordnet, das winzige Dampferchen, das regelmäßig nach Schwanheim fährt, müsse sich wegen Gefährdung der Badeanstalten flußabwärts nur treiben lassen, schildert Stoltze den Vorgang lakonisch mit dem Satz: »Sie kömmt, sie kömmt, des Mittags stolze Flotte, das Weltmeer wimmert unter ihr.«

Im Herbst 1882 besucht der preußische Innenminister von Puttkamer Frankfurt. Die gesamte Schutzmannschaft wird zur Inspektion in das Polizeipräsidium, in den Clesernhof, befohlen. Kein Polizist ist an diesem Vormittag in der Stadt zu sehen. »Noch an kaam Morjend is in Frankfort so unaagefochte gefochte worn. Aan Schnorrer hat dem annern die Dhier in die Hand gegewe. In alle Schnapsläde warn Frühkonzert von Volle. Wie die all gege Middag widder nichtern gewese sein sölle, bleibt e physikalisch Rätsel. Iwwerall sin de Fenster enaus nach de Gaß zu die Better ausgeschittelt worn un kaa Trottoir war an dem glicklichen Morjend gekehrt. Un so viel Hund ohne Maulkorb haw ich lang net erumlaafe seh. E Fiaker, den ich aus em Bierhaus geholt hab, hat zu merr gesacht: Ach, was is aam so wohl, wann so e Minister emal nach Frankfort kimmt!«

Von den Kolonien, die Deutschland in Afrika erwirbt, erwartet sich Stoltze »des Best! Jetzt denk sich Aaner so en afrikanische Mohr hie bei uns in Frankfort als Kerchediener aagestellt! Da dhet awer dene alte Weiwer in der Betstunn des Schlafe und Schnarche vergeh. Die dhete mit ihre Nasepetzer mer uff de Kerchediener gucke, als wie nach dem Herrn Parre uff der Kanzel.«

Es kommt heraus, daß einige Frankfurter Metzger der Wurst zuviel Kartoffelmehl beimengen: »Die Worscht geheert ins Pflanzereich. Das beste an so ere Frankforter Worscht is jetzt der Worschtbennel. Da kann mer sich druff verlasse, daß er echt is.«

Nach langwierigen Berechnungen gibt die Stadt ein Verzeichnis über den Wert der städtischen Gebäude heraus. Stoltze: »Der Dom is uff 2 376 460 Mark taxiert. Die 460 Mark hawe mich uffrichtig gefreut. Des Frankforter Haus bei Iseborg is 52 210 Mark wert. Warum Zehe un net Elfe? Es werd e Scheib verbroche gewese sei. Des neue Opernhaus hawe se vergesse. Ich taxiers uff 8 000 001 Mark 1 Pennich. Wann der aane Pennich zu wenig ist, so leg ich aus meim Sack noch aan derzu, dann werds stimme.«


Jedes Jahr, am 18. Oktober, begann in Frankfurt offiziell der Winter. Später ernannte man dazu den 16. Oktober. Ältere Frankfurter werden sich daran noch erinnern. Erst von diesem Tage an begann man zu heizen, gleichgültig ob arm oder Millionär. Stoltze bestätigt an einer Stelle, daß seine Frau niemals vorher geheizt habe. An diesem Tage, so erzählt er weiter, erschienen alle Frauen und Mädchen in neuem Winterhut und Mantel, auch wenn's warm war. Und mit dem 18. Oktober traten die Gans und die Spansau in ihre Rechte. »Vom 18. Oktober bis Neujahr war der Frankfurter Adler eine Gans, mit Kastanien gefüllt.«

1886 feiert man Ludwig Börnes hundertsten Geburtstag. Sein Geburtshaus in der alten Judengasse steht nicht mehr. »Zur Vorfeier vom Börne seim hunnersten Gebortsdag hat der dankbare Magistrat seiner geliebten Vatterstadt dem Börne sei Geburtshaus schont im vorige Jahr abreiße lasse.« Bereits 1877 haben Verehrer Börnes ihm ein Denkmal in der Bockenheimer Anlage errichtet, und 1890 nennt man die Judengasse um in Börnestraße.

1888 bekommt Frankfurt seinen geliebten Grindbrunnen wieder! Mit »Kurhalle«! Vor Jahren, beim Bau des Westhafens, hatte man den alten Brunnen zuschütten müssen. Nun hat man die unterirdische Faulwasserader weiter flußaufwärts neu angebohrt, am Nizza. Stoltze erinnert in der »Latern« daran, daß Geheimrat von Gerning den Grindbrunnen einmal mit poetischem Pathos besungen hat: »Francofurtia beut am lindenumschatteten Grünborn und im Gewühle der Stadt Quellen sulphurischer Kraft.« Stoltze fügt trocken hinzu: »Gesung is awer noch lang net getrunke«. Und er erzählt dann von den »Wundern« dieser Quelle: »Ich habb e Fraa gekennt, wann mer um die dreimal erum is gange, war mer so mied, daß mer sich setze mußt. Weil se ihrer Hausdhier net mehr enauskonnt, so hat err ihr Dokter gerate, sie söllt sich ihrn Kaffee mit Grindbrunnewasser koche. Un in drei Woche war se so rappeldürr, daß se noch die Werm unner der Erd geuhzt hat.«

Trinkprobe am Grindbrunnen. Sicher ist es ein »Fremder von außerhalb«, den die Zeichnung aus der »Latern« zeigt. Ja, Frankfurt erschloß sich nicht ohne weiteres dem Zugereisten. Aber wenn es geschah, dann war er meistens der Stadt verfallen.

1888 wird die Forsthausstraße gebaut. In demselben Jahr kostet ein vierpfündiges Roggenbrot 45–47 Pfennig, ein sechspfündiges Mischbrot 79 Pfennig, ein Pfund Rindfleisch 35–60 Pfennig, ein Pfund Zervelatwurst 1,10–1,20 Mark, ein Pfund Erbsen 15 Pfennig und ein Hering 4–6 Pfennig.

1890 wird das Sozialistengesetz aufgehoben. Damit fällt der Kleine Belagerungszustand, der über einige Großstädte, so auch über Frankfurt (seit 1886), verhängt wurde. Wir haben davon bereits in dem Kapitel über die Anarchisten erzählt. Der unbefugte Besitz jeder Waffe war strengstens verboten. Stoltze versäumte keine Gelegenheit, vor allem in dem Briefkasten seiner »Latern« immer wieder daran zu erinnern: »Wenn Sie als ehemaliger Frankfurter Stadtwehrmann noch einen Feuerstein besitzen, so raten wir Ihnen, sich schleunigst nach einem Waffenschein umzusehen.« Oder: »Werter Freund in Heidelberg. Ihr Besuch wird uns willkommen sein. Aber kommen Sie ohne geladene Pistole in der Brusttasche.« Und er empfiehlt, Einbrechern zuzurufen: »Fühle Se sich als von mir geschosse!«

Ja, und wie es dann in der Silvesternacht 1890 zuging, als soeben der Kleine Belagerungszustand gefallen war, das erzählt Stoltze auch: »So viel hat's lang net gekracht wie in dere Neujahrsnacht! Mer hawe uns widder mal so ganz als Volk in Waffe gefiehlt. Alle versteckt gewesene Enteflinte, verroste Borjergardgewehrn, haamliche Revolver, Pistole un Terzeröllercher, Schlisselbichse un Mordschläg, alle Pulverhörner un Patrone sin widder zum Vorschein komme und hawe e Tätigkeit entfalt... no, wann des alte Jahr net mausdod is, mißt's e Lewe hawe so zäh wi Milljone Katze!«

Gedenken wir noch eines anderen Silvesterabends, drei Jahre vorher.
Der letzte Tag im Jahr 1887 bringt ein Theaterereignis, das mit dem Namen Stoltze verknüpft ist, aber mit dem des Sohnes Adolf Stoltze. Er war damals bereits 45 Jahre alt. Nach einigen Fehlschlägen hatte er ein neues Frankfurter Stück geschrieben, einen »Lokalschwank in acht Bildern«. Er nannte ihn »Alt-Frankfurt«. Er wurde zu dem meistgespielten Frankfurter Mundartstück. Bis zum heutigen Tage ist es rund dreihundertmal aufgeführt worden. Genau weiß es offenbar niemand.
Ursprünglich nannte Stoltze junior sein Stück »Muffel und Compagnie«. Er schrieb es in fünf Wochen. Es spielt in jenen Tagen, in denen Frankfurt noch nicht preußisch war; sie waren damals noch gar nicht lange vergangen. Die Geschichte

ist denkbar einfach. Es geht um eine Verlobung, aus der nichts wird, weil der Sohn des Spezereihändlers Muffel ein anderes Mädchen liebt, das Lorche, die Tochter der wortstarken, kreuzbraven Sachsenhäuser Gemüsehockin Frau Funk. Am Schluß bekommen sich natürlich die richtigen Paare, und Herrn Muffel Vater bleibt die Schande erspart, von der »gemischten Patrouille« mitten auf dem Römerberg verhaftet zu werden.

Am Silvesterabend 1887 war die Uraufführung. Im alten Schauspielhaus. Den Muffel senior spielte Frankfurts damals populärster Schauspieler, Strohecker. Es war elf Grad unter Null an diesem Abend. Adolf Stoltze erzählt: »Des Haus war ziemlich gut besetzt, wie ich aus dem dunklen Hinnergrund meiner Loge sehe konnt. Die meiste Leut hatte awer ihre Winterklaader aagelasse, dann die mangelhafte Heizungsvorrichtunge in dem alte Haus warn net imstand, bei dere ungewehnlich Kält den große Raum geniegend zu dorchwärme.« Eine Katastrophe bahnte sich an, als die Darstellerin der Frau Funk vor Beginn des dritten Bildes plötzlich erkrankte. Eine andere Schauspielerin sprang in die Bresche und man mußte ganze Szenen auslassen. »Des Publikum hat awer gar net die Lick gemerkt.« Das Stück wurde ein Erfolg. Die Temperatur im Raume stieg um mehrere Grade. Es war kein rauschender Erfolg, das wäre übertrieben. Daß der Vorhang insgesamt 69mal in die Höhe ging, wie Stoltze berichtet, mag stimmen, denn man war damals sehr freigebig im Hochziehen des Vorhanges nach jedem Bild, und »Alt-Frankfurt« hat deren ja acht. Die Frankfurter Zeitungen schrieben am nächsten Tage wohlwollend: »Ein netter Lacherfolg.«

Aber es ging, wie es eben manchmal zu gehen pflegt. Wie viele der ernsthaften Dramen und Tragödien, über die die Kritiker ellenlange Berichte schrieben, sind verschollen und vergessen! Aber der »nette Lacherfolg« blieb, und sein Verfasser behielt recht: »Des Stick hat sei Lewensfehigkeit bewiese.« Es blieb so lebensfähig, daß 75 Jahre später, in unseren Tagen also, der Verlag Dr. Waldemar Kramer eine Neuausgabe von »Alt-Frankfurt« (bildhübsch, wie man es bei dem Verlag gewohnt ist) mit dem Bewußtsein herausbringen konnte, nicht etwas Überflüssiges gedruckt, sondern eine Lücke gefüllt zu haben.

Spezereihändler Muffel: »Es is e groß Verennerung mit merr vorgange!« Es ist die Schluß-
szene aus dem Volksstück von Adolf Stoltze »Alt-Frankfurt«. Muffel hat sich unter dem
Schirm der Gemüsehockin Frau Funk aus Sachsenhausen versteckt, um nicht von der
»gemischten Patrouille« verhaftet zu werden. Schauplatz ist der Markt auf dem Römerberg. Die diversen Liebespaare treffen sich hier, und die »Verennerung«, von der Muffel
spricht, äußert sich darin, daß er ihnen endlich seinen Segen gibt. Wir erzählen von der
Uraufführung des so erfolgreichen Lokalschwankes; das war am Silvesterabend des Jahres
1887 (Zeichnung von H. Junker).

## MIT DEM FUCHSIN BEGANN ES

Bevor wir nun die Ära Miquel verlassen, wollen wir noch eines Vorkommnisses aus diesen Jahren gedenken. Es bietet uns nämlich Gelegenheit, von einem überaus wichtigen Vorgang einiges zu berichten, der die Wandlung Frankfurts zur heutigen Großstadt entscheidend mitbestimmt hat. Wir wollen die Geschichte ein wenig anders herum erzählen, aber der Leser wird rasch merken, wovon in diesem Kapitel die Rede ist.

Es war Anfang der achtziger Jahre, als Frankfurt ein Gesprächsthema erhielt, das in allen seinen Bevölkerungskreisen sehr beliebt gewesen sein muß. Wenn man es elegant umschreiben wollte, dann sprach man vom »Odeur de Francfort«. Stoltze nannte es schon deutlicher die »Frankforter Abenddifte«, und der einfache Mann schimpfte schlichtweg auf den »widerwärtische Gestank«. Die Sache war kurzum die, daß besonders an warmen Sommerabenden die ganze Stadt, vor allem der Westen, immer häufiger von einem üblen Duft überfallen wurde. Es muß schon unangenehm gewesen sein.

Man stand vor einem Rätsel. Was und wen hat man nicht alles verdächtigt! Den Main natürlich. Die Abwässer. Die neue Kläranlage unterhalb von Niederrad. Die Kanalisation. Und schließlich suchte man den Schuldigen unter den Weihern in den Anlagen.

Umsonst. Es war wie in einem Kriminalroman. Man hatte viele Verdächtige, aber der Richtige war nicht darunter. Die Stadt setzte eine offizielle Riechkommission ein, Schnupperbeamte sozusagen. Und der Polizeipräsident, Herr von Hergenhahn, wandte sich in einem öffentlichen Aufruf an die Bürger, sie sollten doch von sich aus Beobachtungen machen, also an der allgemeinen Riecherei teilnehmen. Schließlich fand man den Übeltäter, der die Bürger an schönen Abenden zwang, zu Hause zu bleiben und ihre Fenster zu schließen. Es war die Chemische Fabrik in Griesheim. Es gab keinen Zweifel mehr.

Viele hatten dies nicht für möglich gehalten, darunter auch Friedrich Stoltze, der vorher einmal geschrieben hatte: »Der Geruch von dene chemische Fabrike is e ganz annerer un riecht nach ere Apothek, net nach Kanaldifte.« Er hatte sich getäuscht. Was aus den hohen Schornsteinen da unten am Mainufer qualmte, das konnte eben durchaus auch nach Schwefelwasserstoff und Verwandtem riechen. Griesheim war damals noch nicht eingemeindet. Das kam erst viel später, zusammen mit Höchst im Jahre 1928. Was also zunächst wegen des »Odeur de Francfort« einsetzte, war ein langwieriger amtlicher Briefwechsel und Aktenaustausch.

Die »Abenddifte« brachten den Frankfurtern nachdrücklich zum Bewußtsein, was so mancher von ihnen noch gar nicht recht realisiert hatte: die Großindustrie hatte auch in der friedlichen Landschaft des Mains ihren Einzug gehalten. Unaufhaltsam entwickelte sich das Frankfurter Gebiet vor allem zu einem Zentrum der chemischen Industrie Europas. Von ihr wollen wir jetzt erzählen, wenigstens in großen Zügen. Es ist ein wichtiges Frankfurter Kapitel.

Als Frankfurt 1866 preußisch wurde, da gehörten Fabrikschornsteine zu den größten Raritäten in der Stadt; wir erwähnten es schon einmal. Auf dem berühmten Stadtplan, den Delkeskamp 1864 gezeichnet hat, muß man sehr gründlich suchen, bis man endlich etwas Ähnliches entdeckt. Unten am Main, unweit der Stadtbibliothek, sind ein paar Schornsteine zu sehen, sie gehörten zur Englischen Gasfabrik. Und in Sachsenhausen findet man auch einige, bei der Chininfabrik von Conrad Zimmer an der Darmstädter Landstraße vor dem Affentor und bei der Gießerei und Maschinenfabrik des Heinrich Remigius Fries; sie war zu dieser Zeit wohl Frankfurts größter Industriebetrieb, und der erste, wenn wir richtig informiert sind, in dem eine Dampfmaschine aufgestellt wurde. Südlich des Mains, auf freiem Felde, war dann noch die uralte Salmiakhütte. Wegen seiner raschen Wirkung auf die menschlichen Lebensgeister nannten die alten Frankfurter den Salmiak nur »Hurtigundgeschwind«.

Daß auch da und dort noch in Frankfurt, in manchem Hinterhof und in manchem unscheinbaren Wohnhäuschen, sich damals, um 1866 also, so etwas wie ein frühestes industrielles Leben zu regen begann, davon werden wir gleich zu sprechen haben. Im übrigen aber konnte Frankfurt von sich sagen: die Industrie blieb vor den Toren unserer Stadt!

Vor den Toren der Stadt. Dort hatte sie sich kräftig zu regen begonnen. Zum

Beispiel in Offenbach. Oder im Nachbarstädtchen Bockenheim, das im besten Zuge war, eine Industriestadt zu werden. Auch oben im Dörfchen Heddernheim am alten Kupferhammer tat sich etwas. Vor allem aber begannen am rechten Mainufer bei Höchst und Griesheim die ersten Schlote der jungen chemischen Industrie zu rauchen. Sie wurden zum Schicksal der ganzen Landschaft.

Es ist schon bemerkenswert, daß sich gerade bei uns ein solcher Schwerpunkt der europäischen Chemie-Industrie gebildet hat. Wir sind ja keine Rohstoffgegend. Vor allem fehlt es an Kohle. Trotzdem entstanden diese gewaltigen chemischen Fabriken entlang den Ufern des Mains. Verschiedenes wirkte zusammen:

Frankfurt hatte alte Erfahrungen und Handelsbeziehungen auf dem Gebiete der so ungeheuer wichtigen natürlichen Farben und Drogen und Edelmetalle. Zu den Zeiten Napoleons gründete zum Beispiel Leopold Cassella sein Handelshaus. Die Cassellawerke Mainkur gingen daraus hervor; die bescheidenen industriellen Anfänge lagen in der Sömmerringstraße. Die Zimmersche Chininfabrik, 1837 gegründet, haben wir soeben erwähnt. Am Kettenhof, unweit von der Bockenheimer Landstraße, war die Brönnersche Fabrik, die Druckfarben, Glühstrümpfe, Fleckenwasser u. ä. herstellte. Und in der Altstadt, in der Schneidwallgasse, einer schmalen Seitenstraße der Weißfrauenstraße, war die Scheideanstalt des Friedrich Ernst Roessler entstanden; in ihr wurde aus den Münzen und Erzen das edle vom unedlen Metall geschieden. Wir werden von ihr noch zu erzählen haben.

Eine wichtige Rolle spielten ferner die Herren Professoren. Im nahen Gießen war um 1825, zum erstenmal an einer deutschen Universität, die Chemie Lehrfach geworden. Hier entstand das erste Laboratorium, das man wirklich so nennen konnte, und hier lehrte über ein Vierteljahrhundert der hervorragende Darmstädter Professor Justus Liebig (populär der »Fleischextrakt-Liebig« genannt). Sein engster Mitarbeiter und später ebenso berühmter Kollege in Göttingen war ein junger Mann, der 1800 in Alt-Eschersheim geboren wurde, Friedrich Wöhler, Entdecker des Aluminiums und Schöpfer der ersten künstlichen Darstellung einer organischen Verbindung, der Harnstoffsynthese. In Frankfurt selbst, am Physikalischen Verein, lehrte Rudolf Böttger, Erfinder der ungiftigen schwedischen Streichhölzer und der Schießbaumwolle (1846), aus der der Schwede Nobel dann das Dynamit machte. Das Gutenbergdenkmal am Roßmarkt erinnert auch an Böttger. Nach einem Gipsmodell (von Launitz) hatte er es auf galvanoplastischem Wege hergestellt; es war eine der ersten, wenn nicht überhaupt die erste große Vervielfältigung eines Kunstwerkes durch die Elektrolyse.

Die Tradition, die Lehrer und Forscher, der Unternehmergeist, neu belebt durch die so junge Gewerbefreiheit (in Frankfurt erst seit 1864!) – das alles kam zusammen und befruchtete sich gegenseitig. Und dann war natürlich der Fluß da. Er war wichtiger als die Kohle.

Für die chemische Produktion braucht man Riesenmengen von Wasser. Ein Fluß ist außerdem ein ideales Transportmittel. Und man hatte etwas, wohin man die Abwässer leiten konnte. Frühzeitig begann das Klagelied um die Verschmutzung des Mains. Stoltze sah's auf seine Weise: »Wann mer die Dhag waaß, an dene in Offebach die Anilin- un sonstige Farbwasser losgelasse wern, dann könnt mer sich in Frankfort im Maa so zart rosarot färwe wie die Venus...«

Rot! Das Fuchsin! Das war die erste künstliche Farbe. Mit ihr begann bei uns die chemische Industrie. Ein junger Mann in Lyon, er hieß Verguin, hatte das Fuchsin 1858 erfunden. Ausgangspunkt dafür, und für alle anderen künstlichen Farben, wurde das farblose Anilin; man gewann es aus dem Steinkohlenteer. Noch kostete damals, Anfang der 60er Jahre, das Kilo Fuchsin weit über 1000 Mark. Bald sollte man es für ein Hundertstel dieses Preises bekommen.

Stoltze erwähnt Offenbach. Im Mainbogen war dort schon 1842 eine kleine chemische Fabrik gebaut worden. Man hat sie oft die Keimzelle der Teerfarbenerzeugung genannt. Bereits 1860 wurden in dieser Anilinfabrik des K. Oehler künstliche Farbstoffe hergestellt. Nach der Jahrhundertwende ging das Werk an die Chemische Fabrik in Griesheim über.

Die »Rotfabrik«. So nannte man im Volk das kleine Unternehmen, das dann 1863 auf dem freien Feld westlich von Höchst entstand. Die vier Gründer, Dr. Lucius, sein Schwager Meister, Dr. Brüning und L. A. Müller, begannen gleichfalls mit Fuchsin. Fünf Arbeiter, das war zunächst ihre Belegschaft. Vier Jahre später hatten die Farbwerke in Höchst bereits 30 eigene Farbstoffe entwickelt. Ihr Aldehydgrün wurde Modefarbe, als die französische Kaiserin Eugenie ein Kleid trug, das mit diesem herrlichen Grün gefärbt war. Die Firma Meister Lucius & Brüning (aus irgendwelchen Gründen durfte zwischen Meister und Lucius kein Komma gesetzt werden, auch wenn viele Leute daraufhin den Herrn Lucius für einen Meister gehalten haben werden) wuchs rapid. 1879: 370 Arbeiter, 12 Chemiker. 1888: 2000, 1913: 8500. Heute sind es 22000. Die Fabrikation wurde sprunghaft erweitert. 1883 übernahm man auch die Herstellung synthetischer Arzneimittel. Mit dem Antipyrin fing es an, dem Ausgangsstoff für das Pyramidon. Robert Kochs Tuberculin (1892), Behrings Diphtherieserum (1894), Ehrlichs Salvarsan (1910) folgten. Und tausend andere. Ende der 90er Jahre fiel die letzte große Bastion der natürlichen Farbstoffe. Jetzt stellte man auch Indigo künstlich her.

Das Nachbarunternehmen in Griesheim war älter als die »Rotfabrik«. 1856 war es als »Frankfurter Aktiengesellschaft für landwirtschaftlich chemische Fabrikate« entstanden. 1864 wurde der Name sehr viel kürzer: Chemische Fabrik Griesheim. Sie war eine der ersten Fabriken, in denen künstliche Düngemittel hergestellt wurden. Und Säuren. Höchst war für sie der beste Abnehmer. Vieles, unendlich viel anderes kam hinzu, wie bei den Farbwerken. Besonders wichtig wurde die Arbeit auf dem Gebiete der Elektrochemie. In Griesheim und anderswo entstanden Elektrolysefabriken, und 1898 fügte man dem Firmennamen das Wort Elektron hinzu.

Seit 1870 hatten sich draußen im großen Mainbogen bei dem Dorfe Fechenheim die Cassella Farbwerke niedergelassen. Unter der Leitung von Dr. Leo Gans. Auch hier begann man bescheiden mit dem Fuchsin und einem knappen Dutzend Arbeitern. Und auch hier wurde aus diesem Start rasch eine Weltfirma. Die Zahl der Mitarbeiter überschritt um die Jahrhundertwende das zweite Tausend. Durch Jahrzehnte leiteten die Neffen des Gründers, populäre Bürger Frankfurts und Besitzer eines erfolgreichen Rennstalles, die Brüder Dr. Arthur und Carl von Weinberg das Werk an der Mainkur. 1904 schloß Cassella eine Interessengemeinschaft mit den Farbwerken Hoechst.

Im Herzen des alten Frankfurts war ein anderes großes Chemieunternehmen herangewachsen. Die Keimzelle war die Scheiderei jenes Friedrich Ernst Roessler, den wir bereits kurz erwähnten. Mit dem Edelmetall war Roessler sehr vertraut, denn die Freie Stadt hatte ihn 1841 zum Leiter ihrer Münze gemacht. Er trug den prächtigen Titel Münzwardein von Frankfurt. 1866 wurde die Münze, in der Frankfurt seine eigenen Gold- und Silberstücke geprägt hatte, preußischer Staatsbesitz. Die Scheiderei wurde ein Privatunternehmen. Die Söhne Roesslers, Hector und Heinrich, erweiterten es um zahlreiche chemische Produkte und Beteiligungen, und 1873 gab man dem Betrieb, der am alten Platz, an der Weißfrauenstraße, groß geworden war, den Namen »Deutsche Gold- und Silberscheideanstalt, vorm. Roessler« oder kurzweg Degussa. Ein Großunternehmen mit Weltruf – entstanden, gewachsen und bis heute, mit seiner Verwaltung und dem alten Kernstück, der Scheiderei, der Frankfurter Altstadt treu geblieben. Wir dürfen es zu den ausgesprochenen Frankfurter »Merk«-würdigkeiten rechnen.

Die neuen Industriellen begannen in der alten Handels- und Finanzstadt Frankfurt rasch eine wichtige Rolle zu spielen. Gesellschaftlich – und steuerlich. Damals hatte Frankfurt noch seine eigene Einkommensteuer. Die Stadt hatte den schönen Brauch, alljährlich im Amtsanzeiger eine Liste der wichtigsten Einkommensteuerzahler zu veröffentlichen. In ihr wurde die Höhe des Einkommens und der Steuer genau vermerkt, so daß jedermann über das Einkommen seiner wohlhabenden Mitbürger im Bilde war (und auch über seine Schwankungen). Die Liste von 1882 weist eine schier endlose Reihe von reichen Handelsherren, Bankiers, Maklern und Kaufleuten auf sowie eine Unzahl von »Rentnern« mit einem fürstlichen Einkommen. Dazwischen tauchen aber immer wieder die »neuen Reichen« auf, die Industriellen; sie lassen sich auch nicht lumpen. E. N. Lucius und C. F. W. Meister (damals bereits Rentner) versteuern zum Beispiel jeder ein Jahreseinkommen von rund 120 000 Mark, und sie zahlen dafür 6156 Mark Steuer. Die Chininfabrik Zimmer bringt ihrem Besitzer in diesem Jahr sogar über 300 000 Mark ein. Die Monopolstellung des Handels und der Finanzen in Frankfurt scheint damals allerdings noch ziemlich ungebrochen gewesen zu sein – und in einsamer Höhe thront über allem weit und breit im Vaterlande das Jahreseinkommen der beiden Brüder Carl und

Wilhelm Rothschild, Chefs des Bankhauses in der Fahrgasse. Jeder versteuert in diesem Jahr ein Einkommen von rund 2,5 Millionen. Das sind für den Stadtsäckel zweimal 140 000 Mark, rund gerechnet...

Im Dezember 1925 schlossen sich sechs deutsche Unternehmen der Chemie, nämlich die Farbwerke Hoechst (mit Cassella), die Chemische Fabrik Griesheim-Elektron, die Badische Anilin- und Sodafabrik Ludwigshafen, die Farbenfabriken Leverkusen, die AG für Anilinfabrikation Berlin und die Chemischen Fabriken Ürdingen zum größten wirtschaftlichen Gebilde der Welt, zu einer Interessengemeinschaft zusammen. Man nannte sie kurzweg IG Farben. Zum Sitz des Trustes wurde Frankfurt bestimmt...
Aber damit wollen wir unseren summarischen Überblick über den Werdegang der chemischen Industrie in und um Frankfurt schließen. Wir sind hierbei den Dingen weit vorausgeeilt. Wir müssen nun wieder zurückkehren in jene Jahre, in denen sich die Amtszeit des Oberbürgermeisters Miquel ihrem Ende näherte. Dieses Ende war unvorhergesehen, es kam überraschend. Das hing eng damit zusammen, daß sich im Deutschen Reich wichtige tiefeinschneidende Ereignisse zutrugen. Wir wollen sie im nächsten Kapitel der Reihe nach erzählen und kurz zu schildern versuchen, was sie für Frankfurt bedeuteten.

### Krankenvisite

Der alte Sanitätsrat Dr. Bockenheimer, Gründer einer Privatklinik in Sachsenhausen und stadtbekanntes Original, wurde einmal zu einem kranken Dienstmädchen gerufen. Es lag in seiner Kammer im Bett. „Ei, was fehlt Ihne denn, Fräulein?" „Ei, nix, Herr Doktor", war die Antwort, „awer ich hab seit drei Monat mein Lohn net bekomme un da bleib ich ewe jetzt emal im Bett." „So", meinte Bockenheimer, „dann sin Se doch so gut, Fräulein, un ricke Se emal a bißche, daß ich mich zu Ihne legen kann, ich hab nämlich seit eme Jahr von Ihrer Herrschaft noch Geld zu kriehe!"

## HERR ADICKES GEHT SPAZIEREN

Am 9. März 1888 stirbt Kaiser Wilhelm I., 91 Jahre alt. Sein sterbenskranker Sohn, der liberal gesinnte Friedrich Wilhelm, 56 Jahre, folgt ihm als Friedrich III. Er ist mit der ältesten Tochter der englischen Königin Victoria verheiratet; sie trägt denselben Vornamen wie ihre Mutter. Friedrich III. regiert nur 99 Tage. Am 15. Juni stirbt er an Kehlkopfkrebs.

Sein Sohn ist an der Reihe, der knapp dreißigjährige Wilhelm II. Seine Mutter, die »englische Prinzessin«, läßt sich in Kronberg im Taunus ein Schloß als Witwensitz bauen und lebt hier, ihrem Sohn und dem Hof mehr und mehr entfremdet, bis zu ihrem Tode im Sommer 1901. Ihr Witwensitz geht dann an den Landgrafen von Hessen über, der mit einer Tochter der Kaiserin verheiratet ist. Die Burg Kronberg machte Wilhelm II. seiner Mutter zum Geschenk.

Im März 1890 – Wilhelm II. regiert noch nicht ganz zwei Jahre – erschüttert eine Nachricht die Welt: Bismarck ist entlassen! Dem jungen Monarchen ist der 75jährige mächtige Ratgeber lästig geworden; er braucht ihn nicht mehr, er will der Welt zeigen, daß er selbst zu regieren versteht. Zum Herzog ernannt, zieht sich Bismarck verbittert auf sein Gut Friedrichsruh im Sachsenwald unweit von Hamburg zurück.

Zu diesem 18. März 1890 hat auch Friedrich Stoltze in der »Frankfurter Latern« ein Gedicht veröffentlicht. Es zeigt ihn voll tiefem Respekt vor dem scheidenden Reichskanzler, aber im Herzen doch unversöhnlich. Es beginnt mit den Zeilen:

> Er war ein großer Mann und Geist,
> Es strahlt sein Ruhm im hellsten Lichte
> Und wie die Gegenwart ihn preist,
> Wird preisen ihn die Weltgeschichte.
> Er schuf ein mächt'ges deutsches Reich,
> Gefeiert hat ihn sein Jahrhundert,
> Gefeiert einem Gotte gleich.
> Und so gefürchtet als bewundert...

Aber es schließt mit den lapidaren Versen:
> Ich seh' ihn scheiden ohne Schmerz,
> Ließ er auch Deutschland neu erstehen.
> Er hatte für das Volk kein Herz
> Und ließ die Freiheit betteln gehen.

Einige Monate vor der Entlassung Bismarcks hatte Wilhelm II. zum ersten Mal als Kaiser der Stadt Frankfurt einen Besuch abgestattet.

Es war ein kalter Wintermorgen im Dezember 1889, als sein Sonderzug im Hauptbahnhof einlief. Auf Miquels Begrüßungsworte antwortete der Kaiser, daß er die Stadt vielleicht besser kenne als mancher Frankfurter. Dann schritt er auf dem Bahnsteig die Ehrenkompanie ab, »rasch und elastisch, jeden einzelnen Mann scharf fixierend«. Bei der Rundfahrt durch die prächtig geschmückte Innenstadt begrüßte ihn an der Schirn Obermeister Marx von der Metzgerzunft mit einem Humpen, aus dem schon 1711 Karl VI. getrunken hatte.

Es schneite und stürmte, als der Kaiser vor dem Römer eintraf. Im Palmengarten gab es das Festessen. Im Opernhaus spielte man den ersten Akt von »Lohengrin«. Um 23 Uhr fuhr Majestät wieder nach Berlin zurück. (Als Herr Hampelmann erfuhr, daß ein Parkettplatz in der Festvorstellung 20 Mark koste, und als sein Settche darauf bestand, mitzugehen, sah Hampelmann im Spiegel, so berichtet er in der »Latern«, daß sein Gesicht schloheweiß geworden war, »alles Blut is em nach seinem Geldbeutel gestiege«.)

Der neue deutsche Kaiser war zugleich der neue König von Preußen. Das wurde für Frankfurt wichtig. Denn Wilhelm II. wollte den sparsamen und tüchtigen Oberbürgermeister der Stadt, den Dr. Miquel, zu seinem preußischen Finanzminister machen.

An sich lief Miquels Amtszeit, die zwölf Jahre betrug, erst ein wenig später ab, und seine Wiederwahl als Oberbürgermeister war sicher. Aber er war zu dem neuen Amt bereit, und im Juni 1890 verabschiedete er sich von der Stadt, die er über ein Jahrzehnt lang regiert hatte. Große Aufgaben warteten auf ihn. Seine

preußische Finanzreform hat schon bald die Gemüter sehr beschäftigt; seine Einkommensteuer wurde zum Vorbild für die spätere Reichseinkommensteuer.
Auch Stoltze bestätigte Miquel, als er schied: »Er hat sich um Frankfurt hochverdient gemacht, in einer Weise, die ihm jedes Herz gewann.« Es war ein gutes Jahrzehnt für Frankfurt gewesen. Man war keine kühnen Wagnisse eingegangen, die Finanzen der Stadt waren in Ordnung, man hatte Reserven gebildet, man hatte eine Atempause eingelegt, wie Miquel es versprochen hatte. Bei seinem Abschied sagte er: »Ich möchte in dieser Stadt begraben liegen«. Sein Wunsch ging in Erfüllung. Als er zehn Jahre später sein Ministeramt niederlegte und in den Ruhestand trat, kaufte er sich im Frankfurter Westend, in der Wöhlerstraße, ein Haus und kehrte zurück. Aber nur noch für ein knappes Vierteljahr. Er starb bereits im September 1901. Sein Grab liegt rechts vom Mittelweg am Alten Portal. Auf der anderen Seite des Weges ruht Oberbürgermeister Dr. Kolb.

Frankfurt erhielt einen neuen Oberbürgermeister.
Miquel kam aus der Gegend von Hannover. Sein Nachfolger stammte noch weiter aus dem Norden. Franz Adickes war ein Friese. Lange brauchten die Frankfurter, bis sie seinen Namen auf dem A betonten, und dann haben sie es rasch wieder vergessen.
Leopold Sonnemann, Herausgeber der »Frankfurter Zeitung« und erster Vertreter Frankfurts im Reichstag, ein Mann, der gern selbst einmal Oberbürgermeister von Frankfurt geworden wäre, hat mit seinem ganzen Einfluß die Wahl von Adickes gefördert, so wie vorher schon die von Miquel. Man wußte, daß man in diesem 45jährigen Adickes, der bereits in jungen Jahren Bürgermeister in Dortmund und Oberbürgermeister in Altona geworden war, etwas ganz Besonderes gewann.
Man hat Adickes den besten Oberbürgermeister Deutschlands genannt. Er trat sein Amt in den ersten Januartagen 1891 an, und er hat 22 Jahre lang, bis zum Oktober 1912, die Geschicke unserer Stadt geleitet. Der »Großherzog von Frankfurt«, so nannte man ihn auch. Eine auffällige Erscheinung, über 1,90 Meter groß, mit einem früh ergrauten Vollbart, weltmännisch, betont höflich, dabei kühl,

sachlich, lebensklug und sehr selbstsicher, war er eine Figur, die man nirgendwo übersehen konnte. Man hat immer wieder seinen Zug ins Große und seinen erstaunlichen Weitblick gerühmt. Merkwürdig, welche Details sich im Gedächtnis der Menschen doch fortpflanzen: »Im Winter trug er einen Schlapphut, im Sommer einen Panamahut«, das kann man immer wieder von ihm lesen und hören. Es gehört eben auch zum Bild dieses Mannes, von dem ein enger Mitarbeiter einmal sagte·: »Ich habe Adickes nie mutlos gesehen.«

Adickes kam. Wenn man in den ersten Wochen die Amtsdiener fragte, was denn der neue Oberbürgermeister tue, dann antworteten sie: »Herr Adickes geht spazieren.« Das tat er auch. Kreuz und quer durch Frankfurt und seine Umgebung. Er war ein unermüdlicher Fußgänger und entwickelte sich später zu einem mustergültigen Tauniden. In diesen ersten Wochen lernte er sein neues Reich kennen und seine Probleme. Auf diesen einsamen Spaziergängen entstanden die Grundlagen für die Pläne, die er dann verwirklichte. Es wuchs in ihm das Bild der künftigen Stadt. Der modernen Großstadt Frankfurt...

Skizzieren wir vorweg einiges von der Ära Adickes in großen Zügen: Frankfurt wird rasch weiterwachsen. Es braucht als allererstes Bewegungsfreiheit. Nach innen und nach außen. 1890 schon hatte man die Schillerstraße geschaffen. Jetzt, 1893, folgte ein neuer großer Durchbruch: die Goethestraße wird vom Goetheplatz zum Opernplatz gelegt. Die Kalbächer Gasse und die Stiftstraße werden erweitert, ebenso etliche Straßen in der Altstadt. 1900 beginnt man mit dem Bau der neuen Teile des Rathauses. 1905 entsteht die Braubachstraße, als Entlastung für die Zeil gedacht.

Frankfurt wächst. Neue Viertel entstehen, so auf der Ginnheimer Höhe und im Osten der Stadt. Der Osthafen und ein neuer Ostbahnhof werden gebaut, ein Industrieviertel wächst ringsum. Keine Mietskasernen, weiträumige Wohngebiete! Das ist Adickes' großer Wunsch. Die Stadt erwirbt, wo es nur geht, selbst Grundbesitz, der Wucherpolitik vorzubeugen. Die Lex Adickes schafft die Möglichkeit, auch zwangsweise Grundstücke zusammenzulegen.

Frankfurt erhält einen zweiten Grüngürtel, neue breite Alleen, von der Viktoria- und Zeppelinallee bis zur Habsburgerallee. Es erhält neue Parks, den Günthersburgpark, den man den Rothschilds abkauft, den Huthpark, den Lohrpark und den größten von allen, den Ostpark. Die bisher private Straßenbahn wird städtisch; sie wird auf Strom umgestellt und schiebt ihre Linien auch in noch dünn besiedelte Vororte hinaus. Zur Stadterweiterung gehören Eingemeindungen. 1895 wird Bockenheim eingemeindet, 1900 folgen Oberrad, Niederrad und Seckbach, und 1910 werden weitere elf Gemeinden, von Berkersheim bis Rödelheim, frankfurterisch.

Als Adickes sein Amt antritt, zählt Frankfurt rund 180000 Bewohner. Als er es 1912 aus gesundheitlichen Gründen aufgeben muß, ist Frankfurt zu einer Stadt von 425000 Menschen geworden...

Wir wollen uns hier mit dieser kurzen Vorausschau auf die Wirksamkeit von Adickes begnügen. Wir eilen damit den Geschehnissen voraus. Noch sind wir am Beginn der neunziger Jahre.

Adickes ist kaum ein Vierteljahr der neue Hausherr im Römer, als Frankfurt von einer traurigen Kunde tief bewegt wird: Friedrich Stoltze ist tot. Der 75jährige, Symbol und Repräsentant des alten Frankfurtertums, stirbt am 28. März 1891 in seinem Schweizerhäuschen, Grüneburgweg 128, am Eingang zum Grüneburgpark der Rothschilds.

Frankfurt hat einen seiner besten Söhne verloren. Mit welchem berechtigten Stolz konnte dieser Mann einmal von sich schreiben (in der »Latern« vom 28. März 1883): »Wir lieben unsere Vaterstadt uneigennützig. Wir haben uns bei ihr nie um ein Amt oder irgendeinen Vorteil beworben. Wir haben uns auch sonst niemals vorgedrängt. Unserer politischen Überzeugung sind wir treu geblieben.«

Die »Frankfurter Zeitung«, in ganz Europa gelesen, widmet dem Toten zehn Spalten ihres Feuilletons! »Sein Gemüt war fern allem Gemeinen und Niedrigen. Die unerschöpfliche Quelle reinen Humors ist versiegt. Die Zukunft wird keinen formen, der seines Wesens ist. Wir werden nimmer seinesgleichen sehen...« Dem Sarge von Stoltze folgt ein fast endloser Trauerzug. Vom Trauerhaus im Grüneburgweg bis zum Friedhofsportal steht schweigend eine geschlossene Menschenmauer. Viele sprechen an seinem Grabe. Die Worte, die Wilhelm Jordan ihm nachruft, sind prophetisch: »Seine Schöpfungen werden leben, solange noch einer Mundart spricht in Frankfurt, solange der Pfarrturm sich im Mainspiegel beschaut...«

Mit Stoltzes »Frankfurter Latern« ging es, wie es zu erwarten war. Ein solches Blatt kann man nicht fortsetzen, wenn sein Schöpfer tot ist. Man schleppte es noch ein wenig weiter. Aber der Humor verfiel immer mehr ins Primitive, und mit der Nummer 13 des Jahrgangs 1893 war es mit der »Latern« zu Ende. Gute Kenner haben sie einst Deutschlands bestes humoristisches Blatt, nach dem »Kladderadatsch«, genannt.

Die große Elektrotechnische Ausstellung im Jahre 1891, auf dem Galgenfeld zwischen den kleinen alten Bahnhöfen und dem noch so jungen Hauptbahnhof, hat Stoltze nicht mehr erlebt. Wir haben bereits in unserem ersten Band von diesem wichtigen Ereignis erzählt.

Wahrscheinlich ist Friedrich Stoltze auch einem anderen Geschöpf der neuen Zeit nicht mehr begegnet, dem ersten Automobil. Es muß in diesen Monaten, vielleicht ein wenig früher, gewesen sein, daß Carl Benz, neben sich die treue Gattin Clara, mit seinem stinkenden und scheppernden 3-PS-Wagen auch durch die Straßen Frankfurts fuhr.

1894 starb Stoltzes Gegenüber im Grüneburgweg. Auch das war ein sehr populärer Frankfurter, und die beiden alten Herren haben einander mit dem größten Respekt behandelt. Es war der Sanitätsrat Dr. Heinrich Hoffmann, der Mann, der Frankfurts berühmtestes Buch schrieb. Aber das ist ein neues Kapitel.

## FRANKFURTS BERÜHMTESTES BUCH

Auf den Stadtplänen von Frankfurt sind die Straßen und Gassen und Plätze, die öffentlichen Gebäude, die Parks und die Bahnlinien eingezeichnet. Es wäre aufschlußreich und verdienstvoll, wenn man einmal einen Stadtplan entwürfe, auf dem etwas ganz anderes vermerkt wäre – nämlich alle jene Stellen in unserer Stadt, wo ein berühmtes oder zumindest gutbekanntes Werk entstanden ist, ein Buch, ein Gemälde, eine Komposition, eine Erfindung, eine wissenschaftliche Leistung und was man noch hinzurechnen mag.

Bei den Büchern zum Beispiel wären, wahllos, so wie sie mir gerade einfallen, einige dieser markanten Punkte: das Goethehaus im Großen Hirschgraben natürlich, in dessen mittlerem Dachzimmer unter anderem der Egmont, der Götz, Werthers Leiden und der Urfaust entstanden. Dann in der alten Großen Sandgasse das berühmte Romantikerhaus »Zum Goldenen Kopf« mit den Geschwistern Brentano. Die Schöne Aussicht, wo Arthur Schopenhauer so lange Jahre lebte und neben vielem anderen die »Parerga und Paralipomena« geschrieben hat. Dann nochmals der Große Hirschgraben, in dem der Hyperion des Hauslehrers Hölderlin Gestalt gewann. Ein anderer berühmter Frankfurter Hauslehrer war Hegel, dessen philosophisches System, wenigstens in den Grundzügen, gleichfalls in unserer Stadt entstand. Dann die Große Bockenheimer Straße (damals hieß sie Straße, nicht Gasse), in der der »verrückte« Grabbe seinen Hannibal schrieb. Oder die Wiesenau, in der Wilhelm Busch die »Bilder zur Jobsiade« und vielleicht auch die zur »Frommen Helene« zeichnete. Oder auch die Kalbächer Gasse, in der Detlev von Liliencron lebte. Für einen solchen Stadtplan der Frankfurter Bücher müßte man den Spuren von Pestalozzi, von Börne und Lenau, von Gutzkow, Binding, Paquet, Unruh und vielen anderen nachgehen.

Ja, und unten am Mainufer, auf der Frankfurter Seite, müßte man auf unserem Plan ein besonders schönes Sternchen setzen: hier entstand der Struwwelpeter. Sehen wir einmal von Werthers Leiden ab. Dann kann man mit gutem Gewissen sagen, daß der Struwwelpeter das bekannteste und meistgelesene aller Frankfurter Bücher geworden ist. Und sicher auch das meistgeliebte.

# Der Struwwelpeter

oder

lustige Geschichten

und

**drollige Bilder.**

Wenn die Kinder artig sind,
Kommt zu ihnen das Christkind;
Wenn sie ihre Suppe essen
Und das Brod auch nicht vergessen,
Wenn sie ohne Lärm zu machen
Still sind bei den Siebensachen,
Beim Spaziergehn auf den Gassen
Von Mama sich führen lassen,
Bringt es ihnen Gut's genug
Und ein schönes Bilderbuch.

Literarische Anstalt. — Frankfurt a. M.

Wo das Buch genau entstand, weiß man offenbar gar nicht mehr. Man müßte erst ein wenig Detektivarbeit leisten. Das Haus steht gewiß nicht mehr. Aber man weiß das Jahr, in dem der Struwwelpeter das Licht der Welt erblickte, nämlich 1844, und man kennt natürlich den Mann, der ihn so liebevoll aufs Papier zeichnete. Es war der Arzt Dr. Heinrich Hoffmann.

Er war in jungen Jahren wenig seßhaft. In seinen Lebenserinnerungen – die erst 1926 von seinem Enkel Eduard Hessenberg veröffentlicht wurden – erzählt er, daß er 1809 in der Großen Bockenheimer Straße geboren wurde, im dritten Stock des Bierhauses »Zum Taunus«, als Sohn eines Baumeisters und Inspektors für den Frankfurter Wasser-, Weg- und Brückenbau. Bald darauf wohnten seine Eltern im heutigen Gebiet der Degussa, und dann ist Hoffmann noch 16mal innerhalb von Frankfurt umgezogen; er muß seine Vaterstadt am Schluß gut gekannt haben. Wo er 1844 wohnte, als der Struwwelpeter entstand, gibt er nur ungenau an. Hoffmann war damals 35 Jahre alt und Arzt mit einer sehr bescheidenen Privatpraxis (»aber mein Leben war ein heiter bewegtes«). Seit vier Jahren war er, obgleich »total vermögenslos«, verheiratet mit der Tochter Therese des Frankfurter Kaufmanns Donner und stolzer Vater eines dreijährigen Knaben Carl. Das ist wesentlich, denn ohne Carl hätte es wahrscheinlich niemals einen Struwwelpeter gegeben.

Für unseren Stadtplan der berühmten Bücher ist nun wichtig, daß Hoffmann sagt, er sei im Jahre vorher, also 1843, zum neuen Mainkai umgezogen. Das Wort neu läßt darauf schließen, daß jenes Stück gemeint ist, das in den Jahren 1839/40 entstand. Es reichte vom Geistpförtchen bis etwa zum Leonhardstor, also über Saalhof und Fahrtor hinweg. Hier irgendwo an diesem Stück des Mainufers müßte man also das Sternchen hinsetzen. Wer Lust zu der oben erwähnten Detektivarbeit verspürt, für den gibt es noch einen genaueren Hinweis: die junge Familie Hoffmann wohnte im neuerbauten Haus des Ratsmitgliedes Ohlenschlager. Wo das genau war, müßte sich wohl feststellen lassen.

Für uns genügt es, daß also der Struwwelpeter am Mainkai geschrieben wurde. Und er wurde geschrieben, weil der junge Vater Hoffmann mit den Bilderbüchern gar nicht zufrieden war, die er sich in den Buchläden vor Weihnachten ansah. Nun schön, sagte er sich, dann werde ich für unseren Carl eben selbst ein Bilderbuch zeichnen. Er kaufte sich ein Schreibheft, Wasserfarben und Pinsel (Tinte und Federkiel hatte er bereits auf seinem Schreibtisch stehen) und abends, wenn das Söhnchen schlief, ging er an die Arbeit. Er zeichnete und schmiedete Verse: »...ins Bett muß Friedrich nun hinein, litt vielen Schmerz an seinem Bein...« »...am dritten Tag, o weh und ach! wie ist der Kasper dünn und schwach...« »...fort geht nun die Mutter, und wupp den Daumen in den Mund...« »...da kam der große Nikolas mit seinem großen Tintenfaß...«

Hoffmann sagte sich: ermahnen hat bei kleinen Kindern wenig Sinn. Man kann ihnen noch so oft sagen: laß das Feuerzeug liegen; sie werden es doch in die Hand nehmen. Man mußte ihnen in einer Bildergeschichte mit Versen die schrecklichen Folgen ihrer Unfolgsamkeit zeigen: »...Verbrannt ist alles ganz und gar, das arme Kind mit Haut und Haar, ein Häuflein Asche bleibt allein und beide Schuh, so hübsch und fein...«

Um ein Haar hätte es den Struwwelpeter selbst nicht gegeben. Aber eine Seite im Heft blieb weiß, und Hoffmann malte jene Figur darauf, die er beim Besuch kranker Kinder manchmal auf ein Stück Papier zu kritzeln pflegte, damit die Patienten Ruhe hielten – den ungekämmten Burschen mit seinen riesenlangen Nägeln, »einen rechten Struwwelhans«! Wegen des Reimes paßte aber Peter besser: »Sieh einmal, hier steht er, pfui! der Struwwelpeter!«

Wir wissen also genau, wer das erste Kind auf der Welt war, das den Struwwelpeter vorgelesen bekam: der dreijährige Carl Hoffmann am Frankfurter Mainkai, am Weihnachtsabend 1844. Beim zweitenmal kannte er die Verse bereits auswendig. (Carl Hoffmann ist, erst 27 Jahre alt, am Gelbfieber in Peru gestorben).

Unter die Leute kam der Struwwelpeter durch den Frankfurter Buchhändler Dr. Loening. Auch dieses Kapitel in der Entstehungsgeschichte des Struwwelpeters ist schon häufig erzählt worden. Aber wir dürfen es hier noch einmal tun. Hoffmann und Dr. Loening waren Mitglieder eines geselligen Vereins, den der Arzt ins Leben gerufen hatte und der den schönen Namen trug »Die Gesellschaft der Tutti Frutti und ihre Bäder am Ganges«. Hoffmann zeigte dort »seine Kinderei« vor,

und Loening meinte, er wolle das Buch drucken lassen. Hoffmann lachte: »Meinetwegen! Geben Sie mir 80 Gulden und versuchen Sie Ihr Glück.«
Das Schreibheft, das Dr. Loening an diesem Abend nach Hause trug, wurde einer der größten Bucherfolge, den die Welt jemals erlebt hat. Zusammen mit J. Rütten hatte Loening damals die Literarische Anstalt gegründet. Sie wurde der Verlag des Struwwelpeter, und Hoffmann bekam natürlich noch seinen regelrechten Autorenvertrag. 1500 Stück war die erste Auflage. »Sie verschwanden wie ein Tropfen Wasser auf einem heißen Stein.«
Man schrieb 1845. 1917, mitten im Kriege, brachten Rütten & Loening die 400. Auflage heraus. Man schätzt die Zahl der Struwwelpeter, die durch die Literarische Anstalt verkauft wurden, auf über fünf Millionen Stück. Dazu kommen die zahllosen erlaubten und unerlaubten Nachdrucke und Übersetzungen sowie die Neuausgaben, als das Urheberrecht 1944, 50 Jahre nach dem Tode Hoffmanns, erlosch. Gesamtauflage: zehn Millionen Stück? Niemand weiß es, und es ist kaum zu schätzen.
Es gibt nur wenige Bücher, die in so viele Sprachen übersetzt wurden wie der Frankfurter Struwwelpeter. Struwwelpeter heißt er auch in England, Slovenly Peter in Amerika, wo ihn u. a. Mark Twain übersetzte, Pierre-Strouvel in den ersten französischen Ausgaben, später Pierre l'Ebouriffé, Piet de Smeerpoets in Holland, Strubelpeter für die Schwizer Chind, Petrulus hirrutus im Lateinischen und Struvelpetro in Esperanto. In Rußland verbot man ihn, und später nahm man in die russische Ausgabe statt des Nikolas mit dem großen Tintenfaß einen anderen Mann, der nicht wie der Zar heißen durfte. »Der Schlingel hat sich die Welt erobert, ganz friedlich, ohne Blutvergießen«, meinte, ein wenig erstaunt, sein Schöpfer. Wir dürfen hinzufügen: Der Struwwelpeter ist ein typisch Frankfurter Welteroberer. Wie Goethe und die Rothschilds...

Was wurde aus dem Schreibheft des Dr. Hoffmann, in das er seine Geschichten gezeichnet hatte? Aus dem Originalmanuskript?
Es ging verloren. So glaubte man wenigstens. Aber ein halbes Jahrhundert später entdeckte man es zufällig in einer Kolorieranstalt in Nürnberg, wo man einst die

Farben von Manuskript und Buch miteinander verglichen hatte. Was mögen die Leute damals wohl gesagt haben, als sie erkannten, was das zerflatterte Heft enthielt, das sie da irgendwo hervorkramten! Zwei Blätter fehlten. (Den Zappelphilipp, das Paulinchen und den Hans-guck-in-die-Luft hat Hoffmann übrigens erst für die späteren Auflagen nachgeliefert.) Man schenkte das Manuskript dem Germanischen Nationalmuseum in Nürnberg. Dort ist es noch heute.

Erst von der fünften Auflage an nannte Hoffmann seinen wahren Namen. Bis dahin hatte er sich auf dem Titelblatt Reimerich Kinderlieb getauft. 13 Jahre nach dem ersten Erscheinen, also 1858, hat er dann seinen Struwwelpeter stärker ins Kindlich-Anschauliche umgezeichnet. Es ist die Fassung, die wir alle kennen.

Es gibt also neben dem Urmanuskript in Nürnberg noch ein zweites Originalmanuskript, eben das von 1858. Auch das hatte seine interessante Geschichte. Es blieb lange beim Verlag Rütten & Loening. 1928 erwarb es der Frankfurter Bankier Wertheimber, der in den dreißiger Jahren nach Amerika emigrierte und es mitnahm. 1953 wollte er es verkaufen. Der Frankfurter Antiquar Henrich brachte es nach Deutschland und bot es der Stadt an. Sie lehnte zunächst ab, erwarb es aber dann auf einer Versteigerung in Stuttgart für 41 000 DM – mit Beihilfe von Land und Bund und unter weitgehendem Verzicht des Auktionators und des Antiquars auf ihren Gewinn. So landete der zweite Original-Struwwelpeter wieder dort, woher er kam, in Frankfurt. Er gehört heute zu den Schätzen der Stadtbibliothek (wen es interessiert: von den 1500 Stück der allerersten Auflage sollen noch fünf Exemplare erhalten geblieben sein).

Dr. Hoffmann hat noch mehr Kinderbücher geschrieben, »König Nußknacker und der arme Reinhold«, »Bastian der Faulpelz«, »Prinz Grünewald und Perlenfein« und »Im Himmel und auf Erden«. Wir wollen es erwähnen. Aber Hoffmann hielt sich selbst nur für einen »Gelegenheitsversemacher«. Sein eigentliches Lebenswerk war ganz anderer Art. Es diente dem Wohle seiner Vaterstadt und tut es heute noch. Doch davon im nächsten Kapitel.

## DAS »IRRENSCHLOSS«

Es war im Jahre 1851, als der damals 42jährige Dr. Hoffmann von der Stadtverwaltung zum Arzt an der alten Irrenanstalt bestellt wurde. Die Frankfurter nannten sie nur das »Tollhaus« (oder mundartlich »Dollhaus«). Es stand mitten in der Stadt. Die Stelle, an der man es im 18. Jahrhundert gebaut hatte, hat sich bis heute natürlich vollständig verändert. Trotzdem – *eines* blieb von dem alten »Tollhaus« doch erhalten; den meisten Frankfurtern ist es unbekannt.

Wenn Sie, lieber Leser, von der Schillerstraße auf den Börsenplatz einbiegen, dann blicken Sie geradeaus auf das Gebäude der Zentralkasse südwestdeutscher Volksbanken und auf eine Tankstelle. Vor dem Kriege war hier die Stadtsparkasse und bis in die 20er Jahre hinein die Elisabethenschule (die dann nach der Eschersheimer Landstraße umzog). Ja, und vor rund einem Jahrhundert stand an dieser Stelle das »Tollhaus«.

Wenn man nun zwischen der Tankstelle und dem Haus der Zentralkasse hindurchgeht, dann kommt man auf einen Platz. Autos parken auf ihm, ein paar Bäume ragen aus dem Pflaster. Seine eine Seite bildet die hier häuserlose Meisengasse. Obwohl dieser Platz recht groß ist, hat er keinen offiziellen Namen. Das hängt damit zusammen, daß hier früher kein öffentlicher Platz gewesen ist. Es war der Schulhof der Elisabethenschule. Und vorher war es der Garten des »Tollhauses«. Hier gingen die Kranken hinter hohen Mauern spazieren.

Was Hoffmann in der Frankfurter Irrenanstalt vorfand, stimmte ihn traurig. Trostlos, so nannte er die Zustände im »Tollhaus«. »Schon damals – 1851 – wurde der Entschluß in mir fest, alles daranzusetzen, um den Neubau einer Irrenanstalt ins Leben zu rufen.« Erst langsam hatte sich in dieser Zeit die Erkenntnis durchzusetzen begonnen, daß man auch Geisteskranke menschenwürdig unterbringen mußte und daß es falsch war, sie von vornherein als unheilbar zu betrachten. Ein Irrenhaus war oft schlimmer als ein Gefängnis. Als es 1738 in der Frankfurter »Dollgasse« brannte, kamen sieben Kranke ums Leben; die Obrigkeit hatte verboten, die Türen zu öffnen.

Eine neue Irrenanstalt. Das war ein großer Plan für einen Mann, der keinerlei Vermögen besaß. Inzwischen suchte Hoffmann das Los seiner Patienten im alten »Tollhaus« so leicht wie möglich zu machen. »Schon Ihr Erscheinen in einer Krankenabteilung muß wie ein Sonnenaufgang wirken!« So forderte er von seinen Assistenten. Bei einer Feier deklamierte einer der Kranken zu Hoffmanns Lobe ein selbstverfertigtes Gedicht: »Er hat erhellt der Lebend'gen Grab...«

An wen sollte sich der junge Arzt wegen einer neuen Anstalt wenden? Die Stadt lehnte ab. Aber, so sagte sich Hoffmann, es gibt doch so viele wohlhabende Leute in Frankfurt, und die Stadt ist doch berühmt wegen der Gebefreudigkeit ihrer Bürger. Er ging ans schwere Werk, die Frankfurter davon zu überzeugen, daß die alte Irrenanstalt in der engen Innenstadt unmöglich war und daß man vor den Toren der Stadt eine neue bauen mußte. »Ich wurde wirklich recht unangenehm und lästig. Ich sprach mit jedermann von nichts anderem als von meinem Plan, und ich glaube, man ging mir oft geflissentlich aus dem Wege.« Schließlich hatte er über hundert angesehene Bürger beieinander, die bereit waren, in der ganzen Stadt Beiträge für eine Stiftung zu sammeln. 46 000 Gulden kamen so zusammen. Mancher Reiche spendete nichts und sagte, übrigens nicht ganz zu Unrecht, ein solcher kühner Plan sei nicht Sache von Privatleuten, sondern der öffentlichen Hand. Andere hörten sich die Bittsteller an, kritzelten etwas auf die Liste, und vor der Tür merkten jene, daß die Stiftung um 1 000 Gulden reicher geworden war. Das war frankfurterisch gedacht, nicht auf die öffentliche Hand zu warten.

Es war ein guter Start. Das alte Irrenhaus repräsentierte auch seinen Wert. Aber es hätte bei weitem nicht gereicht, wenn nicht das Hospital zum Heiligen Geist 100 000 Gulden geliehen und wenn nicht der Herr von Wiesenhütten weitere 100 000 Gulden für den guten Zweck hinterlassen hätte. Den Rest schoß jetzt die Stadt zu. Es konnte losgehen.

Als Bauplatz wählte Dr. Hoffmann eine stille Gegend vor der Stadt, nämlich die erhöht gelegene Hammelswiese am Affensteiner Weg, draußen, unweit der einsamen Eschersheimer Chaussee. Die Bezeichnung »Affenstein«, es ist oft gesagt worden, soll von einem Avestein, einem frommen Bildstock, in dieser Gegend herrühren.

Zusammen mit dem jungen Architekten Pichler ging Dr. Hoffmann zunächst auf Studienreisen, nach Norddeutschland, nach Belgien, Holland, Frankreich und hinüber nach England. Was sie dort sahen und erkundeten, machten sie dann für ihren Bau nutzbar. Man beschloß, zehn lange ein- und zweistöckige Gebäude zu bauen, die in einem Geviert standen. Die Stadtverwaltung entschied, gegen Hoffmann, daß der Bau in Neugotik erstehen sollte. Über dem Hauptgebäude errichtete man eine Nachbildung des Römergiebels. Im Volk nannte man die Anstalt das »Irrenschloß«. 200 Kranke hatten Platz. Im östlichen Teil der Anstalt brachte man die Männer unter, im westlichen die Frauen. Die ruhigen und die unruhigen Kranken lebten jetzt voneinander getrennt.
Ende Mai 1864 wurde die Anstalt eröffnet. Sie war eine der fortschrittlichsten ihrer Zeit. Frankfurt war damals noch Freie Stadt. Hoffmann wohnte zusammen mit seiner Familie, seinen Kindern und Enkeln in der Anstalt. Er leitete sie bis an die Grenze des biblischen Alters, bis zu seinem 79. Lebensjahr. Die letzten sechs Jahre seines Lebens verbrachte er dann ganz in der Nähe, sein Werk ständig vor Augen, im Grüneburgweg 95.
Schräg gegenüber, im Schweizerhäuschen am Eingang zum Grüneburgpark, wohnte ein anderer prächtiger alter Frankfurter, der Friedrich Stoltze. Es heißt, daß die beiden alten Herren gemeinsam ein Bilderbuch »Kaspers lustige Streiche« verfaßt haben sollen; wir können hier nicht entscheiden, ob dies stimmt.
Damit aller guten Dinge drei sind – in dem Haus von Dr. Hoffmann wohnte der Komponist Engelbert Humperdinck, Lehrer am Hochschen Konservatorium und Musikreferent der »Frankfurter Zeitung«. Im Grüneburgweg 95 komponierte er seine berühmte Märchenoper »Hänsel und Gretel«. Man darf es schon bemerkenswert nennen, was sich da so zufällig auf wenigen Quadratmetern im stillen Grüneburgweg in den neunziger Jahren an Talenten, an Könnerschaft, Humor und humaner Lebensweisheit vereinte.

Friedrich Stoltze starb im März 1891, Heinrich Hoffmann im September 1894 und Humperdinck verzog 1897 nach Boppard. In den 20er Jahren des neuen Jahrhunderts zog auch die Nervenheilanstalt um, nach Niederrad. Dort, wo sie Hoffmann sechs Jahrzehnte vorher sozusagen aus dem Nichts geschaffen hatte, entstand das prächtige Verwaltungsgebäude der IG Farben. Was einst draußen vor der Stadt gelegen hatte, war tief in ihr Inneres gerückt...

Eine Straße in Niederrad trägt den Namen des Dr. Heinrich Hoffmann. Im Direktionszimmer der Nervenheilanstalt bewahrt man pietätvoll ein kupfernes Arztschild, das einmal an der Haustür des Gründers der Anstalt hing. An der langen Mauer, die den Hauptfriedhof teilt (Nr. 541), liegt das Grab Hoffmanns. Die meisten Menschen gehen achtlos an ihm vorüber, da die Inschrift auf dem kleinen Obelisken nur verkündet, daß hier der Geheime Sanitätsrat Dr. Heinrich Hoffmann ruht. Wie viele würden lächelnd stehenbleiben und mancher seinen Hut lüften, wenn noch vier Worte darunter stünden: Er schrieb den Struwwelpeter. Aber Hoffmann hat es wohl selbst so gewollt. Zu seinem 150. Geburtstag im Jahr 1959 gab es eine schöne Ausstellung mit einem prächtig gemachten Katalog. Irgendwo muß eine Heinrich-Hoffmann-Büste stehen. Aber ich kann beim besten Willen nicht sagen, wo sie jetzt ist. Und im Stadion gibt es den Struwwelpeter-Brunnen aus den 20er oder 30er Jahren.

Alles das erinnert noch an Hoffmann in seiner Vaterstadt. Ist es genug? Ich bezweifle es. Ich habe mich schon oft gefragt, ob hier Frankfurt, wo noch die Nachkommen Hoffmanns leben, nicht seit langem etwas versäumt. Männer wie Hoffmann sind für jede Stadt ein Glücksfall. Und man sollte das Beste daraus machen. Was das wäre? Nun, der Phantasie wären keine Grenzen gesetzt – jetzt, wo es für den billigsten Ausweg, das übliche Denkmal oder etwas Ähnliches, gottlob längst zu spät wäre. Aber warum nicht z. B. ein Struwwelpeter-Häuschen in der Stadt mit dem Goethehaus? Eine lebendig und heiter gemachte Stätte, in der man die Erinnerungen an den Mann und seine Zeit zusammentrüge, bevor sie noch mehr und endgültig in alle Winde verstreut sind. Nicht aus Pietät, sondern im Interesse Frankfurts. Der Struwwelpeter ging weit in alle Welt hinaus; aber wer weiß schon, daß er aus unserer Stadt kommt? Es wäre ein farbiger, heiterer Pinselstrich mehr in ihrem Bilde, in den Vorstellungen, die man sich von ihr macht. Und von solchen Dingen hängen der Ruf und die Anziehungskraft einer Stadt oft viel mehr ab, als sich unsere Stadtväter mit ihren täglichen Sorgen träumen lassen.

## WO EINST HERR BOCCO WOHNTE

Wir sind in der Mitte der neunziger Jahre angelangt. Am 1. April 1895 verzeichnet Frankfurts Geschichte ein wichtiges Ereignis: das Städtchen Bockenheim wird eingemeindet. Die alten Reichsstädter hatten das Sprichwort: »Hinner der Wart heert die Welt uff!« Für die Bockenheimer Warte galt das ganz und gar nicht. Hier fing eine andere Welt an, die der Bockenheimer. Verweilen wir ein wenig dabei...

Es war Frankfurts zweite große Eingemeindung. 1877, wir erinnern uns, war die von Bornheim vorausgegangen.
Bockenheim und Bornheim. Es gab wichtige Unterschiede zwischen den beiden. Bornheim war ein Dorf. Bockenheim war eine Stadt. Bornheim brachte 10000 Menschen mit. Bockenheim über 20000. Bornheim war noch ganz und gar ländlich. Bockenheim aber hatte sich im Laufe des 19. Jahrhunderts zu einem Ort mit einer erstaunlich vielseitigen Industrie entwickelt, schon zu einer Zeit, wo Frankfurt praktisch noch industrielos war.
Beide Vororte wuchsen auch ganz verschieden mit Frankfurt zusammen. Bei Bornheim geschah dies sozusagen nahtlos. Selbst vielen Frankfurtern wird schwerfallen, wenn sie in diesen dichtbevölkerten Wohnvierteln umherspazieren, zu sagen, ob sie nun schon in Bornheim sind oder nicht. Ganz anders hingegen Bockenheim. Es blieb auch nach der Eingemeindung ein deutlich abgetrennter Stadtteil. Man hat in Bockenheim durchaus das Gefühl, in einem Städtchen vor den Toren Frankfurts zu sein. Es verschmolz nicht untrennbar mit der großen Stadt, und die Bockenheimer Warte trennt auch heute noch die »Welten«.
Bockenheim und Bornheim gingen auch in ihrer Geschichte – um dies wenigstens kurz zu erwähnen – verschiedene Wege. Durch Jahrhunderte hatten sie allerdings zunächst denselben Weg gehabt. Damals, in mittelalterlichen Zeiten, gehörten nämlich beide zu jenen 19 Dörfern in der nächsten Umgebung Frankfurts, die die merkwürdige Grafschaft Bornheimer Berg bildeten. Im 15. Jahrhundert trennten sich dann aber ihre Geschicke. Das Dorf Bornheim, wir erwähnten es in dem entsprechenden Kapitel, gehörte von 1475 an der Freien Reichsstadt Frankfurt.

Bockenheim jedoch kam um etwa die gleiche Zeit zur Grafschaft Hanau, und dort blieb es auch. Im Jahre 1736 starben dann die Hanauer Herrn aus, und die Grafschaft fiel an Hessen-Kassel, das später Kurfürstentum wurde. So kommt es, daß in historischen Darstellungen oder alten Romanen das eine Mal von dem hanauischen Bockenheim, das andere Mal von dem kurfürstlichen Bockenheim die Rede ist. Aber es ist jedesmal dasselbe Bockenheim. 1866 wurde es preußisch, und 1895, vier Jahrhunderte nach ihrer Trennung, fanden sich Bockenheim und Bornheim wieder, als Stadtteile von Frankfurt.

In einem stimmen Bockenheim und Bornheim überein. Nach der Eingemeindung wuchsen beide Stadtteile rasch in Richtung auf Frankfurt, aber nicht in der entgegengesetzten Richtung. Dort blieben sie fast, wie sie waren – das heißt: sowohl das alte Bornheim als auch das alte Bockenheim sahen sich nicht etwa in die Mitte der neuen Stadtteile gerückt, sondern an ihren fernen äußeren Rand. Wer also das älteste Bockenheim etwa in der Leipziger Straße oder am Kurfürstenplatz suchen wollte, der wird es dort nicht finden. Er muß schon quer durch den ganzen Stadtteil hindurchgehen, bis an die Peripherie, dorthin, wo man bald darauf »ins Freie« kommt. Dort liegt es. Oder vielmehr – was von ihm übrig blieb.

Für den Namen Bockenheim, um dies wenigstens zu streifen, gibt es übrigens zwei Deutungen, eine offizielle und eine andere, die bei den Historikern in Ungnade fiel und seitdem ziemlich vergessen ist. Die offizielle dürfte vielen Lesern bekannt sein. Es wimmelt in und um Frankfurt von Namen, die auf -heim enden. Sie stammen aus der frühen Frankenzeit und bezeichneten einst Höfe oder kleine Siedlungen, mit denen die Frankenkaiser verdiente Gefolgsleute beschenkten oder belehnten. So soll Bockenheim einst das Heim eines gewissen Bocco (oder ähnlich) gewesen sein.

Die zweite Deutung meint, diese Höfe und Siedlungen könnten ja auch einmal nach den Wäldern benannt worden sein, in denen sie lagen. Dann würde sich z. B. der Name Eschersheim leicht erklären, aber auch die Namen Eckenheim oder Berkersheim. Und Bockenheim, das wäre eben ein Buchenheim gewesen. Diese zweite Deutung ist sicher hübscher als die erste. Darum wollen wir sie erwähnen, auch wenn man sie inzwischen in die Schublade gelegt hat.

Wenn von Bockenheim die Rede war, dann fielen der Welt und den alten Frankfurtern eine Menge Dinge ein, die mit Bockenheim zu tun hatten. Wir wollen davon sechs erwähnen. Es gab natürlich noch viel mehr Bockenheimer »Spezialitäten«, aber wir wollen uns mit den sechs begnügen. Beginnen wir mit

1. dem Bockenheimer Basalt

Das war wohl eines der ältesten Gewerbe weit und breit. Basalt ist erstarrte Lava. Sie war einst von Europas größtem Vulkan, dem Vogelsberg, bis hierher geflossen. Diesen Basalt kannten schon die Römer. Das mittelalterliche Frankfurt hat man vorwiegend aus zwei Gesteinen aufgebaut: aus dem roten Sandstein von Miltenberg, den man zu Schiff den Main herabbrachte und aus dem u. a. der Dom, die Alte Brücke und der Römer entstanden, und aus dem Bockenheimer Basalt; er eignete sich vor allem für die Stadtmauern, die Türme, die Warten, aber auch für die Treppen und Sockel der Häuser und für die Straßen.

Der Bockenheimer Lehrer Heinrich Ludwig hat in jahrzehntelangem, bienenemsigem Fleiß ein höchst verdienstvolles Buch über die »Geschichte des Dorfes und der Stadt Bockenheim« geschrieben, oder vielmehr ihren ersten Band (er erschien 1940 im Verlage Dr. Waldemar Kramer und ist leider längst vergriffen). Wir finden darin die Angabe, daß man um 1880 noch an vier Stellen in Bockenheim Basalt gebrochen habe und daß rund 20 Steinbrüche im Gelände zu erkennen gewesen seien. Um 1900 herum schloß man dann die letzten Betriebe. Heute ist von alledem nichts mehr zu sehen. Es erhebt sich also die Frage: Wo waren denn diese Basaltbrüche? Sie müssen einst zahlreich und weit verstreut gewesen sein. Vorwiegend lagen sie östlich des alten Dorfes, also in der Richtung auf Frankfurt zu. Ein erheblicher Teil des heutigen, viel größeren Stadtteiles Bockenheims steht auf einer Basaltschicht. Die Basaltstraße und die Kiesstraße erinnern daran.

Eines der größten Löcher, die man in die Erde gebuddelt hatte, hieß die »Steinkaute«. Man hat sie erst vor rund 70 Jahren zugeschüttet; heute ist es der Hessenplatz. Auch der weite Kurfürstenplatz, einer der größten Plätze in Frankfurt, wurde einst aufgeschüttet, aber nicht, weil hier ein Basaltbruch war, sondern Sumpfgebiet. Die Leipziger (ehemals Frankfurter) Straße machte respektvoll einen weiten Bogen darum, und die beiden Seestraßen erinnern daran.

2. Bockenheim und die Reformierten

Man kann es sich heute gar nicht mehr vorstellen: Fast 200 Jahre lang – 200 Jahre! – mußten zahlreiche Frankfurter, die Reformierten, ihren Gottesdienst in Bockenheim abhalten, weil man es ihnen in Frankfurt untersagt hatte. Es waren ursprünglich französische und niederländische Calvinisten, die im Verlauf des 16. Jahrhunderts, vertrieben aus ihrer Heimat, bei uns einwanderten, tüchtige Leute, die es rasch zu Wohlstand brachten. Der Rat der Stadt erschwerte ihren Gottesdienst so sehr, daß viele überhaupt auswanderten, nach Hanau zum Beispiel. Die anderen suchten ihre kirchliche Zuflucht im hanauischen Bockenheim.

Den Bockenheimern waren diese Kirchengäste nur angenehm. Wohlgefällig sahen sie Sonntag für Sonntag und Jahr um Jahr die lange Reihe der Kutschen über die Felder und Wiesen aus Frankfurt herankommen. Die deutsch-reformierte Gemeinde, bei der in deutscher Sprache gepredigt wurde, fand ihren Unterschlupf in der Bockenheimer Dorfkirche, der alten Jakobskirche. Die französisch-reformierte Gemeinde, die ihren Gottesdienst, übrigens bis ins 20. Jahrhundert hinein, in französischer Sprache abhielt, benutzte zunächst eine große Scheune bei einer Gastwirtschaft in der Rödelheimer Straße. Aus ihr machten dann die Gläubigen viele Jahre später, 1769, ein steinernes Gotteshaus, auffällig durch seine ovale Form. 1787 ging die Zeit der Kirchenwanderung nach Bockenheim schließlich zu Ende. Frankfurt erlaubte endlich den Reformierten, Gotteshäuser innerhalb der Stadt zu bauen. Sie durften keine Glocken und keine Kirchtürme haben. Beide Kirchen, die damals entstanden, die der Deutsch-Reformierten am Großen Kornmarkt und die der Französisch-Reformierten am Goetheplatz, standen bis zum März 1944.

Die Bockenheimer sahen ihre Sonntagsbesucher nach so vielen Jahren ungern scheiden. Es waren nicht nur fromme Leute, sondern auch gutzahlende Gäste gewesen. Ihre ovale Kirche wurde jetzt eine Schule, später ein Volkshaus.

3. Das Schloß

Ein Roman ist damit verknüpft. Ursprünglich war es ein betagter Gutshof an der späteren Schloßstraße. Die Tochter des alten »Dessauer« erwarb ihn, die Prinzessin Henriette Amalie von Dessau. Sie erwarb noch einiges hinzu und machte daraus um 1760 ein Schloßgebäude in einem Park. In ihrer Jugend hatte sie ein Liebesverhältnis mit einem »unebenbürtigen« Mann gehabt, dem sie einen Sohn gebar. Die Prinzessin wurde aus Dessau verbannt, ihr Sohn unter einem bürgerlichen Namen in einer Frankfurter Familie großgezogen. Die Prinzessin ließ sich in Bockenheim nieder. Nach dem Hörensagen durfte sie ihren Sohn nicht sprechen. Aber sie durfte ihm nahe sein. 1793 kehrte sie nach Dessau zurück.

Das Schloß ging durch verschiedene Hände. Die wohlhabenden Patrizier, Handelsherren und Bankiers in der großen Nachbarstadt erwarben gern in Bockenheim Besitz, Höfe und Landhäuser. Schließlich wurde die Familie Bernus Besitzerin des Schlößchens. 1944 brannte es nieder.

4. Die Industrie

1819 machte der Kurfürst von Hessen-Kassel Bockenheim zur Stadt. Drei Jahre später schenkte er ihr etwas, womit sie um nahezu ein halbes Jahrhundert Frankfurt voraus war – die volle Gewerbefreiheit. Über Nacht entwickelte sich in Bockenheim ein neuer, moderner Menschentyp, der damals in Frankfurt nur spärlich anzutreffen war: der Industrielle.

1895, im Jahre der Eingemeindung, veröffentlichte der Bockenheimer Verein für Handel und Industrie einen Überblick über die Industrie des Städtchens. Bockenheim hatte danach mehr als 30 Fabriken mit rund 2500 Angestellten. Die Vielseitigkeit ist verblüffend. Eingegangen war inzwischen allerdings die Fabrik des Clemens Reifert. Man hatte in ihr zunächst Postkutschen und Chaisen, später Waggons hergestellt. Man hat Reifert Bockenheims ersten Großindustriellen genannt. Was hat man 1895 nicht schon alles in Bockenheim fabriziert! Apparate und Maschinen der verschiedensten Art, Transmissionen, schwarze und bemalte eiserne Stubenöfen, Kochherde, Ventilatoren, Metallperlen (in einer besonderen Perlenfabrik an der Ginnheimer Landstraße), Möbel, Klaviere, Krane, Trockenanlagen, Zentralheizungen, Standbilder aus Kupfer – die Adler auf dem Hauptbahnhof stammen aus Bockenheim –, Gasapparate, die ersten Grammophone weit und breit, Seifenautomaten, alle Apparate für die so junge elektrische Beleuchtung und die Übertragung von Strom, Telefone, Bogenlampen, Fässer, runde Korken bis dahin waren sie meistens oval oder eckig), Kindernährmittel, Bettfedern,

Friseursessel, Perücken und Zöpfe, Schlösser und Schlüssel, Schmirgelleinen und Glaspapier, Bürsten und Pinsel...

Die Regsamkeit dieser Kleinstadt im Schatten Frankfurts bleibt bis heute ein erstaunliches Kapitel.

5. Die Gebrüder Siesmayer

Dieser Bockenheimer Betrieb verdient gesonderte Erwähnung. Wir kennen den Namen Siesmayer schon vom Palmengarten her. Heinrich Siesmayer war der Mann, der die Idee zu dem »kleinen Himmelreich« an der Bockenheimer Landstraße hatte, und er hat dann den Palmengarten auch angelegt. Der Betrieb der Brüder Siesmayer lag gegenüber dem Schloß. Sie waren Kunstgärtner von Weltruf. Der Palmengarten war nur eines von ihren vielen Werken. Die Kuranlagen von Bad Nauheim stammen von ihnen, die Stadtparks von Mainz, von Mannheim, von Kaiserslautern, der prächtige Schloßplatz in Karlsruhe, der Grüneburgpark der Rothschilds in Frankfurt, der Zoologische Garten in Elberfeld und die Parkanlagen vieler deutscher Schlösser.

6. Das Sommertheater

Bockenheim hatte seine eigene Bühne. Im »Rheingauer Hof« in der Adalbertstraße. Man saß bequem im Schatten kühler Bäume, und das Theater spielte meistens dann, wenn die anderen Bühnen Urlaub machten. Daher der Name Sommertheater. Man gab Frankfurter Volksstücke, Schwänke, Rührstücke, kleine Operetten. Aus Ludwigs Bockenheimer Geschichte erfährt man, daß dieses Theater schon 1849 entstand. Es blieb bis zum Ersten Weltkrieg. Dann schloß es für immer. Leider, muß man hinzufügen. Es war gewiß für viele Menschen ein nettes, harmloses Vergnügen...

Ausgiebigen Gesprächsstoff, ja, Zündstoff hat nach der Eingemeindung dann das Oktroi geliefert. Das war eine Sonderverbrauchsabgabe der Bockenheimer auf Wein, Bier, Äpfelwein, Fleisch, Schlachtvieh und Mehl. Man ließ sie erst nach und nach fallen. An der Bockenheimer Warte standen »Zöllner«, die Passanten und Fuhrleute nach solchen Waren befragten und auch durchsuchten. Von dem Bockenheimer Stadtverordneten Knackmuß wird berichtet, daß er wie der Römer Cato vor jeder Sitzung ausrief: »Vor allem muß das Octr-i-o abgeschafft werden!«

Wir sind auf die Suche nach dem alten Bockenheim gegangen:

Da ist noch die Jakobskirche, einst Zentrum des alten Dorfes. 1852 hat man sie umgebaut und ihr den heutigen Turm gegeben. 1944 ging dann die Kirche in Flammen auf. Den Turm konnte man wieder errichten, das Kirchenhaus baute man neu im modernen Kirchenstil. Er kommt uns hier – sind es die Fenster, sind es die Proportionen des Raumes? – geglückter vor als anderswo.

Wir suchen nach dem ovalen Kirchlein der französisch-reformierten Gemeinde, 1769 erbaut, 1906 zum Volkshaus umgewandelt. Es stand an der Rödelheimer Straße. Eine Luftmine fegte an dieser Stelle alles blank. Wo die Kirche war, ist jetzt ein neues ebenerdiges Heim der Jugendorganisation »Falken«.

Das Schloß im Bernuspark ist verschwunden. Ein Steinbrücklein führt über den kleinen Weiher. Wenn die Sonne tief steht, dann muß der Schatten des neuen mächtigen Wohnhochhauses nebenan einen großen Teil des grünen Eilandes bedecken. Wir gehen auf die andere Seite der Schloßstraße. Wo einst die Gärtnerei Siesmayer war, steht ein moderner Bau: die Hochschule für internationale Pädagogische Forschung.

Auch der »Rheingauer Hof« in der Adalbertstraße ist nicht mehr da. An seinem Platz ist jetzt ein Schnellimbiß. Dahinter, wo man im Schatten der Bäume den »Bürgerkapitän«, »Robert und Bertram« und »Unsere Pauline« genoß, liegt ein weites, unbebautes Grundstück.

Und die Jahrhunderte alten Basaltbrüche? Eingeebnet, bebaut, verschwunden. Nichts ist von ihnen zu entdecken.

Aber es gibt noch altes Bockenheim.

Da ist der Schönhof. Ich halte diesen prächtigen Gutshof mit seinen langgestreckten Barockgebäuden und dem entzückenden kleinen Säulenbalkon an der Gartenfront für das »beste Stück«, das aus dem historischen Bockenheim blieb. Er ist zugleich einer der wenigen, fast unversehrten Gutshöfe Frankfurts, das einst so reich an prächtigen alten Höfen war. Der Schönhof hat viele Herren gehabt. Seit einem halben Jahrhundert gehört er der Stadt.

Schräg gegenüber dem Schönhof ist eine »historische Stätte«. Wenn es auch nur deprimierende Ruinen sind. Es ist jenes Straßenbahndepot, aus dem Frankfurts erste Pferdestraßenbahnen rollten. Auf der anderen Seite des Schönhofs, jenseits der Brücke, liegt tief im Garten das ehemalige Landhaus der Familie Knodt. Es hat ein prächtiges altes Kutscherhaus. Dicht am Gartenzaun vorüber führen die Geleise der Bahn nach Eschersheim; es ist die Strecke nach Kassel und in die Wetterau. Der Schienenstrang zieht pfeilgerade durch die weiten Wiesen, vorbei am Ginnheimer Wäldchen. Schon ist es eine der letzten Gelegenheiten, noch Dampflokomotiven zu sehen.

In der quicklebendigen Leipziger Straße steht in der Front noch manches niedrige Bürgerhaus des frühen 19. Jahrhunderts, im »Bockenheimer Stil«, mit ausgebautem mittlerem Dachstuhl. Eines von ihnen ist die sehenswerte Bock-Apotheke, 141 Jahre alt. In der Offizin mit den schönen Holzregalen an den Wänden glaubt man noch ein wenig von der Luft des Biedermeier zu atmen.

Es gibt natürlich noch ältere Häuser in Bockenheim, hier und da und dort, sehr vereinzelt. Am schönsten findet man sie in der Grempstraße, etwa die Nummern 19 und 23. Das älteste Haus Bockenheims steht im unteren Teil der Straße, an der Ecke vom Kirchplatz. Heute gehört es zum Elisabethen-Krankenhaus. Es ist das Gremphaus, das Hofhaus einer uralten Bockenheimer Herrenfamilie. Über der hölzernen Tür im niedrigen Turm ist das Wappen mit der Jahreszahl 1593. Über das wirkliche Alter des Hauses haben wir auch in dem Buche von Ludwig keine Angabe finden können.

An einer Stelle, wo wir es nicht vermuteten, entdeckten wir noch ein Stück Alt-Bockenheim. Im Industrieviertel jenseits der Bahnlinie, an der Solmsstraße. Hier liegt Bockenheims alter Friedhof. Man hat eine kleine Anlage aus ihm gemacht. Wenn wir recht gezählt haben, dann stehen in ihr und im Gebüsch nebenan noch 28 alte Grabsteine und ein Obelisk für einige Bockenheimer, die 1871 nicht zurückkehrten. Die Texte auf den Steinen sind kaum noch zu lesen. Einer aus dem Jahre 1827 enthält nur englische Worte. Wir buchstabieren: »Ann Mohr, born in London 1775, died in Bockenheim 1827, she was 27 years married and produced 11 children...« 27 Jahre verheiratet und elf Kinder. Das war in diesen Zeiten nichts Ungewöhnliches. Bockenheim war, als Ann Mohr starb, seit acht Jahren eine Stadt. Auch der Grabstein bezeugt es – es lag wahrhaftig nicht außerhalb der großen Welt.

## EIN JAHRHUNDERT GEHT ZU ENDE

Wir sind im Jahre 1895 angelangt. Nur noch ganz wenige Jahre sind diesem 19. Jahrhundert beschieden. Dann ist es zu Ende. Und doch – was geschieht nicht alles noch in diesen paar Jahren! In der kleinen Welt und in der großen Welt. Bleiben wir kurz bei der großen Welt. Versuchen wir, diese letzten Jahre des Jahrhunderts wenigstens mit ein paar Zeilen zu skizzieren.
Im Pazifischen Ozean stoßen die Vereinigten Staaten und Spanien aufeinander, die spanische Flotte geht in der Bucht von Manila unter, die Philippinen und Kuba werden amerikanisch. Die Brüder Lumière erfinden den Kinematographen, der Dynamitfabrikant Nobel stiftet seine Preise, Graf Zeppelin erhält ein Patent auf einen »lenkbaren Luftfahrzug«, die Röntgenstrahlen werden entdeckt. In Athen finden die ersten modernen Olympischen Spiele statt. Otto Lilienthal stürzt bei einem seiner kühnen Vogelflüge zu Tode. Kaiserin Elisabeth von Österreich wird in Genf von einem Anarchisten ermordet. MacKinley wird Präsident der Vereinigten Staaten, Wilhelmine Königin der Niederlande, in Friedrichsruh stirbt Bismarck. Marconi sendet drahtlose Signale über den Kanal. Deutschland erwirbt Kiautschou. Kitchener besiegt den Mahdi bei Omdurman. Der Burenkrieg beginnt. Dreyfus wird erneut verurteilt. Der Jugendstil kommt auf, der »Simplizissimus« und die »Woche« beginnen zu erscheinen. Gerhart Hauptmann schreibt den »Fuhrmann Henschel«, Blumenthal und Kadelburg das »Weiße Rößl«. Die ersten Autodroschken erscheinen im Straßenbild...

Und in Frankfurt? Was bescherte das scheidende Jahrhundert unserer Stadt an wichtigen Geschehnissen? Schildern wir einige von ihnen in chronologischer Folge. Beginnen wir mit dem 26. April 1895: Die neue Peterskirche wird eingeweiht.
Zum letztenmal trifft sich die Gemeinde im alten Kirchlein mit seinem kurzen Haubenturm. Es steht an der verlängerten Schäfergasse, Ecke Alte Gasse. Dann geht man mit den Ehrengästen, die Konfirmanden voraus, in feierlichem Zuge hinüber zu der neuen Kirche. Man hat sie mitten in den Friedhof hinein gebaut. Der Baumeister überreicht Oberbürgermeister Adickes den Schlüssel, dieser gibt

ihn weiter an Pfarrer Battenberg, das Kirchenportal öffnet sich zum ersten Gottesdienst.

Die alte Kirche zu Sankt Peter wird man abreißen. Es ist beschlossene Sache. Sie stammt noch aus der Zeit vor der Reformation. Berühmt ist ihr Friedhof. Er lag einst draußen vor der Festungsmauer der Stadt. Um 1530 bestimmte der Hohe Rat, daß nur noch auf dem Peterskirchhof Beerdigungen stattfinden dürften. Man hat sich zwar nicht streng danach gerichtet. Aber dieser Friedhof war dennoch durch Jahrhunderte Frankfurts Hauptfriedhof. 1828 gab es hier die letzte Beerdigung, die der Bürgerstochter Elisabeth Maurer. An der stillen Landstraße nach dem Dörfchen Eckenheim hatte inzwischen Stadtgärtner Rinz den neuen Hauptfriedhof angelegt, möglichst weit draußen, denn man brauchte nicht nur Platz für die Toten, man fürchtete damals auch die »giftige« Friedhofsluft.

Der alte Kirchhof versank für lange Zeit in Einsamkeit. Die Kinder spielten auf ihm. Der wachsende Verkehr umging ihn, zunächst wenigstens. Daß man die neue Kirche mitten in den Friedhof baute, wurde seine Rettung oder zumindest die seines nördlichen Teiles. Die Großstadt hätte ihn sonst ganz und gar verschlungen, so wie sie es mit seinem südlichen Teil tat. Um 1904 legte man eine Straße und eine Straßenbahn über die versunkenen Gräber. Viele Passanten wissen nicht mehr, daß sie über einen alten Friedhof gehen.

Der Friedhof, der blieb, birgt klangvolle Namen. Goethes Vater, der Herr Rat, ruht links vom Eingang im Grab seines Großvaters, mütterlicherseits, des Schneidermeisters Walther. Goethes Mutter, die »Frau Aja«, liegt drüben im Hof der Liebfrauenschule im Familiengrab der Textors, bei ihren Eltern. So ist die Welt: Man hat ihr Grab lange Zeit woanders gesucht, und erst mühsame Archivstudien gaben schließlich um 1890 den richtigen Hinweis. In der Nachbarschaft von Vater Goethe sind die alten Grabstätten der Passavants und der Bethmanns; auch der um Frankfurt so verdiente Staatsrat Simon Moritz von Bethmann, der Besitzer der Ariadne, ist hier beerdigt. An der Innenseite der Friedhofsmauer steht ein kaum lesbarer Grabstein. Nur den Namen hat man vor ein paar Jahren neu vergoldet: Matthäus Merian. Es ist »der Jüngere« aus der berühmten Künstlerfamilie. Als man ihn auf dem Peterskirchhof beisetzte, regierte in Frankreich noch Ludwig XIV.

18. Oktober 1895: Auf der Zeil wird ein Prachtbau eröffnet. Die neue Hauptpost. Die Stelle, an der man sie errichtete, hat schon ihre Geschichte. Der altberühmte Gasthof »Rotes Haus« stand hier, ein wahrer Palast. 1837 kauften ihn die Thurn und Taxis und machten ihn zu ihrer Post und zur Abfahrtstelle für ihre Postkutschen in alle Welt. 1867 zog dann die Preußische Post hier ein. Die Herrschaftszimmer im ersten Stock bewohnte Kaiser Wilhelm I., wenn er in Frankfurt war. Zwanzig Jahre später, 1887, kaufte man das benachbarte Hotel »Russischer Hof« hinzu. Man entschloß sich zu einem Neubau und riß beide Häuser ab.

Als Ausweichstelle mietete die Post 1891 das rechtwinklig an ihr rückwärtiges Gelände stoßende Palais Thurn und Taxis in der Großen Eschenheimer Gasse; während eines halben Jahrhunderts, von 1815 bis 1866, hatte in dem Palais der Bundestag, die Vertretung der fast 40 deutschen Staaten, regiert. Vier Jahre später, also 1895, kaufte die Preußische Post das ganze Palais den Thurn und Taxis in Regensburg ab. Man erfuhr übrigens bei dieser Gelegenheit, was so ein gutes renommiertes Frankfurter Hotel wert war. Denn die Post mußte seinerzeit für den »Russischen Hof« denselben Betrag bezahlen wie jetzt für das Palais, anderthalb Millionen Mark.

Und nun, Oktober 1895, ist der Neubau fertig geworden. Die Hauptkuppel krönt ein kolossaler vergoldeter Merkur. Im großen Saal auf der linken Seite des Frontgebäudes warten 21 Schalter auf die Kunden. Der rückwärtige Bau im Hof wird durch einen 50 Meter hohen Fernsprechturm unterbrochen; in ihm ist Platz für 5000 Fernsprechleitungen. Bereits am Vortag dürfen die Frankfurter die neumodischen Briefkastenschlitze an der Straßenfront benutzen.

Generalpostmeister Dr. von Stephan ist aus Berlin zur Eröffnung gekommen. Er hält die Festrede im Schaltersaal. Dann schreitet man durch ein Spalier von Beamten quer über den Hof und enthüllt dort die große Büste Wilhelms I. mit einer Frankofurtia zu seinen Füßen. Am Abend, beim großen Festessen im Palmengarten, herrscht rosigste Stimmung. Der Generalpostmeister erzählt unter schallender Heiterkeit von seinen früheren Erlebnissen in Frankfurt als preußischer Beamter. Man beginnt schließlich, die Toaste in Stegreifversen zu halten...

In das Palais Thurn und Taxis verlegte die Post die Briefträgerabfertigung, das Fernsprechbauamt und die Drucksachenabteilung. In einem Flügel wurde ein Pferdestall eingerichtet. Das hat die Frankfurter nicht ruhen lassen. Und tatsächlich, zehn Jahre später zog die Post aus dem Palais wieder aus. Der neue Mieter im Palais wurden die »Wilden«. So nannte man kurzweg das Völkerkundemuseum, das hier sein Domizil fand, – bis 1944. Der Erste und der Zweite Weltkrieg kamen und endeten. Dort, wo das Palais Thurn und Taxis stand, ragt jetzt das Fernmeldehochhaus gegen den Himmel, und auf der Zeil, wo die Postkutschen der Thurn und Taxis mit »Trari-Trara« aus dem Hofe rollten und dann die Kaiserliche Hauptpost stand, ist heute wieder Frankfurts größter Schaltersaal.

10. Mai 1896: Die Stadt feiert das »Frankfurter Friedensfest«.

Es ist 25 Jahre her, daß im Hotel »Zum Schwan« im Steinweg der Frieden mit Frankreich unterzeichnet wurde. Am Opernplatz wird man das Reiterstandbild Wilhelms I. enthüllen. Die Stadt ist geschmückt. Selbst die Trambahnkutscher tragen weiße Handschuhe. Wilhelm II. trifft früh am Hauptbahnhof ein, begleitet von der Kaiserin Auguste Victoria; sie ist zum erstenmal in Frankfurt. Parade am Bahnhof. Festgottesdienst in der Katharinenkirche; der Kaiser betet militärisch, das heißt mit dem Helm vor dem Gesicht. Denkmalsweihe auf dem Opernplatz. Besuch im »Schwan«. Parade auf dem Opernplatz. Frühstück bei der Landgräfin von Hessen in der Savignystraße. Die Kaiserin besichtigt das neue Diakonissenhaus an der Eschersheimer Landstraße, der Kaiser die Pferderennbahn in Niederrad. Festmahl im Palmengarten. Festvorstellung im Opernhaus. Abreise am späten Abend. Frankfurt illuminiert zum erstenmal mit elektrischem Licht. Das Städtische Elektrizitätswerk ist kaum ein Jahr alt. Bei ihm werden für diese Nacht 10 000 »außerordentlich brennende Lampen« angemeldet.

Mit diesem Besuch des Kaisers ist eine Geschichte verknüpft, die bis auf den heutigen Tag weitererzählt wird, und zwar meistens in dieser Form: Das Hotel »Zum Schwan« habe dem Kaiser eine Rechnung präsentiert, und daraufhin habe er Frankfurt nie mehr besucht. Aber die Geschichte stimmt so nicht. Die Rechnung, um die es ging, schickte das Hotel zur Bezahlung dorthin, wohin sie gehörte, nämlich an den Magistrat der Stadt. Der aber lehnte die Bezahlung ab, da ihm die Rechnung zu gepfeffert war. Er ließ es auf eine Klage des Hotels ankommen. Das

Kaiser Wilhelm II. besichtigt im Mai 1896 das Friedenszimmer im Hotel »Zum Schwan«.

trug Frankfurt wieder einmal den keineswegs neuen Vorwurf ein, daß hier »elende Krämerseelen« wohnten. Der Kaiser jedoch ist später noch öfters hierher gekommen, zum Beispiel zu den großen Sängerwettstreiten.

20. Mai 1896: Clara Schumann, 77 Jahre alt, stirbt in ihrer Wohnung im Westend, Myliusstraße 32.

Fast zwanzig Jahre lebte die glänzende Pianistin in Frankfurt. Das Hochsche Konservatorium berief sie als Lehrerin. Die vornehme, hochbegabte Frau, Freundin von Brahms, gab nur noch selten Konzerte. Sie hinterließ vier Kinder, vier andere starben vor ihr. Sie wird nach Bonn übergeführt und an der Seite ihres Gatten, des berühmten Komponisten Robert Schumann, beerdigt. Vier Jahrzehnte ist er ihr im Tod vorausgegangen. 1856 starb er in geistiger Umnachtung, nachdem er versucht hatte, seinem Leben durch einen Sturz von der Düsseldorfer Rheinbrücke ein Ende zu machen.

## DER MANN, DER DAS GOETHEHAUS RETTETE

Noch einige andere wichtige Ereignisse aus diesen letzten Jahren des scheidenden Jahrhunderts bleiben zu erwähnen.

7. Januar 1897: Wieder eine Eröffnung, diesmal ist es eine Schule: das Goethegymnasium an der Hohenzollernanlage.

Es war praktisch das Ende der ältesten Frankfurter Schule, des 377 Jahre alten Städtischen Gymnasiums. 1520, Amerika war eben erst entdeckt worden, wurde die Lateinschule gegründet. Man nannte sie auch Junkerschule. Die schier endlose Zeit von 310 Jahren war sie im Barfüßerkloster untergebracht, etwa dort, wo heute der Parkplatz neben der Paulskirche ist. 1839, also im Jahrhundert der wissenschaftlichen Erleuchtung, zog sie um ins Mittelalter, nämlich in den düsteren, feuchten Arnsburger Hof in der Predigergasse. Ihr Direktor, Tycho Mommsen, ein Bruder des Historikers Mommsen, pflegte in seinen Beschwerden zu erwähnen, daß man im Physiksaal dreißig verschiedene Moosarten zählen könne.

1876 zog man erneut um, diesmal in das Gebäude der Wöhlerschule in der Junghofstraße. Über 600 Schüler sollten dort Unterricht bekommen. Das war zuviel. Man entschloß sich zu einer Teilung des Gymnasiums und zu einem Neubau. Was in der Junghofstraße blieb, hieß nun Lessinggymnasium. Man unterrichtete dort nach dem bisherigen Lehrplan. Den Neubau an der Hohenzollernanlage nannte man Goethegymnasium. Dort wurde nach dem neuen revolutionären Frankfurter Plan unterrichtet. Man begann nicht mehr mit Latein, sondern mit Französisch. (Auch das Lessinggymnasium erhielt einige Jahre später, 1902, seinen Neubau, an der Hansaallee.)

Das Goethegymnasium war die erste vollständig mit elektrischem Licht ausgestattete Schule in Frankfurt. Sie hatte sogar eine »Klimaanlage«. Je nach Bedarf trieb ein Motor durch Kamine kühle oder warme Luft. Und man hatte sich noch etwas ganz Besonderes ausgedacht: Durch einen einfachen Handgriff wurden die Sitzbänke in Stehpulte umgewandelt, und die Schüler konnten nun jene Haltung einnehmen, die auch der Namenspatron Goethe als die bekömmlichste bei der geistigen Arbeit empfunden hatte, die aufrechte.

18. Oktober 1897: In Sulzbach am Taunus stirbt ein 75jähriger fast blinder Mann, Dr. Otto Volger.

Er wird in Frankfurt beerdigt. Seinem Sarge folgen nur seine Frau und seine Tochter. Niemand kennt die Stunde, es erscheint auch keine Todesanzeige. Das ist Volgers eigener Wunsch. Die Frankfurter Blätter bringen nur wenige Zeilen eines Nachrufes. Volger ist der Mann, dem die Stadt Frankfurt zu danken hat, daß einer ihrer größten Schätze erhalten blieb – das Goethehaus. Und er begründete das Freie Deutsche Hochstift. Um Volger gab es eine Tragödie; es ist eines der unerquicklichsten Kapitel im Frankfurt jener Jahrzehnte.

Geboren in Lüneburg, ein glühender Idealist und ein eigensinniger Starrkopf, kam Volger 1856 als Lehrer an das Senckenbergmuseum. Im Schillerjahr 1859 rief er das Hochstift ins Leben. Es sollte eine Art Universität sein, ein »Bundestag des deutschen Geistes«, eine Akademie der Meister, ein Institut zur Bildung des Volkes. 1863 erfuhr Volger, daß ein Tapeziermeister Clauer Goethes Geburtshaus im Großen Hirschgraben, das er erworben hatte, in ein Mietshaus umbauen wollte. Im Parterre hatte er bereits mehrere Läden eingerichtet. Das offizielle Frankfurt tat nichts. Volger erwarb kurz entschlossen das Haus, zunächst aus eigener Tasche, und richtete es in mühevoller Arbeit wieder so ein, wie es zu Goethes Zeiten ausgesehen hatte.

Das Goethehaus wurde der Sitz des Hochstiftes. Knapp zwei Jahrzehnte später kam es zu schweren Auseinandersetzungen zwischen Volger, der das Hochstift ganz nach seinen Ideen lenken wollte, und einer starken Opposition. Sie endeten damit, daß Volger nicht nur als Vorsitzender, was er ein Vierteljahrhundert gewesen war, abgesetzt, sondern 1881 überhaupt aus dem Hochstift ausgeschlossen wurde. Er verließ die Stadt. Sein Grabstein auf dem Hauptfriedhof, Gewann J 815, nennt sein Verdienst, das über jeden Streit hinwegreicht und das ihm Frankfurt niemals genug danken kann: Dem Retter und Erhalter von Goethes Geburtshaus.

Ein Anhängsel, lieber Leser, sei hier erlaubt. Friedrich Stoltze hat sich nämlich in der »Latern« einmal ausgemalt, wie das wohl zugegangen sein mag, als Dr. Volger das Goethehaus erwarb. Er sah's natürlich mit dem Auge des Humoristen, fern aller Wirklichkeit. Wir wollen die entscheidende Szene dennoch hier

wiedergeben: »Der Doktor Volger hat iwwer der Hausdhir im Wappe die drei Leyern gesehe un hat en Dambor vom Linjemilidär, der grad vorbeigange is, gefragt, ob in dem Haus e Musikaljehannlung wär. Der Dambor hat gesagt, soviel er wißt, net, awer soviel er gehört hätt, söllt der Käsdaub aus der Fahrgass enei verlegt wern; es wär em gewisse Crethi odder Plethi odder Goethi, der den berihmte Faust mit der eiserne Hand geschriewe hätt, sei Geburtshaus. Da hat der Doktor Volger gesagt: Käsdaub? Was ist das? Da hat der Dambor gesagt: Was des is? Ei, e Käslade in der Fahrgass. Un da hat der Doktor Volger gesagt: Sstolz sstrahlendes Gesstirn Goethe, ich werd dein Geburtshaus vor Profanie bewahren! Is enei ins Haus gesterzt un hat's gekauft.«
Ja, so war das. Nach Stoltze.

22. März 1899: die Presse wird eingeladen, an einer Probefahrt der neuen elektrischen Straßenbahn teilzunehmen.
Ja, mit der »Elektrischen« hinkt Frankfurt damals hinten nach. Viele große deutsche Städte haben bereits eine, selbst Wiesbaden. Die Frankfurter Verspätung hängt zu einem guten Teil damit zusammen, daß man sich mit dem privaten belgischen Unternehmen, das seit 1872 die Pferdestraßenbahn in unserer Stadt betrieb, erst gütlich auseinandersetzen mußte. Nun ist man endlich soweit. Die Straßenbahn ist städtisch geworden, eine Linie nach der anderen wird nun auf Strom umgestellt. 806 Trambahngäule werden arbeitslos. Am Schillerplatz, neben der Hauptwache, hat man die unterirdische Umformerstation angelegt, eine »moderne Märchenhöhle«. Der Wechselstrom des Elektrizitätswerks wird hier in Gleichstrom umgewandelt, »er ersetzt das Pferd am besten«.
Die Probefahrt beginnt an dem Depot Hedderichstraße in Sachsenhausen. »Die Wagen sind innen und außen elegant. Auf jeder Seite ist Platz für neun Personen. Die Wagen gleiten sanft dahin, sie nehmen die Kurven eleganter als bei Pferdebetrieb.« Die Fahrt geht über die Obermainbrücke nach Bornheim, zurück nach

Tiefer Frieden ruht über dem reichen, geschäftigen Frankfurt. Aber nur noch wenige Jahre trennen es von dem Ersten Weltkrieg, der großen Zeitenwende. ▷

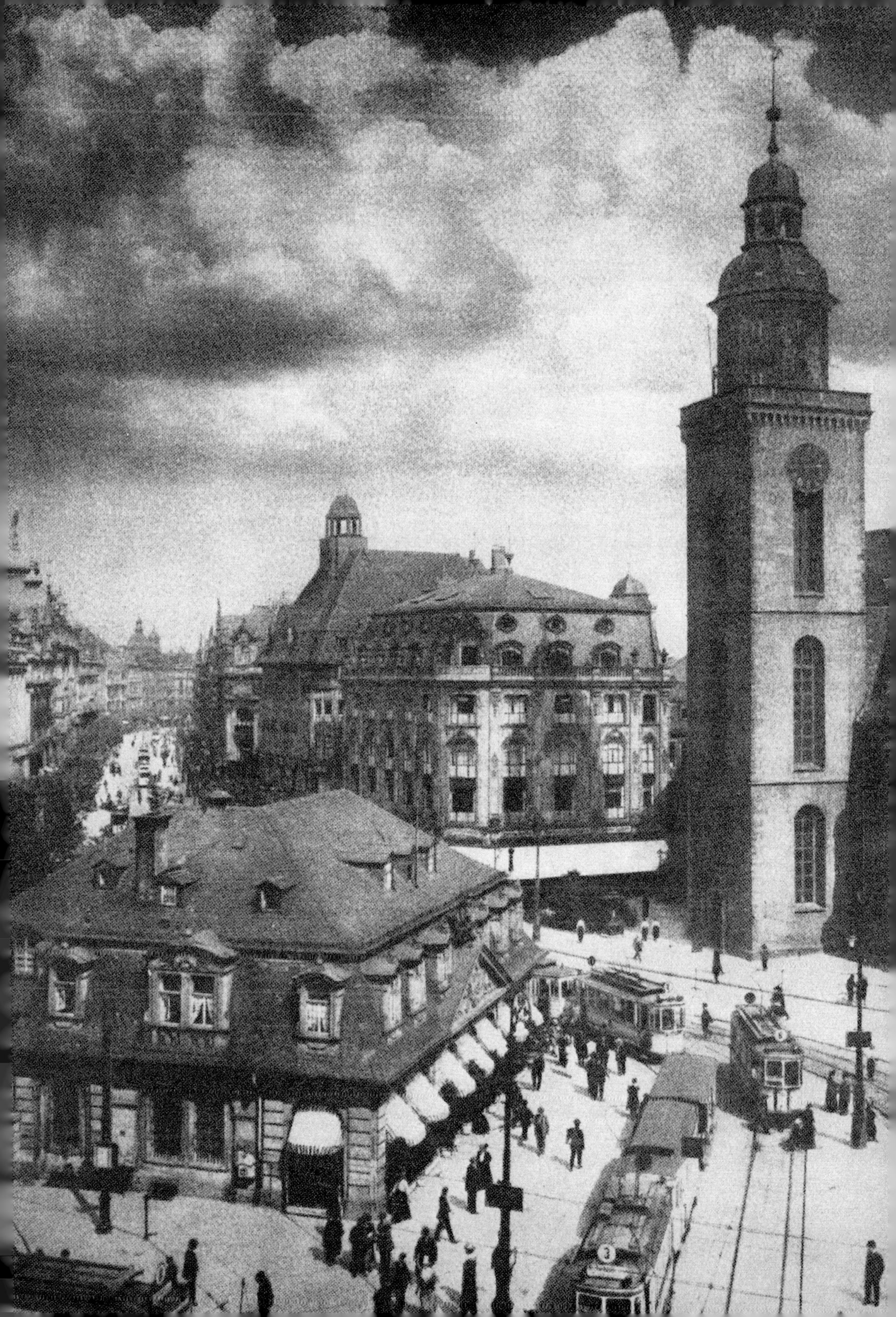

Die alte Peterskirche. Dahinter der Friedhof, in den man 1895 die neue Kirche baute.

Bis zu seinem 79. Lebensjahr leitete Dr. Heinrich Hoffmann, Schöpfer des »Struwwelpeter«, die Frankfurter Irrenanstalt. Sie war sein großes Lebenswerk.

Die Irrenanstalt auf dem »Affenstein«. Sie entstand vor rund hundert Jahren durch die Tatkraft eines einzelnen Mannes. Damals lag sie einsam draußen vor der Stadt. In den 20er Jahren unseres Jahrhunderts verlegte man sie dann als Nervenklinik nach Niederrad. Die alten Gebäude riß man ab, an ihrer Stelle baute man den Verwaltungspalast der IG Farben.

Die Bockenheimer Warte um die Jahrhundertwende. Der Fotograf stand etwa an der Ecke der Leipziger Straße. Das reizende Häuschen gegenüber der Warte war eine Gastwirtschaft.

Wir stehen auf der Landstraße nach dem Dorfe Hausen und blicken zurück auf das kurhessische Städtchen Bockenheim. Man schreibt das Jahr 1830. Rechts der Schönhof in seinem neuen Glanze, den ihm wenige Jahre zuvor der berühmte Baumeister Salins de Montfort gab.

Sachsenhausen, über die Untermainbrücke wieder auf die andere Seite, durch die Neue Mainzer Straße zum Opernplatz und durch den Reuterweg zur Endstation Palmengarten. Einige der Pferde, denen man unterwegs begegnet, scheuen. Das habe aber nichts mit dem Strombetrieb zu tun, beruhigt der Berichterstatter die Leser, sondern mit dem viel zu häufigen Glockenzeichen des Fahrers.

Die acht Kilometer lange Strecke Palmengarten–Sachsenhausen–Bornheim ist knapp drei Wochen später, am 10. April 1899, auch die erste Linie, die von der Polizei für den Verkehr freigegeben wird. Und alle Welt will einmal elektrisch fahren. Andere Linien folgen in den nächsten Monaten. Aber man richtet auch noch eine Pferdebahnstrecke ein, wenn auch nur eine kurze, vom Hauptbahnhof bis zum Paulsplatz. Und man verzichtet auf einen alten Aberglauben. Bisher trug kein Straßenbahnwagen in Frankfurt die Nr. 13. Jetzt fährt einer, und er entgleist nicht.

Im März 1899 ist ein prunkvolles Reiterfest im Hippodrom, von dem die Stadt noch lange spricht. Es gibt viele Pantomimen zu Pferde: Sultan Saladin mit Gefolge trifft Richard Löwenherz, der Große Kurfürst zieht in Warschau ein, Batterien Napoleons jagen um die Bahn, und bei der Schlittenfahrt Katharinas II. fällt künstlicher Schnee.

14 Tage lang feiert man im August den 150. Geburtstag Goethes. Die Namensliste der Ausschüsse ist endlos. Halb Frankfurt wirkt irgendwo irgendwie mit. Höhepunkt sind der Fackelzug und die Huldigung auf dem Goetheplatz am Abend des 27. August. Auf einer »Goethefeier der Arbeiterschaft« spricht Wilhelm Bölsche.

### Zerstreut

Die alte Frau Geheimrätin X war eine urwüchsige Frankfurterin. Aber sie war bereits recht zerstreut. Zum Ausgehen bereit, stand sie einmal unten an der Haustür, als sie merkte, daß sie ihr Gebiß vergessen hatte. Mit schallender Stimme rief sie die Treppe hinauf: „Babett! Mei Schnut!"

## DIE RÖMERZEIT STEHT AUF

Wir sind im Jahre 1900. Die Zeitenuhr rückt weiter...
Die Kalendermacher rechnen zwar vor, daß man ein Jahr zu früh dran sei, aber wen stört das schon – man feiert das neue Jahrhundert. In allen Vereinen, in allen Familien, in allen Häusern und mit einer Riesenmenge auf der Zeil. Auch die Juristen feiern: Am 1. Januar tritt das neue Bürgerliche Gesetzbuch in Kraft. Am Silvesterabend gibt es großen militärischen Zapfenstreich. Soldatenkolonnen mit brennenden Fackeln marschieren durch die Innenstadt. Dann hat das Volk die Straße frei. Die Polizei hat strenge Anweisungen. Vorsorglich hat man die Häftlinge aus dem Klapperfeld nach Preungesheim gebracht, um alle Zellen leer zu haben. Bis in die frühen Morgenstunden macht man 220 Verhaftungen. Dann ist alles besetzt. Um halb sieben in der Früh dröhnt Marschmusik durch die verschlafene Innenstadt. Es wird militärisch geweckt. Zum Gottesdienst tritt die Garnison mit allen Fahnen an. Paroleausgabe ist auf dem Goetheplatz. Im Opernhaus gibt man den Bajazzo, im alten Schauspielhaus spielt man Madame Sans-Gêne. Am Neujahrsmorgen rennt eine Kuh aus dem Viehhof und stürzt auf die Eisschollen des Mains. Man holt sie mit Stricken wieder heraus.

Frankfurt wird erneut größer.
Am 1. Juli 1900 werden Niederrad, Oberrad und Seckbach eingemeindet. In der Stadt wohnen jetzt 289000 Menschen. (Leider müssen wir es uns versagen, lieber Leser, auch bei diesen Eingemeindungen, ähnlich wie wir es bei Bornheim und Bockenheim taten, ein wenig von den Eingemeindeten zu erzählen. Wenn wir in unserem Bericht nur einige Jahre weitergekommen sein werden, dann stehen uns nämlich nicht weniger als elf neue Eingemeindungen bevor. An sie alle zu denken, ist unmöglich. Darum wollen wir es notgedrungen mit Bornheim und Bockenheim Genüge sein lassen).

Das Jahr 1900 bringt zwei bedeutende Ausstellungen.
Vergessen wir nicht: In diesem Jahre gibt es noch keine Festhalle und kein Messe-

gelände. Die großen Ausstellungen finden damals woanders statt. Zum Beispiel in der Landwirtschaftlichen Halle. Die hatte der Landwirtschaftliche Verein an der Ostendstraße errichtet. Von den alten Bauten stehen heute nur noch einige ehemalige Pferdeställe am Rande des großen Platzes.

Im Juli 1900 wird dort Frankfurts erste Automobilausstellung eröffnet, ein Jahr nach der allerersten deutschen Autoschau in Berlin. Man macht nicht viel Aufhebens davon. Die »Frankfurter Zeitung« widmet der ganzen Sache einschließlich Eröffnung 60 Zeilen. Das deutsche Publikum habe, so heißt es da, bisher nur wenig Gelegenheit gehabt, das neue Verkehrsmittel kennenzulernen; die Preise zeigten, daß es zunächst auch nur den oberen Zehntausend zur Verfügung stehe. Ganz andere Dinge bewegen die Welt: Die Zeitungen sind voll von den schrecklichen Gerüchten aus China, daß die Boxer alle Fremden in Peking niedergemetzelt haben.

Benz stellt aus, und die Adlerfahrradwerke, Fabriken aus Eisenach, Aachen, Mönchengladbach sind vertreten. Aus dem Elsaß kommen die de-Dietrich-Wagen. Man nennt sie Breaks, Petits Ducs, Mylords, Labourdettes, Tonneaux, Voiturettes... Hinter der Halle ist eine kurze Fahrbahn. Besondere Aufmerksamkeit findet ein zusammenlegbares Zelt, das als Garage dient. Die ganze Ausstellungsfläche ist 1200 Quadratmeter groß. Das wären also etwa 30x40 Meter. Man kann sich vorstellen, wie viele oder wie wenige Wagen da Platz gefunden haben.

Da ist die zweite Ausstellung in diesem Jahr 1900 pompöser. Die Kochkunstausstellung im Oktober in der Forsthausstraße. Sie bedeckt 20 000 Quadratmeter! Das Zentrum ist die große Musterküche. Um sie lagern sich viele Kosthallen und lange Prunktafeln. Dann kommen die Stände der Aussteller. Man hat sich's was kosten lassen. Die Winzer haben eine Burg auf einen Felsen gebaut, die Wildprethändler einen kleinen Zoo hingestellt und Schepeler einen naturgetreuen römischen Weinkeller. Es gibt Teehäuser, Mokkasalons und Ochsenbratereien, eine französische Küche aus dem 16. Jahrhundert, eine Konservenpyramide, die bis an die Decke reicht, eine riesige Sektflasche, in der man kneipen kann, und allseits wird das Panzerschiff bestaunt, das die Frankfurter Bäcker aus Brotteig gebacken haben.

In diesen Jahren tun sich im Taunus große Dinge. Die Römerzeit steht auf. Die Saalburg wird rekonstruiert. Sie wird, wie immer man zu ihrem Wiederaufbau im einzelnen stehen mag, zu einer der größten Sehenswürdigkeiten im weiten Umkreis.

Wir dürfen uns kurz fassen. Wir haben schon im ersten Band von der Römerzeit in unserem Gebiet erzählt. Der Kaiser Domitian war es, der im Jahr 83 n. Chr. das Maintal, den Taunus und die Wetterau als nördlichste Bastion dem römischen Riesenreich einverleibte. Er begann auch damit, das neueroberte Land durch den Limes gegen die Germanen abzugrenzen. Alle paar Dutzend Kilometer legten die Römer an ihrem Pfahlgraben militärische Kastelle an. Eines davon war die Saalburg. Wie sie wirklich hieß, wissen wir nicht.

Rund 200 Jahre später zog Rom sich wieder zurück. Der Limes und die Kastelle verfielen. Wie die Saalburg im 19. Jahrhundert schließlich ausgesehen hat, können wir an den Ruinen ihrer Nachbarkastelle Feldberg und Capersburg uns ungefähr vorstellen. Den Beginn mit dem Wiederaufbau, sehr langsam zunächst, machten um 1870 ein pensionierter Oberst aus Wiesbaden, von Cohausen, und vor allem der Architekt Louis Jacobi aus Bad Homburg. Bis zum Sommer 1907, um dies vorauszuschicken, war das Kastell im wesentlichen wiedererstanden. Man hatte schließlich hohe Gönner für die Arbeit gefunden, ja, den höchsten, den es dafür gab, den Kaiser.

Die Saalburg-Idee begeistert Wilhelm II. Schon sein Vater, Friedrich III., war von ihr angetan. Der Kaiser beordert sogar seine Pioniere zur Hilfestellung hinauf auf die luftigen Taunushöhen, auf denen einmal die Zweite Kohorte der Raeter, etwa 500 Mann stark, Wache gegen seine Vorfahren gehalten hatte. Der Kaiser überzeugt sich mehrmals an Ort und Stelle vom Fortgang der Arbeiten. Er ordnet an, daß auf Kosten des preußischen Staates ein Reichslimesmuseum angelegt werden soll und daß an diesem Platz die verschiedensten Sammlungen, vor allem das Homburger Saalburgmuseum, zu vereinen seien.

Damit sind wir wieder bei unserem Jahr 1900 angelangt. Denn die Grundsteinlegung zum Reichslimesmuseum findet am 11. Oktober dieses Jahres statt.

Die Regie des feierlichen Aktes wird dem Wiesbadener Hoftheaterintendanten von Hülsen übertragen. Seine Schauspieler und viele Statisten werfen sich in Römerkleidung und proben auf der Saalburg. Der große Tag naht heran. Punkt 11 Uhr verkünden Tubabläser von den Mauern des Kastells, daß das Kaiserpaar vor der Porta Decumana eingetroffen ist. Der Präfekt des Kastells, umgeben von römischen Offizieren und einer Schar germanischer Häuptlinge mit Fellen und Flügelhelmen, begrüßt die hohen Gäste in lateinischer Sprache. Die Rede hat ein Homburger Gymnasialprofessor verfaßt. Durch ein Spalier von Legionären ziehen die Gäste in den Hof des künftigen Prätoriums. Römische Knaben streuen Blumen, 200 Sänger singen ein »Salve Imperator« – der Text stammt von dem Romanschriftsteller Felix Dahn –, Weihrauch flammt auf den Altären auf und die Priester neigen sich zur Erde.

Der Legat, gleichfalls ein Schauspieler aus Wiesbaden, bringt ein »Ave Caesar« aus und verliest eine Ansprache, die Joseph Lauff, Lieblingsautor Wilhelms II., verfaßt hat. Dann vollzieht der Kaiser die drei Hammerschläge. Die lateinische Urkunde im Grundstein stammt von dem berühmten Berliner Historiker Theodor Mommsen. Der Akt schließt mit einem Schlußgesang in griechischer Sprache, einer Hymne an Apoll. Die kaiserlichen Gäste verlassen die Saalburg, Volk aus der ganzen Umgebung drängt ins Kastell. Erst spät am Abend wird es wieder still in den Wäldern...

### Bockemer Deutsch

1900 gab es eine Weltausstellung in Paris. In der deutschen Abteilung arbeitete auch ein Zimmermann aus Bockenheim. Es war warm, und die mitgebrachten Kragen waren bald hinüber. Der Bockenheimer ging auf die Suche und fand auch rasch ein Geschäft, das angeschrieben hatte: Man spricht Deutsch. Er ging hinein und fragte den Verkäufer: „Kann merr hier Kräge kriehe?" Der Verkäufer: „Leider nichts verstanden, Monsieur!" Darauf der Zimmermann: „Ei, warum schreibe Se dann: Man spricht Deutsch, wann Se kaa Wort verstehe?"

## FRANKFURT FÄHRT IMMER NOCH VIERSPÄNNIG

Das neue Jahrhundert beschert in seinem ersten Jahrfünft der Menschheit drei Kriege an drei ganz verschiedenen Stellen der Erdkugel: den Boxeraufstand in China, den Burenkrieg, der 1902 zu Ende geht, und den russisch-japanischen Krieg, der 1904 beginnt. Die Queen stirbt, Eduard VII. wird englischer König. Der amerikanische Präsident MacKinley wird ermordet; ihm folgt »Teddy« Roosevelt. Die russischen Bolschewisten machen Lenin zu ihrem Führer, und Amerika beginnt den Bau des Panamakanals. Den Brüdern Wright gelingt der erste Motorflug. Auf Martinique sterben innerhalb weniger Sekunden 30000 Menschen an einer Giftwolke aus dem Berg Pelée. Die Zeisswerke in Jena führen erstmals den Achtstundentag ein. Alle Welt spricht plötzlich von einem Wundertenor namens Caruso. Thomas Mann schreibt die Buddenbrooks und Conan Doyle den Hund von Baskerville...

Das neue Jahrhundert sieht Frankfurts Architekten glänzend beschäftigt. Es gibt viele große Baustellen in der ständig wachsenden Stadt.
Die größte Baustelle liegt hinter dem Römer. Man hat dort ein Viertelhundert alte Häuser abgerissen, auch den Clesernhof, den wir als Königlich-Preußisches Polizeipräsidium kennenlernten, und die Häuser Frauenrode und Viole mit ihrer 600-jährigen Geschichte. Uralte Gassen sind verschwunden. Auf ihrem Platz baut man an das alte Rathaus ein neues an. Was sollte man anderes tun? Das Rathaus der ehrwürdigen Bürgerrepublik Frankfurt ist seit seinem allerersten Jahr, nämlich 1405, als man das Haus »Zum Römer« dazu ernannte, immer nur ein Sammelsurium von Notlösungen gewesen. Auch der Rathausanbau jetzt ist eine solche Notlösung, allerdings im großen Stile.
Die Frankfurter Zeitungen nennen den Neubau ein »gigantisches Bauwerk«. 1902 ragen bereits die Fronten des Nord- und Südbaues aus dem Häusergewimmel. Man verbindet sie durch eine überdachte Brücke, die man hoch über die Bethmannstraße schlägt. Bald wird der Kaiser den festlichen neuen Bürgersaal einweihen. Man hat dem Neubau sogar zwei Türme gegeben. Den größeren, dem man eine

Nachbildung des längst abgerissenen Sachsenhäuser Brückenturmes aufsetzt, nennt der Volksmund nach dem überlebensgroßen Oberbürgermeister Adickes den »langen Franz«, den zweiten den »kleinen Cohn«. Es ist nicht bösartig gemeint. Es ist ein Schlager, den damals jedermann pfeift. Den ganzen Neubau überschüttet man mit allegorischen Darstellungen und Figuren. Sie gehen in die Hunderte. Man braucht heute noch einen halben Tag, um sie alle, soweit sie erhalten blieben, zu entdecken und zu besehen.

Eine andere gewaltige Baustelle liegt an der Untermainanlage. Das neue Schauspielhaus entsteht! Erst 1880 das einer Weltstadt würdige Opernhaus und jetzt, nur zwei Jahrzehnte später, ein neues großes Theater! Es war schon eine Leistung, auch für eine reiche Stadt. Voll Stolz erfährt man, daß allein die Dimensionen der Kuppel über dem Bühnenhaus für ein Theater ganz ungewöhnlich sind. Man krönt sie mit einer vergoldeten Frauengestalt, einer Frankofurtia. Sie stammt von der Hand desselben Meisters Gustav Herold, der schon andere wichtige Gebäude der Stadt, das Opernhaus, den Hauptbahnhof, die Börse, mit seinen Skulpturen geschmückt hat. Die mächtige Atlasgruppe auf dem Hauptbahnhof, mit ihren Gestalten in dreifacher Lebensgröße, gehört zu denen, die den Zweiten Weltkrieg überdauerten.

1902 wird das Schauspielhaus eröffnet. Doch davon ein wenig später.

Überall wird geplant, gebaut, gebuddelt. Viele alte Straßen werden verbreitert und verlängert, die Katharinenpforte und die Stiftstraße sind dabei. Dem Durchbruch der neuen Braubachstraße wird der Nürnberger Hof geopfert. Man legt den Hohenzollernplatz an, in einer Gegend, die vor kurzem noch öd und leer war; an seinen Flanken sollen die Matthäuskirche, mit dem Kirchenraum im ersten Stock, die neue Eisenbahndirektion, die Oberpostdirektion und noch einige Jahre später das neue Polizeipräsidium entstehen, ja, man munkelt sogar von einer riesigen Festhalle. Es naht die Zeit, wo man die Senckenberg-Institute vom Eschenheimer Turm zu verlegen beginnt, das Museum und den Physikalischen Verein nach der neuen Viktoriaallee, das Bürgerhospital ins Nordend. Die ersten Pläne für ein neues Frankfurt im Osten werden skizziert, für einen Osthafen (erste Kostenschätzung 50 Millionen) und für einen neuen Ostbahnhof. Und immer wieder beschäftigt den Oberbürgermeister die kühne Idee, daß die Stadt sich aus eigenem etwas geben müsse, was sie erstaunlicherweise nicht besitzt, eine Universität.

Das Hippodrom an der Forsthausstraße ist gerade noch zum Jahrhundertschluß fertig geworden, mit zwei Reitbahnen, von denen man die eine als die größte Deutschlands preist. 133 Pferde haben in den Stallungen Platz. Man kann die Reitbahnen auch in ein Varieté umwandeln. Auf der Zeil entsteht der Grand Bazar. Viele Banken bauen sich neue Häuser. Überall schießen Hotels und Gastwirtschaften aus dem Boden. An den breiten neuen Alleen, im Westend, an der Forsthausstraße, am Röderberg wachsen Villenviertel. Rund ein Dutzend Unternehmen tummelt sich auf dem Gebiet des Kleinwohnungsbaus. Das älteste von ihnen, die Gemeinnützige Baugesellschaft, wurde schon 1860 von Frankfurter Bürgern gegründet. In Sachsenhausen, beim Lokalbahnhof, baute sie damals Frankfurts erste Siedlung. Vor mehr als einem Jahrhundert also. Im Geviert der Heister-, Damm-, Mühlbruch- und Teichstraße blieb diese interessante, älteste Frankfurter Siedlung bis heute erhalten.

Im Hippodrom versammeln sich 5000 Menschen zu einer stürmischen Demonstration für die Buren. Schnitzlers »Liebelei« und Otto Ernsts »Flachsmann als Erzieher« werden Zugstücke im alten Schauspielhaus. Im überfüllten Varieté »Orpheum« auf der Neuen Zeil tritt Ausbrecherkönig Houdini auf.
Seit dem 1. April 1901 gilt auf der Frankfurter Straßenbahn der Einheitstarif zu zehn Pfennig, mit zweimaligem Umsteigen.
Im übrigen gibt es viele Unfälle bei der Straßenbahn. Eine Strecke nach der anderen wird auf Strom umgestellt. Von der gemütlichen Pferdebahn her sind die Frankfurter gewohnt, während der Fahrt auf- und abzusteigen. Sie können es jetzt nicht lassen. Auf der Berger Straße wird einem jungen Schlosser der Kopf glatt abgefahren.

1405 machten die Frankfurter das Haus »Zum Römer« zu ihrem Rathaus. Im Laufe der Jahrhunderte mußten sie es immer wieder um die benachbarten Häuser erweitern. Um 1900 entschloß man sich endlich, große neue Komplexe hinzubauen. ▷

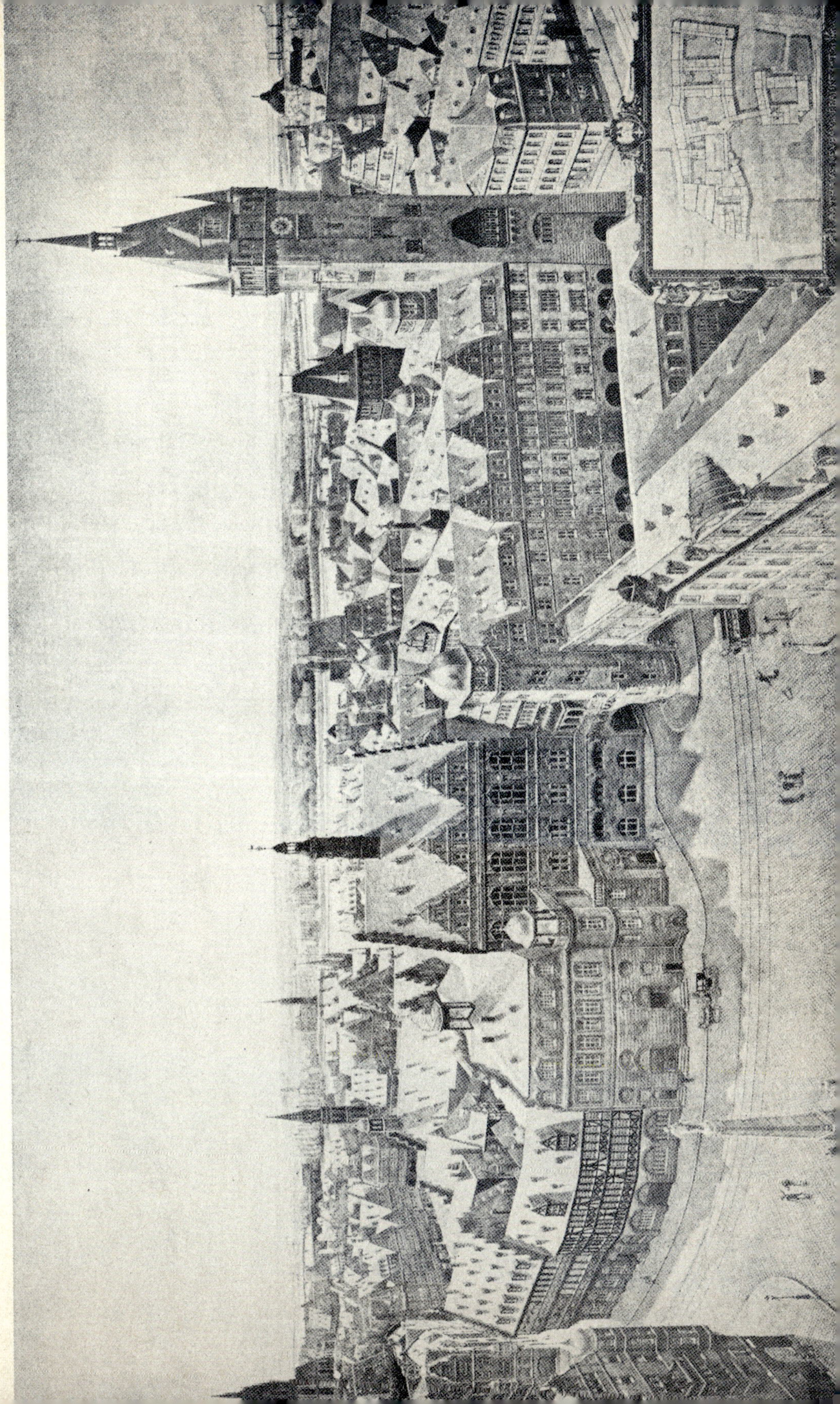

Ein Plakat aus der Frühzeit der Frankfurter Kinos. Im November 1907 eröffnete man in der Kaiserstraße das Uniontheater. Es existiert noch heute. Es ist die »Lichtburg«.

Das Plakat stammt aus jener Zeit, in der man ein Auto liebevoll ein »Schnauferl« nannte. Trotzdem gab es auch in Frankfurt schon Autorennen, und zwar auf der Pferderennbahn in Niederrad.

Ein bißchen kommen sie wie Fregatten daher, die drei hübschen Frankfurterinnen aus dem Jahre 1906 oder 1907, mit den großen Hüten und den engen Röcken. Aber diese Mode hatte ihre Reize.

Castans Panoptikum befand sich in der Kaiserstraße, an der Ecke Moselstraße. Seine Spezialität waren Wachsfiguren. Aber man bemühte sich, auch sonst der Menschheit etwas zu bieten, zum Beispiel Wettschwimmen für Damen mit Massenstart.

Das erste steinerne Haus auf dem Feldberg weihte man am 20. August 1860 ein.

Wir sind auf der Saalburg. Das römische Kastell wird wieder aufgebaut. Wilhelm II., begeistert von der Idee, legt am 11. Oktober 1900 den Grundstein zum Museum.

Man kämpft um die Sonntagsruhe im Einzelhandel. Es wird als sensationell empfunden, daß große Filialbetriebe wie Schade & Füllgrabe, Latscha, Fröhling sich darauf einigen, ihre Läden am Sonntag nicht mehr zu öffnen. Und wir? So fragt in einer Zuschrift ein Beamter; bei der Städtischen Steuerabteilung arbeite man sonntags von 8 bis 1 Uhr, an den Wochentagen manchmal bis 9 und 10 Uhr abends. Es wird gesetzliche Vorschrift, daß die Verkäuferinnen im Einzelhandel eine Sitzgelegenheit haben müssen.

Der Chef des Frankfurter Hauses Rothschild, Wilhelm Carl von Rothschild, stirbt, ohne männlichen Erben. Er ist ein Enkel des Mayer Amschel, mit dem der Aufstieg der Rothschilds begann. Sein Vater war jener der »Fünf Frankfurter«, der dann nach Neapel gegangen war. Baron »Willy« hatte die Leitung des Frankfurter Bankhauses (so wie vorher sein Bruder Carl) übernommen, damit das Stammhaus nicht unterging. Nun ist es doch soweit. Die Rothschilds in Paris, in London, in Wien können sich nicht dazu entschließen, das Frankfurter Unternehmen weiterzuführen. Das Bankhaus Rothschild in der Fahrgasse schließt am 18. April 1901.
Rothschild hinterläßt eine Million für wohltätige Zwecke. Innerhalb von 48 Stunden werden noch zwei andere Millionenstiftungen in Frankfurt bekannt. Eine Million für wissenschaftliche Zwecke kommt von dem Bankier Speyer (seine Frau stiftet bald darauf weitere Millionen für das Paul-Ehrlich-Institut), und rund zwei Millionen stammen aus der Familie des ehemaligen Buchhändlers Franz Jügel. Für dieses Geld läßt Adickes den Haupttrakt der späteren Universität bauen. An diesen wenigen Februartagen des Jahres 1901 erfährt die Welt einmal mehr, daß Frankfurt immer noch vierspännig fährt.
Unruhige und düstere Stunden bleiben Frankfurt nicht erspart...
Am 25. April 1901 kurz nach drei Uhr nachmittags entsteht in der Chemischen Fabrik Griesheim ein Brand. Die lokalen Feuerwehren können ihn nicht rechtzeitig löschen, er greift um sich, etwa eine Viertelstunde später kommt es zu zwei ungeheuren Explosionen. Ihr Herd ist die Halle, in der man die hochexplosive Pikrinsäure herstellt; man füllt mit ihr die Sprenggranaten.

Eine gigantische Wolke lagert über der Mainlandschaft. Etliche Hallen und Gebäude stürzen wie Kartenhäuser zusammen. Glühende Eisenstücke fliegen in großer Zahl über den Main bis nach Schwanheim, wo es gleichfalls zu Bränden und Zerstörungen kommt. In Königstein glaubt man an einen Erdbebenstoß. Feuerwehren aus dem ganzen Umkreis jagen herbei. Der Brand bedroht die Benzinvorräte des Werkes, die in großen Zylindern lagern. Die Bewohner Griesheims lassen alles stehen und liegen und fliehen. Auf der Landstraße wälzt sich ihnen die Menge der Helfer und Neugierigen aus Frankfurt entgegen. Ein Bataillon des 81. Infanterieregiments zieht einen Kordon um das Werk. Gegen sechs Uhr ist der Brand lokalisiert. Aber noch am nächsten Tag kommt es immer wieder zu kleineren Explosionen.

Nach und nach findet man 24 schrecklich verstümmelte Menschen in den Trümmern. Mehrere von ihnen sind Feuerwehrleute. Die Zahl der Verletzten kann man nur schätzen. Bis zum Zweiten Weltkrieg bleibt es die schwerste Katastrophe, die das Frankfurter Gebiet in diesem Jahrhundert trifft.

Ein Unfall, den die alten Frankfurter nie vergessen haben, ereignet sich am 6. Dezember 1901 im Hauptbahnhof. Der verspätete Orientexpreß aus Ostende rast in den frühen Morgenstunden mit einer Geschwindigkeit von fast 70 Stundenkilometern in den Bahnhof hinein, schleudert den Prellbock beiseite, überfährt den Querperron, zerfetzt einen Zeitungskiosk von Vaternahm, schlägt in die 1,20 Meter dicke Fassadenmauer ein zehn Meter breites und zwölf Meter hohes Loch und bleibt mit der Lokomotive und dem halben Tender im Wartesaal erster und zweiter Klasse endlich stehen. Vielleicht wäre er bis auf den Bahnhofsplatz hinausgefahren, wenn sich nicht große Quadersteine vor die Räder gelegt hätten. Es klingt wie ein Wunder, aber es wird niemand verletzt, weder im Wartesaal, in dem um diese Stunde nur 13 Menschen sind, noch im Zug. Der Zugführer wird später zu einer Geldstrafe von 100 Mark verurteilt. Man kann nicht klären, ob tatsächlich, wie er behauptet, die Luftdruckbremsen versagten. Oben auf der Lokomotive findet man einen angesengten Roman aus dem Zeitungskiosk, er heißt »Glück im Winkel«.

## DIE BERLINER SANGEN AM BESTEN

1902. Zum ersten deutschen Bankiertag versammeln sich in Frankfurt 740 Teilnehmer. Der Kongreß zur Bekämpfung des Mädchenhandels tagt. Beim Taunusklub meldet sich das Mitglied Nr. 2000 an. Der »dicke Fritz« erscheint zum hundertsten Male mit seiner Blasmusik bei der Messe. In der Johannitergasse 11 wird die erste Kinderkrippe eingerichtet, die Klingerschule in der Seilerstraße baut man zu einem Gerichtsgebäude um, im Fernsprechamt wird der Nachtdienst eingeführt.

Auf der Seine gewinnt Frankfurt das seit einigen Jahren regelmäßig stattfindende Wettrudern gegen Paris. Unter den Rasenspielen dominiert neben dem Fußball das Rugby, damals auch oft noch Fußball genannt. Der Fußballklub, später Sportklub 1880, spielt überwiegend nur Rugby, bei den Olympischen Spielen 1900 in Paris vertritt er die deutschen Farben. Die »wirklichen« Fußballvereine heißen damals Germania, Britannia, Amicitia, Victoria, Kickers (die spätere Eintracht) und schon damals Fußballsportverein in Bornheim, an der Seckbacher Landstraße. Sie sind fast alle wenige Jahre alt. 1899 ist das Geburtsjahr des Frankfurter Fußballs. Zu seinen großen Turnierstätten gehört die Hundswiese an der Eschersheimer Landstraße. Für ganze Generationen von Schulbuben wird jetzt ein Fußball zu einem unerhörten und meist unerreichbaren Besitz...

Am 30. Oktober 1902 nimmt Frankfurt Abschied vom alten Schauspielhaus am Theaterplatz. Vor 120 Jahren, 1782, hatte man es gebaut. Man gibt die Iphigenie. Stürmisch ruft man, als der Vorhang fällt, den Intendanten Emil Claar. Die Besucher zerpflücken die Girlanden aus Tannenreisig und werfen sie auf die Bühne oder nehmen die Ästchen zur Erinnerung mit. Die Uhr über der Bühne bleibt stehen.

Am Abend darauf: Eröffnung des neuen Schauspielhauses. Die Öffentlichkeit ist hoch befriedigt: »Heraus ist man aus der einstigen Enge. Alles ist hoch und hell, Licht ist im letzten Winkel. Hier gibt es kein Inkognito mehr wie früher. Man sieht und wird gesehen. Der Theaterbesuch wird zur festlichen Angelegenheit.«

*Das Alte stürzt, es ändert sich die Zeit, und neues Leben blüht aus den Ruinen.*

**Fahr wohl!**

**Hampelmanns Abschied vom alten Schauspielhaus.**

Du goldig, lieb, treu Schauspielhäusi
Mei Berjerherz is dief bewegt —
Zum Abschied nemm von mir des Sträussi
Dei letzte Stunn jetz aach bald schlägt!

Bei Blitz unn Donner, Schnee und Rege
Stand mer einst an der Gallerie,
Kaam Mensch hat da was dran gelege-
Dei Schutzdach war noch Phantasie.

Den Eingang dorch die Eisestange
Hat damals mer sich noch gedenkt,
E eisern Kett sollt später lange,
Die bald druff hat des Volk gesprengt!

Die Neuzeit hat gebracht viel Gutes,
Doch dabei älter ward des Haus,
Unn bald im Grab mit Manchem ruht es
Von „Alt-Frankfort" — sei Zeit is aus!

120 Jahre erlebte das alte Schauspielhaus am Theaterplatz. 1902 schloß man es für immer. Fahr wohl! ruft ihm der trauernde Herr Hampelmann auf einer Ansichtskarte nach.

1115 Sitzplätze und 51 Stehplätze hat das Haus. Jeder Rang hat seinen besonderen Aufgang. Man bewundert das Foyer; die Besucher der oberen Ränge können auf sein Treiben herabsehen. Baukosten: rund 2,2 Millionen.

Der Frankfurter Ludwig Fulda hat ein Vorspiel geschrieben. Schauspieler Diegelmann spricht die ersten Worte im neuen Haus. Es folgt ein lebendes Bild: Goethe, umdrängt von seinen Gestalten und einer Menschenmenge, drei Genien schweben von der Höhe herab. Dann gibt man Vorspiel und ersten Akt des Faust und Wallensteins Lager...

An einer anderen Stelle der Stadt können an demselben Abend einige hundert Menschen etwas ganz Neues erleben. Noch ahnen sie nicht, was einmal daraus werden soll. Im »Orpheum« tritt der so populäre Otto Reutter auf. Den meinen wir allerdings nicht, Reutter kam oft nach Frankfurt. Am Schluß des Programms jedoch spannt man eine Leinwand und zeigt einen Film. Vielmehr ein Filmchen, einen Trickfilm aus der Zauberkiste des Franzosen George Méliès, frei nach Jules Verne: »Die Reise zum Mond«. In wenigen Minuten ist sie vorbeigeflimmert. Wer in unseren Tagen den farbigen Breitwandfilm »Die Reise um die Erde in achtzig Tagen« sah, der wird sich vielleicht erinnern, daß der Regisseur mit dieser »Reise zum Mond« aus der Urzeit des Kurbelns seinen Film begann. Das war also 1902. Noch hatte Frankfurt kein eigenes Kino. Das kam erst 1906.

Wir wollen es nicht vergessen: zum Jahresende macht man den Anwohnern der Friedberger Landstraße ein Geschenk. Der 30 Meter hohe Ventilationsturm zur Lufterneuerung im Sielnetz, den man am Friedberger Platz aufgebaut hat, wird wieder abgetragen. Man nannte ihn schlichtweg den »Stinkturm«. Inzwischen hat Stadtbaurat Lindley die Warten, bis auf die Sachsenhäuser Warte, zu neuen Ventilationstürmen gemacht. Sie sind es noch heute.

1903. Frankfurt hat 300000 Einwohner. Die Damenwelt ist eng geschnürt, die Hüte wachsen. Der elegante Herr trägt auch werktags Zylinder. Durch die Straßen patrouillieren gemessenen Schrittes Schutzleute mit Säbel, Pickelhaube und martialischen Schnurrbärten. Ein Pfund Ochsenfleisch kostet 60 Pfennig, ein Schoppen Äpfelwein zehn Pfennig. Eine gute Stenotypistin bekommt 90 bis 100 Mark im Monat...

Im Sommer dieses Jahres kommt auch wieder der Kaiser nach Frankfurt. Aus einem besonderen Anlaß. Wilhelm II. hat nämlich 1895 einen Preis gestiftet, der dem besten deutschen Gesangverein verliehen wird. Der erste Sängerwettstreit fand 1899 in Kassel statt, Sieger wurde der Kölner Männergesangverein. Zum neuen Austragungsort wurde Frankfurt gewählt.

Jeder Chor muß mindestens 100 Mann stark sein; nach oben sind keine Grenzen gesetzt. Es gibt einen offiziellen Preischor, für den jeder Verein sechs Wochen Zeit zum Einüben hat. Dann darf jeder Verein ein Lied seiner Wahl vortragen. Die Vereine, die hierauf in die engere Wahl kommen, müssen schließlich innerhalb einer Stunde ein Volkslied einüben, das man ihnen erst jetzt nennt.

34 Vereine aus ganz Deutschland melden sich an. Es sind insgesamt 5683 Sänger.

Man baut eigens eine pompöse Festhalle an der Forsthausstraße gegenüber dem Hippodrom. Das Thema des offiziellen Preischors ist: »Siegesgesang nach der Varusschlacht.« Den Text in rollenden Versen hat Felix Dahn geschrieben. Vertont hat ihn ein unbekannter Oberleutnant.
Der Wettbewerb dauert vier Tage. Der Kaiser ist die meiste Zeit anwesend und spart nicht mit Randbemerkungen nach allen Seiten. Der offizielle Preischor wird zu einer ebenso offiziellen Enttäuschung. Ein Kritiker schreibt, daß der Siegesgesang wie ein Militärmarsch beginne und sich dann in wüste, nichtssagende Modulationen verliere; der Komponist wisse nicht, was er menschlichen Stimmen zutrauen dürfe, ihnen werde Unglaubliches zugemutet. Einer der Preisrichter verzichtet auf sein Amt, die Gründe werden nicht bekannt.
Erst bei den selbstgewählten Liedern tritt in der riesigen Halle wieder mehr Frieden ein. Zwölf Vereine kommen in die engere Wahl, Frankfurt ist nicht vertreten. Das Lied, das die Chöre in einer Stunde einzuüben haben, ist das »Volkslied« des Österreichers Kienzl. Die Kölner Sänger sehen auch diesmal wie die Sieger aus. Aber bei den allerletzten Stellen patzen sie, es wird gezischt – und der Preis fällt unter minutenlangen Ovationen an den Berliner Lehrergesangverein. Der Kaiser versammelt die Dirigenten zur Manöverkritik um sich, er bedauert, daß das einfache Volkslied viel zu kurz komme, dann verläßt er Frankfurt.
Übers Jahr kehrt er wieder zurück. Oder vielmehr in die Nachbarschaft, in den Taunus, zu der geliebten Saalburg. Dort findet das größte sportliche Ereignis weit und breit in diesen Jahrzehnten statt, das Gordon-Bennett-Autorennen.

Stoßseufzer

Frau Schmidt: „Des is ewe e Mode mit dere ewige Einladerei!" Frau Maier: „So! Is des bei euch aach so? Lad' bei euch aach alle Aageblick ein ein ein?"

## DIE BENZINSCHLACHT IM TAUNUS

Das Automobil. Wie rasch ging es doch damit, als es erst einmal da war! Man bedenke – im Sommer 1888 war zum ersten Male mit Gerüttel und Geschüttel ein Automobil über eine Landstraße gefahren. In ihm saßen die Frau Benz und ihre beiden halbwüchsigen Söhne; ohne Wissen des Vaters ratterten sie auf dem von ihm konstruierten Gefährt von Mannheim zur Großmama nach Pforzheim. Bergauf mußten sie das Wägelchen schieben und bergab sich hinten als Bremse anhängen. Aber sie kamen an. Die erste Autofahrt über Land glückte.

Kaum ein Dutzend Jahre später, 1899, fuhr ein Mensch auf einem Automobil, einem Elektromobil, bereits schneller als hundert Kilometer in der Stunde. Es war der belgische Ingenieur Jenatzy auf einer französischen Autostrecke. Wir müssen uns seinen Namen merken, denn Jenatzy spielt in unserem Bericht noch eine wichtige Rolle.

Und nun sind wir nur fünf Jahre weiter, im Sommer 1904. Der Schnelligkeitsweltrekord steht inzwischen auf 150 Stundenkilometer (der Amerikaner Vanderbilt hat ihn auf einem Mercedes aus Cannstatt aufgestellt). Seit Jahren bereits veranstaltet man internationale Autorennen. Es sind Rennen auf Biegen und Brechen. Die Fernfahrt von Paris nach Madrid im Jahre 1903 muß sogar abgebrochen werden, da in den irrsinnigen Staubwolken auf den Landstraßen ein Unfall dem anderen folgt. Man zählt zehn Tote, Hunderte werden verletzt.

Es sieht so aus, als seien die Franzosen in diesen Autorennen unschlagbar. Sie gewinnen eines nach dem anderen auf ihren Spezialwagen, auf Mors, Panhard, Peugeot. Aber über Nacht ist der große Konkurrent da: die Mercedes-Wagen aus Deutschland. Sie gewinnen vier Rennen an der Riviera, dann gelingt ihnen im Juni 1903 oben in Irland der große Schlag. Ohne ihn wären die Bewohner von Frankfurt und der weiten Umgebung um das größte Ereignis gekommen, das ihnen der Autosport jemals geboten hat: das Gordon-Bennett-Rennen im Taunus, das erste internationale Rennen, das nur auf deutschen Straßen gefahren wurde. Wer war James Gordon Bennett? Es gab deren zwei – den Vater, der mit seinem »New York Herald« den Massenjournalismus »erfand«, und den Sohn. Auch

Gordon Bennett junior war ein Mann mit Ideen. Er war es, der zum Beispiel dem Engländer Henry Stanley den Auftrag gab, den Forscher Livingstone im Innern Afrikas zu finden (wobei es bis heute zweifelhaft blieb, ob Livingstone wirklich verlorengegangen war und überhaupt gefunden werden wollte).

Bennett junior erkannte sehr rasch die Bedeutung des Automobils. Für »lumpige« 12 000 Francs stiftete er 1899 einen silbernen Wanderpreis, eine Siegesgöttin auf einem Schnauferl, 17 Kilo schwer, und sein Name ging in die Geschichte des Automobils ein. Die Rennen um den Gordon-Bennett-Preis wurden berühmt. Das waren die Bedingungen: Jedes Land durfte nur drei Rennwagen stellen, eine Rundstrecke von mindestens 100 Kilometern mußte mehrmals durchfahren werden – und wer gewann, dessen Land durfte das nächste Rennen ausrichten.

Die ersten beiden Gordon-Bennett-Rennen gewannen natürlich die Franzosen, das dritte jedoch – es führte über die Alpen, die französischen Wagen blieben unterwegs liegen – gewann überraschend ein Engländer, Mr. Edge. So kam es, daß das vierte Gordon-Bennett-Rennen 1903 auf einer Rennstrecke bei Dublin abgehalten wurde. Es endete mit einer Sensation. Daimler in Cannstatt meldete drei 90-PS-Mercedes-Wagen. Sie verbrannten kurz vor dem Rennen. Aber Deutschland startete trotzdem, mit drei 60-PS-Mercedes-Wagen. Einen von ihnen steuerte Jenatzy zum überlegenen Sieg. Das fünfte Rennen fiel also nach Deutschland.

Der Kaiser wählte selbst die Rennstrecke aus, nach den Vorschlägen des Deutschen Automobilklubs. Er bestimmte dafür eine Rundstrecke im Taunus mit Start und Ziel an der Saalburg. Von dort ging es nach Norden, nach Usingen und Weilburg, dann bog die Strecke um nach Südwesten bis nach Limburg, dann führte sie lange nach Süden, schließlich im scharfen Eck nach Osten und über Idstein, Esch, Königstein, Oberursel und Homburg zurück zur Saalburg.

Die acht Orte, die wir soeben nannten, wurden neutralisiert, das heißt, hier durften die Rennfahrer nur ganz langsam, angeführt von einem Radfahrer, in einer bestimmten Zeit von Kontrollstation zu Kontrollstation durch den Ort fahren. Die Zeit war für alle gleich und galt natürlich nicht als Rennzeit. In Usingen z. B. waren es fünf, in Limburg zehn Minuten.

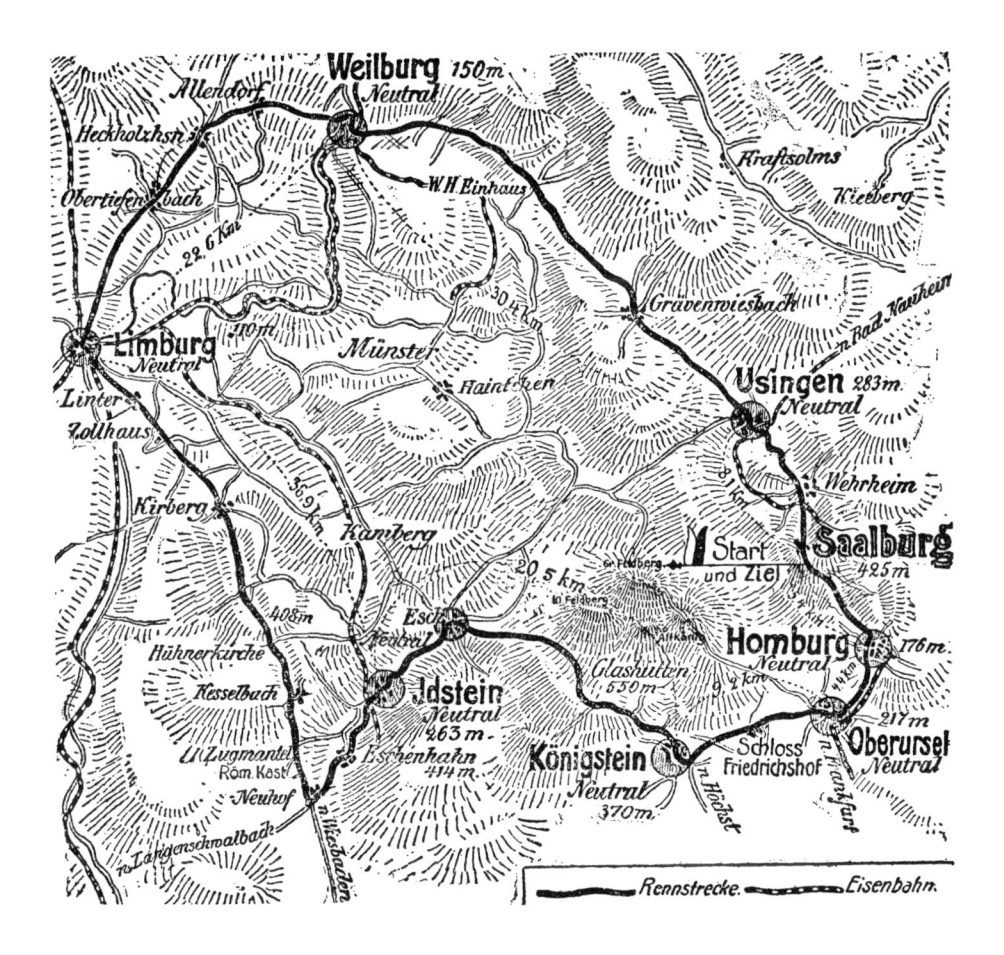

Die Strecke war 141 Kilometer lang. Sie mußte viermal durchfahren werden. Sie strotzte von Kurven. Es mußte ein Rennen der kühnsten Fahrer werden.

Mit deutscher Gründlichkeit geht man ans Werk. Das ganze Gelände an der Saalburg wird im Umkreis von zehn Kilometern eingezäunt. Die Karte für den Zutritt kostet 20 Goldmark. Bei Start und Ziel, gegenüber der Saalburg, errichtet man eine riesige Tribüne in U-Form. Die Rennwagen müssen unter ihr hindurchfahren. Sie hat 2500 Sitzplätze; im Parterre sind die Restaurants, das Postamt, die Pressezimmer, Feuerwachen, Blumenläden und was noch alles.

Genau bei Start und Ziel steht das Kaiserzelt. Majestät hat seinen Besuch zugesagt. Gordon Bennett kommt nicht. Auch an anderen Stellen der Strecke baut man Tribünen. In Dornholzhausen kostet der Platz nur noch fünf Mark, ebensoviel auf dem Usinger Kirchturm, von dem man einen weiten Blick auf die Straße hat.

Gegen den Staub wird zum ersten Mal etwas unternommen. Man besprengt die ganze Strecke mit Westrumit, einem Petroleum-Asphalt-Gemisch. Von überall her werden Sprengwagen zusammengezogen. Acht Tage lang kehren vorher 20 Kehrmaschinen und 150 Straßenkehrer die Landstraße blitzeblank.

Man legt Telefonleitungen. 22 Telegrafenapparate stehen in Homburg und auf der Saalburg bereit. Bei der Saalburg, bei Neuhof und Grävenwiesbach werden Stationen für drahtlose Telegrafie eingerichtet. Man baut eine neue Straße von Homburg nach der Saalburg, nur für Equipagen, Radfahrer und Fußgänger. Die Eisenbahn borgt sich 100 Wagen der Berliner Vorortbahnen aus; in kurzen Abständen wird sie Züge nach der Lochmühle fahren. Die Straßenbahn, die damals schon bis hinauf zur Saalburg fuhr – im Zweiten Weltkrieg hat man dann die Schienen herausgerissen –, bereitet einen Zehnminutenverkehr vor.

In einer Wagenschlange von sieben Automobilen, wie man sie hier noch nie erlebt hat, fahren mehrere Minister, die Regierungspräsidenten, Bürgermeister und Landräte am 19. Mai die Strecke ab. Bad Homburg wird Herz und Hirn des Rennens. Der Deutsche Automobilklub – Präsident ist der Herzog von Ratibor – richtet im Kurhaus die Rennleitung ein.

Man schlägt 17 Behelfsbrücken für die Fußgänger über die Rennstrecke. Alle hundert Meter wird ein Wachtposten aufgestellt, das sind also rund 1400 Soldaten. Dazu kommen ganze Regimenter von Polizisten, Gendarmen, Aufsehern, Kontrolleuren. Zwei Dutzend Ärzte werden auf der Strecke stationiert. Man braucht 40 000 Meter Drahtzaun. Vor allen Türen und Toren in den Dörfern werden Drahtgitter aufgestellt. Bei einem Hornsignal hat jeder die Straße zu räumen.

Frankreich bereitet sich gründlich vor. Die Schlappe von Dublin ist nicht vergessen. Ein Ausscheidungsrennen in den Ardennen gewinnt jedoch keiner der neuen Panhard-Rennwagen mit ihren 100 PS, sondern ein Monsieur Thery auf einem fast unbekannten Fabrikat, einem Brassier. Amerika wird nicht vertreten sein, man besitzt dort zur Zeit keinen wirklich konkurrenzfähigen Rennwagen. Sieben Länder melden für das Taunusrennen; eines davon, die Schweiz, zieht kurz vor dem Start die Meldung zurück. Es bleiben sechs Länder mit je drei Wagen. Frankreich schickt Théry, ferner einen Mors-Wagen und einen Turcat-Mery, Italien drei Fiat-Wagen (einer seiner Fahrer heißt Lancia!), England entsendet seinen Sieger des dritten Gordon-Bennett-Rennens, Edge, auf einem Napier und zwei Wolseley-Wagen, Belgien drei Pipe-Wagen. Dann kommen drei Mercedes. Sie starten aber nicht für Deutschland, sondern für Österreich-Ungarn; sie stammen aus dem österreichischen Schwesterwerk von Daimler. Und Deutschland? Der Sieger von Dublin, Jenatzy auf Mercedes, wird starten. Einen zweiten Mercedes fährt Baron de Caters; er ist gleichfalls ein Belgier. Der dritte deutsche Wagen ist ein Opel-Darracq. Am Steuer: Fritz Opel. Er kennt die Strecke am besten, und er ist entschlossen, auf Tod und Teufel zu fahren.

Nach und nach treffen die Rennwagen in Homburg ein. Die deutschen Wagen sind weiß, die französischen hellblau, die englischen grün, die österreichischen schwarzgelb, die italienischen schwarz und die belgischen gelb. Aus ganz Europa landen kleine und große Autokarawanen in Homburg. Die Fahrer am Volant sind dick vermummt. Aus England kommt ein motorisierter Damenklub. Vor dem Kurhaus halten und starten ununterbrochen Tourenwagen aller Systeme. Die Stadt ist erfüllt von Benzindampf. Von der Rennstrecke hört man das Fauchen und die Detonationen der trainierenden Rennwagen.

Der Morgen des großen Tages bricht an. Der 17. Juni. Es ist ein Freitag. Der Bischof von Limburg hat die Gemeinden an der Rennstrecke für diesen Tag vom Verbot des Fleischessens dispensiert. Keine Wolke steht am Himmel. Es gibt einen heißen Tag. Im Morgengrauen setzt die Völkerwanderung ein. Sie kommt von allen Seiten. Zu Fuß, zu Rad, zu Pferd, mit Chaisen, mit Automobilen, mit der Straßenbahn und mit der Eisenbahn. Längs der geteerten Rennstrecke entwickelt sich ein Volksfest. Man weiß, es wird sehr viel Durst geben.

Die Tribüne an der Saalburg füllt sich. Wie immer sieht man viele Uniformen. Aber heute überwiegen die hellen Staubmäntel und weißen oder gelben Ledermützen der Automobilisten. Die Damen tragen weiße Toiletten mit großen

Hüten, von denen lange Schleier wehen. Noch ist die Riesenleinwand leer, auf die ein Maler mit einem Pinsel die Rundenzeiten der einzelnen Rennfahrer malen wird. Die Angaben erhält er von einem Telefonisten.

Um 6.15 Uhr kommt der Kaiser vom Homburger Schloß heraufgeritten. Die Kaiserin folgt im vierspännigen Wagen.

Punkt sieben Uhr. Ein Trompetenstoß. Jenatzy, der Sieger des letzten Rennens, startet als erster. Es gibt fliegenden Start. Man sieht nur noch, daß Jenatzy, hoch in seinem türenlosen Rennwagen sitzend, zur Mütze greift, als er am Kaiserzelt vorbeidonnert, man sieht seinen blonden Spitzbart, dann ist er fort.

Alle sieben Minuten startet ein Wagen. Der zweite ist der Engländer Edge. Dann folgen der Österreicher Werner und der Italiener Lancia. Der fünfte ist Théry, begleitet von den lauten Zurufen seiner Landsleute. Der Zweizentnermann sitzt viel tiefer in seinem Wagen als Jenatzy. Als siebenter soll Baron de Caters auf dem zweiten deutschen Mercedes starten. Aber die Zündung setzt aus, dann hat er zuviel Öl, so daß de Caters erst als elfter losbraust.

Die Rundstrecke, wir erwähnten es schon, ist 141 Kilometer lang. Sie muß viermal durchfahren werden. Das sind 564 Kilometer oder etwa die Entfernung von Frankfurt nach Basel und zurück. Man weiß, daß man etwa zweieinhalb Stunden warten muß, bis ein Rennwagen zur nächsten Runde wieder auftaucht. Davon entfällt allein rund eine Stunde auf die Neutralisation in den acht Orten.

Kurz vor halb zehn, die Sonne steht schon hoch, hört man an der Saalburg das Heulen eines Motors, das sich rasch durch den Wald nähert. Es ist ein weißer Wagen, es ist Jenatzy. Die Menge jubelt ihm zu, er hebt die Hand und entschwindet in die zweite Runde. Der Mann an der Leinwand malt aufs Tuch Startnummer 1 und setzt daneben: 1 Stunde 26 Minuten 56 Sekunden. Es ist die reine Rennzeit für Jenatzy. Das ist glänzend, ein Durchschnitt von über 80 Stundenkilometern.

Der Engländer Edge ist fünf Minuten langsamer. Von Werner und Lancia, den Nummern Drei und Vier, ist noch nichts zu sehen. Da braust schon Nummer Fünf heran, der Franzose Théry. Alles starrt auf die Leinwand: 1 Stunde 26 Minuten 57 Sekunden. Théry war nur eine Sekunde langsamer als Jenatzy!

Auf der Strecke! Die Rennwagen sind unterwegs. Das Gordon-Bennett-Rennen ist im Gange

Vergeblich wartet man auf Fritz Opel. Bald nach dem Start, noch vor Usingen, hat er Achsenbruch – aus! Der zweite Mercedes-Fahrer, de Caters, wird in der ersten Runde nur Achter, er hat 35 Minuten in Kirberg eingebüßt, weil man sich dort mit zu wenig Benzin eingedeckt hat.

Die zweite Runde fährt Jenatzy langsamer: 1.28.33. Théry aber fährt wie ein Uhrwerk: 1.26.46. Er ist um rund zwei Minuten vorn. Man sieht jetzt schon, es ist nur ein Rennen zwischen diesen beiden. Edge hat bei Neuhof Reifenschaden und gibt etwas später auf. De Caters schiebt sich auf den sechsten Platz vor.

In der dritten Runde gewinnt Théry zu seinen zwei Minuten Vorsprung noch fast acht Minuten hinzu. Seine Rundenzeit ist 1.29.57, die von Jenatzy 1.37.46. Auch mit seiner Benzinversorgung auf der Strecke klappt es nicht. Der zweite Mercedesmann, de Caters, fährt schneidig, er hat sich an die dritte Stelle gesetzt; aber sein Abstand zu Jenatzy beträgt rund 30 Minuten, zu Théry fast 40 Minuten. So geht es in die letzte Runde. Es geschieht kein Wunder mehr. Jenatzy fährt zwar mit 1.28.13 seine zweitschnellste Runde, aber Théry, der tollkühn in die Kurven fegt, bucht die schnellste Runde des Tages überhaupt: 1.26.23. Er ist Sieger. Die Revanche für Dublin ist geglückt.

Thérys reine Rennzeit beträgt 5 Stunden 50 Minuten und 30 Sekunden. Er ist damit über 564 Kilometer um rund $11\frac{1}{2}$ Minuten schneller als Jenatzy. Die Durchschnittsgeschwindigkeiten sind 86,8 und 84 Stundenkilometer. Dritter bleibt mit einem Abstand von einer Dreiviertelstunde de Caters, Vierter wird ein Franzose, Fünfter ein Österreicher. Das Rennen, das um sieben Uhr begann, schließt, einschließlich der Neutralisation also, für die beiden ersten um halb fünf am Nachmittag. Sie saßen fast zehn Stunden am Steuer. Zwölf von 18 Wagen beenden das Rennen. Der Kaiser empfängt den Sieger und den knapp Besiegten.

Die Verantwortlichen aber atmen auf. Es gab keinen einzigen ernsten Unfall bei dem Rennen. Die Massen kehren müde heim. Es wetterleuchtet am Horizont. Wir wollen es noch erwähnen: das sechste Gordon-Bennett-Rennen fand also wieder in Frankreich statt. Der Sieger hieß erneut Théry. Mercedes startete diesmal nicht. Es war das letzte Rennen, das den Namen des amerikanischen Zeitungskönigs trug. Er hatte sich jetzt auf Ballonwettfahrten verlegt.

## MÖRDER GEHEN UM...

Das Gordon-Bennett-Rennen war schon ein wichtiges Ereignis für die Frankfurter. Aber noch sehr viel mehr Gesprächsstoff lieferte ihnen in demselben Jahr 1904 ein Mordfall. Auch Verbrechen gehören zu der Geschichte einer Stadt. Wir wollen deshalb den Fall Lichtenstein wenigstens in großen Zügen schildern und bei dieser Gelegenheit auch noch kurz von einem anderen Verbrechen berichten, das einige Jahre später die Frankfurter gleichfalls über alle Maßen beschäftigt hat, der Fall des Giftmörders Hopf. Es ist die Nachtseite, die gerade einer so bunten menschlichen Gemeinschaft wie einer Großstadt leider eigentümlich ist. Man kann sie nicht übersehen. Auch die anarchistische Bluttat an dem Polizeirat Dr. Rumpff gehört hierher.

Der Mord an dem Klavierhändler Lichtenstein. Die Frankfurter haben ihn nie vergessen. Man muß sich fragen, warum sie das eigentlich nicht taten. Denn es war ein Raubmord wie viele andere, nicht mehr und nicht weniger. Er hatte nichts von dem an sich, was man eine Cause célèbre zu nennen pflegt. Man hat auch nicht lange nach den Mördern forschen müssen, und von geheimen Leidenschaften, abgesehen von der ordinären Habsucht, war keine Rede.
Warum blieb also der Fall Lichtenstein so zäh im Gedächtnis der Frankfurter haften? Die Gründe hierfür sind offensichtlich weder in den Tätern noch auch in der Person des Ermordeten zu finden. Es gibt dafür nur eine ausreichende Erklärung: Es waren der Schauplatz und die Zeit der Untat, die die Menschen so erschreckten und bewegten.
Es geschah an einem Samstagmittag an der Hauptwache. Am 27. Februar 1904.
Der Schauplatz des Mordes war ein Haus unmittelbar neben der Katharinenkirche. Das Haus Zeil 69. Heute schließt die Zeil mit sehr viel höheren Hausnummern. Aber wir müssen wissen, daß damals ihre Numerierung noch an der Konstablerwache begann. Die Neue Zeil, die man ja erst in der zweiten Hälfte des 19. Jahrhunderts in Richtung Zoo gebaut hat, war noch gesondert numeriert. Zeil 69 war ein älteres, mehrstöckiges Haus. Man hatte zu dieser Zeit schon beschlossen, es

abzureißen und an seiner Stelle ein modernes Geschäftshaus zu bauen, die Seidenfirma Robinson hat es dann bezogen.

Damals befanden sich im Parterre des Hauses die Buchhandlung Auffarth und eine Lederwarenhandlung. Zwei Rechtsanwälte, mehrere Kaufleute, ein Zahnarzt, eine Schneiderin hatten ihre Büros und Arbeitsräume in dem Gebäude. Die Haupttreppe war ständig belebt. Den ganzen ersten Stock füllten das Büro und das Klavierlager der Firma Lichtenstein. Der Besitzer, der 53jährige stattliche Hermann Lichtenstein, Vater von vier Kindern, war meistens in seinem Lager allein. Er beschäftigte nur einen Auslaufer.

Es war an einem Samstagmittag, wir sagten es schon, gegen Viertel vor Eins, rings um die Hauptwache und auf der Zeil drängen sich die Menschen, als einige Kunden in dem stillen, dunklen Lager zwischen den Klavieren den toten Lichtenstein finden, erdrosselt. Vor einer Viertelstunde erst hat einer von ihnen mit dem Klavierhändler telefoniert und seinen Besuch angekündigt. Aus dem offenen Kassenschrank fehlen 850 Mark. Offenbar entwichen die Täter über die Hintertreppe, sie führt hinab zu dem Gäßchen mit dem alten Pfandhaus.

Hunderte gingen an dem Haus vorbei, Dutzende waren in seinen Räumen beschäftigt während der wenigen Minuten, in denen der Mord geschah. »Aber die Sicherheit im Herzen der Großstadt«, so schreibt eine Zeitung, »ist am hellen, lichten Tage nicht größer als im Stadtwald. Es war wie ein Mord auf offenem Markt.« Das erschreckt die Stadt. Plötzlich ist man sich bewußt geworden, daß Mord nicht nur in den Romanen vorkommt.

Die Polizei geht von der Überlegung aus, daß die Mörder über die Gewohnheiten von Lichtenstein und über den Tatort gut informiert waren. Zum Kreis der Verdächtigen rechnet man deshalb auch die Möbel- und Klavierträger. Sie werden alle innerhalb der nächsten Stunden vernommen. Der Auslaufer, den Lichtenstein beschäftigte, gibt einen Hinweis in dieser Richtung. Sein Chef habe ihm so nebenbei erzählt, ein Möbelträger namens Groß habe ihn mit einem Gastwirt aus Offenbach wegen eines Klaviers aufsuchen wollen oder bereits aufgesucht. Groß ist nicht zu finden.

Eine Zeitung erwähnt, daß die Polizei Groß suche. Daraufhin erscheint der Mann bei der Polizei und beschwert sich darüber, daß man ihn verdächtige. Man behält ihn in Haft und forscht nach. Es gibt keinen Gastwirt in Offenbach, der ein Klavier kaufen wollte. Groß hat ferner wenige Stunden nach der Mordzeit seine Kleider mit Salmiak gereinigt. Die Sachverständigen stellen fest, daß sie Blutflecken aufweisen. Man eruiert ein Geschäft in der Altstadt, wo die Mordschnur gekauft wurde, und man findet Zeugen, die Groß vor dem Geschäft gesehen haben wollen. Man ermittelt schließlich, daß er in letzter Zeit mit einem Kutscher namens Stafforst verkehrte. Stafforst ist verschwunden. Man fahndet nach ihm. Am 11. März, kaum vierzehn Tage nach dem Mord, wird er in Hamburg verhaftet. Über seiner Weste trägt er die goldene Uhrkette von Lichtenstein.

Stafforst gesteht. Der Plan zu dem Mord stamme von Groß. In den Promenaden hätten sie ihn besprochen. Die magere Beute hätten sie geteilt. Sie hätten mit Zehntausenden gerechnet gehabt.

Vor dem Schwurgericht bietet Stafforst das Bild des reuigen und gebrochenen Mannes. Groß leugnet mit eiserner Stirn und versucht, alle Schuld Stafforst zuzuschieben. Er habe Lichtenstein überhaupt nicht angerührt. Aber Frankfurts bekanntester Sachverständiger, Gerichtschemiker Dr. Popp, eine wichtige Figur in langen Jahrzehnten Frankfurter Kriminalgeschichte, legt dem Gericht dar, daß ein blutiger Fingerabdruck am Kragen des Ermordeten das gleiche Bild der Papillarlinien zeige wie der rechte Ringfinger von Groß. Es ist eine der ersten, wenn nicht überhaupt die erste Demonstration einer blutjungen kriminalistischen Wissenschaft, der Daktyloskopie, vor einem Frankfurter Gericht.

Am 18. Mai werden Groß und Stafforst zum Tode verurteilt. Man bringt sie in das Gefängnis nach Preungesheim. Das Gnadengesuch wird vom Kaiser abgelehnt. Im Morgengrauen des 12. November werden sie im Hofe der Strafanstalt in Gegenwart von zwölf Preungesheimer Bürgern von Scharfrichter Engelhard aus Magdeburg enthauptet. Die Gerichteten begräbt man in einer Ecke des Gemeindefriedhofes. Die Frankfurter Buben singen auf den Gassen ein Moritatenlied. So beginnt es:

> Auf der Zeil bei Lichtenstein
> brachen Groß und Stafforst ein...

Man stellt fest, daß es die erste Hinrichtung in Frankfurt seit 105 Jahren ist. Die letzte geschah am 7. Juni 1799 auf dem Roßmarkt; der Verurteilte war ein Häfnermeister, der seine Frau erschlagen hatte. Das ganze 19. Jahrhundert hindurch hatte das Armesünderglöcklein geschwiegen.

Der Giftmörder Hopf. Man hat ihn den ersten Bazillenmörder der Kriminalgeschichte genannt. Das war im Jahre 1913...
Man verhaftet Hopf mitten auf der Eschersheimer Landstraße, als er gerade von einem Besuch bei seiner schwererkrankten Frau im Diakonissenhaus kommt. Bei seinem Verhör gibt er in seiner Verwirrung zu, daß er seit einem dreiviertel Jahr systematisch versucht, seine Frau zu töten, mit Arsen, mit Digitalis, auch mit Cholerabazillen im Hackfleisch und mit Typhusbazillen im parfümierten Sekt. Karl Hopf ist ein sehr bekannter Fechtlehrer. Als »Kapitän Athos« pflegt er in den Varietés aufzutreten. Mit einem Säbelhieb zerlegt er einen Apfel, der auf der Kehle seiner Partnerin liegt. Hopf wohnt in der Bülowstraße 13 (heute Heidelberger Straße). In einem der Räume, den seine Frau nicht betreten durfte, findet man Gifte in großen Mengen. Gerichtschemiker Dr. Popp ist bei der Haussuchung dabei. Er findet ein mikroskopisches Präparat. »Züchten Sie Bazillen?« fragt er Hopf. Dieser verneint. In diesem Augenblick schellt es an der Wohnungstür. Es ist der Briefträger. Er bringt den Brief eines bakteriologischen Institutes in Wien, eine Abrechnung über die Lieferung frischer Kulturen von Cholera-, Starrkrampf-, Typhus- und Tuberkulosebazillen. Um das Institut zu täuschen, hat sich Hopf einen pompösen Briefkopf zugelegt.
Man geht dem Leben des Hopf nach. Man exhumiert die erste Frau, die bald nach der Eheschließung starb und an schrecklichem Erbrechen litt, man exhumiert die zweite Frau, die sich von Hopf trennte, weil sie sich von ihm bedroht fühlte, aber bald darauf an Schwindsucht starb, man exhumiert ein Kind aus dieser Ehe, ein zweites uneheliches Kind, das gleichfalls plötzlich starb, und schließlich sogar den Vater des Hopf, der vor 18 Jahren verschied. Auch die Aschenurne der Mutter gräbt man aus, 1911 war sie in Offenbach verbrannt worden.
In allen Resten, auch in der Urne, findet man Arsen. Natürlich, Dr. Popp weiß

nur zu gut, daß die Erde des Frankfurter Friedhofs arsenhaltig ist. Aber schwierige Berechnungen zeigen, daß das Gift niemals in diesen Mengen vorkommt. Hopf schweigt und leugnet alles. Nur das erste Geständnis kann er nicht mehr zurücknehmen. Daß diese dritte Frau noch lebt, verdankt sie nur dem doppelten Zufall, daß der Stellvertreter ihres Hausarztes stutzig wurde und sie in das Diakonissenhaus einwies und daß der Chefarzt dort vor Jahren die zweite Frau von Hopf behandelt hatte, jene, die sich von ihrem Mann bedroht gefühlt hatte. Das brachte den Stein ins Rollen...

Am 10. Januar 1914 beginnt der Prozeß. Die Anklage lautet auf vollendeten Mord an der Mutter, an der ersten Frau und den beiden Kindern sowie auf Mordversuche an der zweiten und dritten Frau und dem Vater. Kriminalisten, Sachverständige, Journalisten aus halb Europa kommen zusammen. 50 Zeugen sagen aus, 18 Sachverständige sind geladen. Hopf bleibt bei seiner Taktik des Leugnens. Bis zum letzten Augenblick glaubt er, mit einer Zuchthausstrafe davonzukommen. Aber auf ihn wartet das Todesurteil. Die Geschworenen verneinen die Schuldfrage bei den Eltern von Hopf. Sie finden ihn schuldig des Mordes an seiner ersten Frau und an vier Mordversuchen. Am 23. März wird Hopf in Preungesheim von Scharfrichter Groepler hingerichtet. Er bleibt bis zur letzten Sekunde bei seinem Schweigen.

### Und wer trank den?

Als Kaiser Wilhelm II. zu einem großen Sängerfest in Frankfurt war, empfingen ihn die Stadtväter zu einem Ehrentrunk im Kurfürstenzimmer des Römers. Es wurde Hochheimer aus dem Frankfurter Weingut kredenzt. Der Kaiser äußerte sich sehr lobend über den köstlichen Tropfen, worauf der alte Geheimrat Sumser erklärte: „Majestät, des is noch gar nix, mer hawwe noch en viel besseres!"

## ALS DIE HAUPTWACHE EIN KAFFEEHAUS WURDE

Kehren wir zurück in das Jahr 1904. Bleiben wir noch für einige Augenblicke bei ihm.

In diesem Jahr erleben nämlich die Frankfurter etwas, was ihnen neu und zunächst sehr wunderlich vorkommen muß: die Hauptwache steht leer. Das ganze Jahr über. Das war ihr seit dem Jahr ihrer Erbauung, 1730, wohl niemals passiert. Durch fast zwei Jahrhunderte war die Hauptwache ein militärisches Wachgebäude gewesen. Wir erinnern uns – 1866 hatte sie die Stadt an den Staat Preußen abtreten müssen. Mit Frankfurts eigener Militärmacht, dem alten Linienbataillon, war es damals zu Ende gegangen (die Bürgerwehr war schon 1848 sanft verschieden). Die Stadt wurde preußische Garnison, und die Wachmannschaften, die nunmehr die Hauptwache bezogen, stellte seit 1871 das Kurhessische Infanterieregiment Nr. 81. Es leben noch Frankfurter, die hier Wache gestanden haben.

1903 erwarb die Stadt ihre Hauptwache vom preußischen Staat zurück. Für rund eine halbe Million Mark. Zwei Tage vor Weihnachten zog die Wachmannschaft mit klingendem Spiel ab. Ihr neues Domizil wurde das alte Wachgebäude am Taunustor. Der letzte Wachhabende in der Hauptwache war Vizefeldwebel Marcus von der 4. Kompagnie der 81er.

Die Frankfurter hatten ihre Hauptwache wieder. Sie war jetzt unter die Zivilisten gegangen. Bei aller Genugtuung über die Rückkehr des »verlorenen Sohnes« drängte sich sogleich die sorgenvolle Frage auf: Ja, und was wollen wir nun eigentlich mit der Hauptwache anfangen? Man läßt sich im Römer mit der Antwort Zeit. Nur hin und wieder sickert etwas von den Projekten, die man dort wälzt, an die Öffentlichkeit. Die große Stille zieht in die Hauptwache ein. Schließlich beschließt man: Die Hauptwache soll ein Café werden. Frankfurt ist's zufrieden. Aber bis man die erste Tasse Kaffee serviert, wird es Dezember 1905 werden.

Das Geburtshaus des Friedrich Stoltze, das Gasthaus »Zum Rebstock« unweit des Domes, wird abgerissen, die Braubachstraße wird darüber hinwegführen. Weit draußen an der einsamen Eschersheimer Landstraße baut man jetzt auch in der Gegend der Roseggerstraße die ersten Villen.

Im neuen Schauspielhaus tritt Josef Kainz als Franz Moor auf und zum ersten Mal die französische Tragödin Sarah Bernhardt. In der Frankfurter Loge zur Einigkeit singt Yvette Guilbert die »Lieder der Pompadour« aus dem 18. Jahrhundert. General Booth, der 75jährige weißbärtige Gründer der Heilsarmee, hält im Saalbau einen Vortrag mit großer Tellersammlung am Schluß. Im Orpheum dirigiert Paul Lincke seine Operetten. Die Deutsche Grammophongesellschaft in Berlin lädt zu einem Konzert im Börsensaal ein, bei dem Frankfurts Opernlieblinge einige Arien singen; dann hört man sie noch einmal auf Schallplatten. In Castans Panoptikum zeigt man durch viele Wochen das »größte Rätsel der Gegenwart«, Aga, die schwebende Jungfrau...

1905. Rußland verliert den Krieg gegen Japan. Auf dem Panzerkreuzer »Potemkin« wird gemeutert. Einstein arbeitet an seiner Relativitätstheorie. Man entdeckt den Erreger der Syphilis. Die Gemälde eines jungen Spaniers namens Picasso erregen Aufsehen. Lehars »Lustige Witwe« wird ein Welterfolg.
Im Mai begeht man Schillers hundertsten Todestag. In Frankfurt versammelt man sich zu vielen Einzelfeiern, in Vereinen und Schulen, an der Schillerruhe im Stadtwald und an seinem Denkmal bei der Hauptwache. In der »Frankfurter Zeitung« erscheint ein bitteres Gedicht über den »Männerstolz vor Königsthronen«, der nur noch Verstecken spiele; es ist überschrieben: »Schiller – hurra, hurra, hurra!«
In den ersten Tagen des Dezember folgen einander zwei Eröffnungen, von denen die ganze Stadt spricht.
Zunächst wird das Café in der Hauptwache fertig. Die Stadtväter, an der Spitze Oberbürgermeister Adickes, trinken dort als erste Kaffee. Im Erdgeschoß ist aus den vielen Räumen für die Mannschaften, die Unteroffiziere und den wachhabenden Offizier ein einziger großer Raum geworden. Im ersten Stock hat man ein Damen- und Nichtraucherzimmer eingerichtet; der Raum für die Raucher ist die ehemalige Verhörstube. Unten im Keller, einst »Schanzerloch« genannt, sind aus den Gefängniszellen, in denen einmal auch der Schinderhannes saß, Garderoben und Toiletten geworden.

Zwei Tage später wird das Schumann-Theater am Hauptbahnhof eröffnet. Der »neue Zirkus«, so heißt es zunächst. Das hängt damit zusammen, daß an dieser Stelle durch etliche Jahre der Zirkus Albert Schumann sein großes Zelt aufzuschlagen pflegte und daß Direktor Schumann bei dem neuen Bau an einen ständigen, festen Zirkus dachte. Daraus wurde ein Kompromiß. Nicht nur die circensischen, auch die anderen Künste sollen hier eine Heimat finden. Und man setzt über die Front des großartigen Baues die beiden Worte: Circus und Theater.

Besitzer des Unternehmens ist die Aktiengesellschaft für Zirkus- und Theaterbau in Berlin; sie gehört praktisch der Familie Schumann. Die Leitung hat man dem berühmten ehemaligen Tierbändiger Julius Seeth übertragen. Der Bau kostet zwei Millionen Mark. Jeden Tag müssen allein 750 Mark Zinsen herausgewirtschaftet werden. Was tut's! Frankfurt hat ein »Weltstadt-Etablissement« erhalten. So schreiben die Zeitungen voll Stolz und mit allem Recht.

Rund 4000 Menschen haben im Schumann Platz. Und zwar bequem Platz! Welches Theater kann sich damit vergleichen? Die Herren können ihre Hüte unter den Sitzen unterbringen. Nimmt man die Parkettsitze fort, dann hat man eine Zirkusarena, sogar mit Wassergraben. Die große Bühne kann man beliebig entfernen. Drei Haupteingänge besitzt das Haus, 22 Treppen und Ausgänge. Ein elegantes Promenoir vor den Logen. Zwei Foyers mit Buffets. Im Keller ist ein Weinsalon, eine holländische Kaffeestube, ein altdeutsches Bierlokal. Im Ersten Weltkrieg, als feindliche Flieger über Frankfurt erscheinen, heißt es im Schumann-Programm: Der Biertunnel ist bombensicher.

Zur Eröffnung bietet man Varieté, »das internationalste Programm, das man sich denken kann«, Seilkünstler, die auf dem Draht Cakewalk tanzen, Akrobaten, Soubretten, Humoristen, Schuhplattler und zum heiteren Ende eine amerikanische Parodie: »Ein Abend in einem Tingeltangel«; nichts bleibt heil am Schluß. Varieté. Das begründet den Weltruf des Schumann-Theaters. Trotz Zirkusvorstellungen und Operettenfestspielen, trotz gewaltiger Ringkampfturniere um den Goldenen Gürtel von Frankfurt, trotz Festbällen und politischen Massenversammlungen. Es gibt keine »Große Nummer« auf der ganzen Welt, die in den nächsten vier Jahrzehnten nicht im Frankfurter Schumann-Theater auftritt.

## RUND 600 MILLIONÄRE

1906... 1907... 1908... Es sind die Jahre, in denen die Herrscher Europas viel auf Reisen sind und einander Besuche machen. Die Fronten bilden sich, die dann 1914 so schrecklich aufeinanderstoßen sollen, die Triple-Entente zwischen England, Frankreich und Rußland, der Dreibund zwischen Deutschland, Österreich und dem ungewissen Italien. Graf Zeppelin wird der populärste Deutsche. Eines seiner frühen Luftschiffe verbrennt bei Echterdingen, und an 6 Millionen Mark Spenden laufen in Friedrichshafen ein. Die Jungtürken entthronen Sultan Abdul Hamid, Portugal wird auf blutigem Wege Republik. San Franzisko und Messina werden durch Erdbeben zerstört. Der Hauptmann von Köpenick erheitert die Welt. Ibsen stirbt. In Nauen entsteht die Funkstation und in Hildesheim das erste automatische Fernsprechamt...

Frankfurt hat Verkehrssorgen. Zum Beispiel mit dem Hauptbahnhof. Wie riesig erschien er den Frankfurtern vor knapp zwei Jahrzehnten, und wie weit draußen war er damals für sie! Jetzt legt ein Ingenieur namens Karl Beck allen Ernstes in den Zeitungen dar, daß der Bahnhof ja bereits zu klein sei und daß man ihn viel zu nah an die Stadt gebaut habe. Er schlägt deshalb vor, ihn hinaus auf den Exerzierplatz bei Griesheim zu verlegen; dort habe er endlich Platz genug. Aber es wird nichts daraus.
Auch auf dem Wasser gibt es ein Verkehrsproblem. Das sind die Brücken über den Main. Man ist sich klar darüber, daß die ehrwürdige Alte Brücke nicht mehr zu retten ist, wenn erst einmal der Osthafen fertig sein wird. Und der Eiserne Steg macht jetzt schon große Sorgen. Fast jede Woche kommt es vor, daß ein Schiff ohne Fracht unter ihm nicht hindurchkommt. Dann wird es mit Mainwasser vollgepumpt, bis es die nötige Tiefe erreicht hat, und jenseits der Brücke, gewöhnlich am Nizza, wird das Wasser dann wieder ausgepumpt. Die Fahrt kann weitergehen. Soll man die Brücke heben? Oder soll man auf die erhöhten Pfeiler eine neue Eisenkonstruktion setzen? Man entschließt sich für das letztere (und verzichtet auf die Türmchen, die die alte Konstruktion zierten).

In Frankfurt wohnen 1906 584 Millionäre. Viele von ihnen besitzen mehr als nur eine »schäbige« Million. Zahlreicher sind die Millionäre nur noch in Berlin, nämlich 1308. Aber bezogen auf die Zahl der Einwohner, hinkt Berlin arg hinterher. Denn unter 10 000 Frankfurtern sind 18 Millionäre, unter 10 000 Berlinern nur 6,7. Übertroffen wird Frankfurt in der Millionärsdichte lediglich von Wiesbaden, dem »Pensionopolis« in der Nachbarschaft; dort sind es 20.

Die Polizei hat sich eine neue Waffe zugelegt. Sie stammt aus Amerika und England, den Gummiknüppel. Man erfährt es bei einem der Krawalle in der Altstadt, wie sie immer wieder einmal vorkommen. Der Anlaß ist meistens nichtig. Auch diesmal, im September 1906. Ein Hausierer wird in einem Geschäft der Schnurgasse unsanft an die Luft gesetzt. Man rottet sich zusammen, bedroht den Inhaber, Polizei erscheint, der Auflauf wird immer größer und lauter, die Polizei zieht blank, und schließlich kämpfen hundert Schutzleute in der Schnurgasse gegen eine wütende Menge. An den nächsten Abenden wiederholt sich das Schauspiel. Kriminalbeamte mischen sich unter die Leute, drängen einzelne Rädelsführer in die Seitengassen und verhaften sie dort. Wenn es zu Schlägereien kommt, ziehen sie plötzlich kurze Gummischläuche aus der Tasche. Die uniformierte Polizei bleibt zunächst beim Säbel.

In gewaltigen Massenversammlungen wird gegen die Fleischverteuerung und die Zollpolitik demonstriert. In zwei Jahren ist der Preis für Schweinefleisch um 38 Prozent, für Kalbfleisch um 25 Prozent und für Ochsenfleisch um 18 Prozent gestiegen.

Selbst mit den Dienstmädchen hat die Obrigkeit ihren Kummer. Sie strömen zu Hunderten im »Württemberger Hof« zusammen, um sich zu organisieren. Die Polizei bezweifelt die Bausicherheit der Räume und löst die Versammlung auf. Die Mädchen marschieren mit ihrem Redner in den »Jägerhof«. Das gilt als neue Versammlung, und da sie nicht polizeilich gemeldet ist, wird auch sie untersagt. Große Empörung. Man beschimpft die Beamten als »Hauptmann von Köpenick«.

18 000 Menschen unter einem Dach! So viele finden in der Festhalle Platz. Die Frankfurter waren stolz auf den Riesenbau, der auf dem vor kurzem noch öden Hohenzollernplatz entstand. 1908 wurde die Festhalle mit dem Deutschen Turnfest eingeweiht. ▷

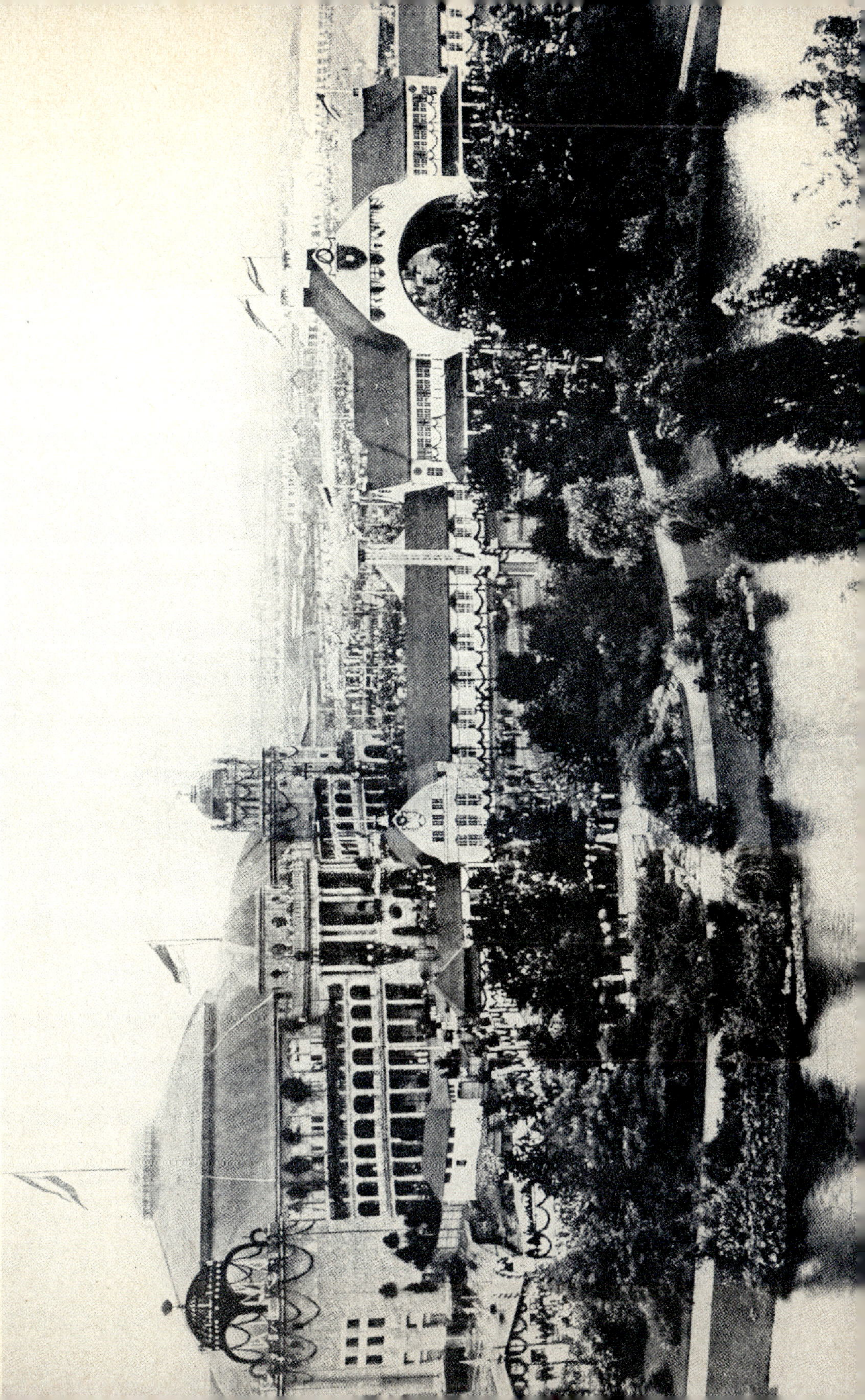

Um die Jahrhundertwende verliebte man sich in Uhrtürmchen. An etlichen Stellen wuchsen sie aus dem Pflaster. Der Phantasie waren keine Grenzen gesetzt. Das pompöseste dieser Uhrtürmchen, beinahe schon ein Leuchtturm im Großstadtgewühl, war das Manskopfsche an der Kreuzung der Kaiserstraße und der Anlagen. Der Verkehr hat es, erst sehr spät, eines Tages fast unbemerkt verschlungen.

Es bleibt wohl das schönste Foto, das auf der ILA 1909 geglückt ist. Zeppelin und Parseval kreuzen gleichzeitig über der Innenstadt. Im Vordergrund die Türme des neuen Rathauses, dahinter der Turm der Dreikönigskirche am jenseitigen Flußufer. Ganz rechts schaut das gedrungene Dach der Leonhardskirche über die Häuser.

Das kühne Kätchen sprungbereit über dem Nizza. Eine gelungene Fotomontage. Rund 150mal sprang Kätchen Paulus aus der Ballongondel in die Tiefe, und es ging immer gut ab. Ihr Name wurde zu einem Begriff.

Ein historischer Tag war der 3. Oktober 1785. Zum ersten Male stieg in Deutschland ein bemannter Ballon auf. Das große Ereignis trug sich auf der Bornheimer Heide zu. In der Gondel stand lächelnd Monsieur Blanchard aus Paris. Im Hintergrund die Bornheimer Johanniskirche, ganz links die Friedberger Warte.

Einige Wochen später wird der Verein der weiblichen Hausangestellten doch gegründet.

Bei den Olympischen Spielen 1906 in Athen stellt Frankfurt zwei Olympiasieger. Emil Schön gehört der Mannschaft an, die das Säbelfechten gewinnt, und der Leichtathlet Willy Dörr ist einer von den acht oder zehn Mann, die das Tauziehen für Deutschland entscheiden.

1907. Im Januar gibt es wieder Wahlen zum Reichstag. Erbittert wird um den einen Kandidaten gerungen, den Frankfurt entsendet. Seit 1884 befindet sich das Mandat ununterbrochen im Besitz der Sozialdemokratischen Partei. Das Duell gewinnt diesmal jedoch der Kandidat der Fortschrittlichen und der Demokraten, also der bürgerlichen Linken, gegen den Sozialdemokraten Dr. Quarck. Frankfurts neuer Reichstagsabgeordneter wird der Redakteur der »Frankfurter Zeitung« Rudolf Oeser. Er wandelt damit in den Spuren seines Chefs Sonnemann, der das preußische Frankfurt ja als erster im Reichstag vertrat. Oeser und Quarck, das sind die beiden großen Streiter im politischen Leben Frankfurts dieser Jahrzehnte. »Der überspannte Quarcksche Bogen muß am Wahltag zusammenbrechen!« prophezeit eine bürgerliche Zeitung.

Der meistfotografierte und populärste Frankfurter, wenn auch nur für wenige Tage, wird in diesem Jahr 1907 jedoch weder ein Politiker noch ein Schauspieler oder Sportler, sondern ein Baum. Es ist die dreihundertjährige Eibe, die im Botanischen Garten des alten Senckenbergianums an der Stiftstraße steht. Auch sie muß umziehen oder fallen. Die Liebe zu dem Baum siegt. Achthundert Zentner ist er schwer. Man gräbt ihn aus, setzt ihn samt seinen Wurzelballen in eine mächtige Kiste, schiebt darunter eine Bohlenunterlage und Rollen aus Walnußholz, die immer wieder vorn untergeschoben werden müssen, und spannt zwei Dampfwalzen davor. Schritt für Schritt wandert der Riesenbaum am Eschenheimer Turm vorbei, wo man die Drähte der Straßenbahn entfernt, die Hochstraße hinauf zum Opernplatz, durch die Leerbachstraße in den Grüneburgweg und von dort zum Palmengarten, seiner neuen Heimat. Beim Vorbeiwandern schmücken ihn die Menschen aus den Fenstern der oberen Stockwerke mit bunten Bändern, und in alle Welt gehen die Ansichtskarten mit seinem Bild. Die Reise dauert vom 24. Mai bis zum 12. Juni; das sind ohne die Sonntage achtzehn Tage. Schließlich sinkt der Veteran Zentimeter um Zentimeter in das Riesenloch, das man für ihn im damaligen Botanischen Garten an der heutigen Siesmayerstraße gebuddelt hat. Dort steht er heute noch.

Im Oktober und November singt Enrico Caruso mehrmals im Opernhaus. In Rigoletto, in Aida, in Carmen. Seine Gage für jeden Auftritt ist 10000 Mark. Für den ersten Abend laufen 40000 Kartenbestellungen ein. Im Schumann-Theater siegt beim großen Ringkampfturnier einmal mehr der Liebling des Publikums, Weltmeister Eberle aus Freiburg. Für jeden Abend, ob er ringt oder nicht, bekommt er 250 Mark. Sein Untergriff von vorn ist gefürchtet. Aber er hat sehr starke Konkurrenten, vor allem unter den Russen und Franzosen.

Man feiert und man tagt gern. Und es wird viel gestreikt, wenn auch meistens nur wenige Tage. In der Regel geht es um ein paar Pfennig Stundenlohn. Die Kohlenarbeiter streiken, die Gärtnergehilfen, die Steinarbeiter, die Bäcker, die Dachdecker, die Möbeltransporteure, die Pflasterer. Und die Schmiede. Es gibt noch etliche in der großen Stadt. Noch ist die uralte Herrschaft des Pferdes nicht zu Ende. Noch rollen die Equipagen und die Chaisen durch die Straßen, noch traben die Reiter rund um die Promenaden, noch stampfen die schweren Biergäule den Sachsenhäuser Berg hinauf. Aber wie rasch ist es dann damit vorbei!

Überall wird gebaut. Innerhalb weniger Monate werden, im Spätsommer 1907, allein im Nordend drei neue Krankenhäuser fertig, das Bürgerhospital, das Marienkrankenhaus und das Bethanienkrankenhaus. In eine Gruft am Eingang des Bürgerhospitals überführt man die Gebeine seines Gründers, des Dr. Johann Christian Senckenberg. Er gehört zu den hochverdienten Frankfurtern, die nicht auf einem Friedhof, sondern bei ihrem Werke ruhen. Ein anderer ist Bürgermeister Jakob Guiollett, Schöpfer der Anlagen; sein Grab liegt beim Rechneiweiher.

Die neue Braubachstraße entsteht; das alte Frankfurt an dieser Stelle versinkt. Es fehlt nicht an Kritikern, die beklagen, daß die »künstlich altgemachten Häuser, überladen mit Ornamenten und Zierat, auf tausend Schritt als unecht zu erkennen« seien. Zu den Gebäuden, die fallen, gehören der berühmte Nürnberger Hof

Drei Wochen brauchte man, um die alte, große Eibe von ihrem Standort an der Stiftstraße Schritt für Schritt zu ihrer neuen Heimat im Palmengarten zu bringen.

und der »König von England«, Ecke Fahrgasse. Auf der Kaiserstraße wächst ein prächtiger Neubau neben dem anderen aus dem Boden, die Deutsche Bank, die Effekten- und Wechselbank, das Haus mit dem Kaiserkeller. Am Hauptbahnhof eröffnet man das Carlton-Hotel (mit American Grillroom und Napoleonzimmer). Draußen im Westend, an der Grenze von Bockenheim, weiht man Ende Oktober 1906 einen hochbedeutsamen Neubau ein, erwachsen aus der Stiftung der Brüder Jügel. Die junge Akademie für Sozial- und Handelswissenschaften hält hier ihren Einzug. In wenigen Jahren wird man dem Gebäude einen neuen Namen geben: Johann-Wolfgang-Goethe-Universität. In der unmittelbaren Nachbarschaft entstehen andere Prachtbauten, das neue Senckenbergmuseum, der Physikalische Verein mit der Sternwarte, die Senckenbergbibliothek. Frankfurt hat ein akademisches Zentrum gewonnen – und Bockenheim bekommt auf seine alten Tage den matten Abglanz einer Studentenstadt. Das neue Senckenbergmuseum erhält in dieser Zeit übrigens ein großzügiges Geschenk aus Amerika, von einem reichen Mr. Jessup. Er wird dazu von einem ausgewanderten Frankfurter, J. H. Schiff, angeregt. In 30 Kisten zu je 400 Pfund verpackt, treten die Knochen eines Diplodocus, einer Rieseneidechse aus der Vorzeit, die Reise über den Ozean an. Sie werden im Lichthof des Museums zusammengebaut, und dort steht das Ungeheuer noch heute, eines von nur vier Exemplaren, die man jemals gefunden hat, und das einzige in Europa.

Auf der Zeil entsteht das Kaufhaus Wronker, mit einer Front von 80 Metern, und schräg gegenüber der Neubau von Schneider. Am Eschenheimer Turm baut man 1907 das imposante Haus des Kaufmännischen Vereins; Jahre später erwirbt es die Stadt und macht daraus das Volksbildungsheim. Einen prächtigen Neubau in der Hebelstraße bezieht im Herbst 1908 auch das Philanthropin, die über hundert Jahre alte Schule der israelitischen Gemeinde. Sie umfaßt Vorschule, Realschule und Mädchenschule. Sie stammt noch aus den Zeiten Napoleons. Den Anfang machte der Wunsch des alten Mayer Amschel Rothschild, sein Sekretär Geisenheimer möge einigen begabten Kindern aus der Judengasse Unterricht geben. 60 Jahre lang stand die Schule am Rechneigraben, am »Holzplatz der Israeliten«. Im Turm des Neubaus ist sogar ein kleines Observatorium untergebracht.

Die Bernarduskirche im Nordend wird eingeweiht, die Ostendsynagoge, die Englische Kirche im Westend. Am Sachsenhäuser Ufer entsteht die hohe, rote Mühlbergrampe. Und dann schauen wir hinüber zum Hohenzollernplatz. Vor kurzem lag er noch einsam. Die Matthäuskirche wurde 1905 eingeweiht, die Reichsbahndirektion und die Oberpostdirektion sind fertig geworden. Und im Nordwesten des langgestreckten Platzes ist einer der großartigsten unter den neuen Bauten entstanden – die Festhalle.

Zusammen mit der Rotunde in Wien ist sie die größte freitragende Halle des Kontinents. Man hat sie nach den Plänen des Münchner Professors Thiersch gebaut. 18 000 Menschen haben bequem unter ihrer enormen Kuppel Platz. Ursprünglich sollte das Ganze noch einen 80 Meter hohen Turm erhalten. Aber man verzichtete darauf. Die Geschichte war teuer genug geworden. Die Festhalle ist noch nicht fertig, da weiht man sie bereits ein. Mit dem Deutschen Turnfest im Juli 1908. Es wird einer der Höhepunkte unter den vielen großen Festen dieser Jahre.

Es gibt viele Einweihungen. Ein Glück, daß Oberbürgermeister Adickes so gern und so gut spricht. Wenige Tage nach der Eröffnung des Philanthropins in der Hebelstraße beziehen die »Wilden«, das Völkermuseum mit seinen prächtigen Sammlungen, das Palais Thurn und Taxis. Übers Jahr wird ein anderes Museum eröffnet, das erste seiner Art, die Skulpturensammlung in einer Villa am Schaumainkai. Den Namen Liebiegmuseum hat es nach dem früheren Besitzer des Hauses, dem Textilindustriellen Baron Liebieg aus Reichenberg in Böhmen, dem reichsten Mann der österreichisch-ungarischen Monarchie. Er hat das Haus kaum je bewohnt. Er hinterläßt es der Stadt zu günstigen Bedingungen, vorausgesetzt, daß sie dort »für ewig« ein Museum einrichtet. Die Stadt tut es und bereichert Frankfurt bis zum heutigen Tag um eine echte Sehenswürdigkeit.

Im Juni 1907 erreicht Frankfurt 350 000 Einwohner.
Die Museumsgesellschaft wird hundert Jahre alt, der Zoo fünfzig. Der König von Siam kommt zu Besuch. Im Homburger Kurpark hat er als dankbarer Kurgast ein goldenes Tempelchen aufstellen lassen. Es gibt schreckliche Tragödien des

Zwei Programme aus der Frühzeit des Kinos. Frankfurts erstes Filmtheater entstand Anfang März 1906 im Haus Kaiserstraße 60. Es gehörte August Haslwanter, der Frankfurts ersten »Kinotrust« begründete. 1910 besaß die Mainstadt bereits 40 Kinos. So mancher Veteran blieb bis heute bestehen, auch die beiden Kinos, deren Programme wir hier ausgegraben haben, das Uniontheater auf der Kaiserstraße (heute Lichtburg) und die Scala Lichtspiele am alten Petersplatz.

Alltages. Die fünf kleinen Kinder der Wäscherin Funk in Oberrad ersticken bei einem Zimmerbrand, während ihre Mutter der Arbeit nachgeht. Und an einem Tage werden vier Selbstmörder aus dem Main geländet.

Im Januar 1908 erhält Frankfurt den ersten Jugendgerichtshof in Deutschland. Er tagt in der Seilerstraße 29. Den Vorsitz hat Amtsgerichtsrat Allmenröder. Ein Friseur und ein Oberstadtassistent sind die Schöffen. Der erste Angeklagte ist ein 16jähriger Metzgerlehrling. Er soll Wurst gestohlen haben, aber sein Meister ist selbst nicht recht davon überzeugt. Der junge Mann wird freigesprochen.

In dem Jahr 1908 wird so mancher populäre Frankfurter dahingerafft. Georg von Holzhausen, Junggeselle und Sproß des ältesten Frankfurter Patriziergeschlechtes, stirbt in München, bei einem Faschingsfest, wie es heißt. Sein Neffe Adolf ist der Erbe; er ist der letzte Besitzer der Holzhausen-Öde. Innerhalb weniger Wochen sterben der populäre Stadtverordnete und Freund Friedrich Stoltzes Jean Drill (als Schorsch-Adam hat er durch Jahre alle Wochen in der »Kleinen Presse« seine »Frankforter Betrachtunge« veröffentlicht), der anekdotenumwitterte Geheime Sanitätsrat Dr. Bockenheimer, dann einer der bekanntesten Hersteller von Äpfelwein in Sachsenhausen, Friedrich Freyeisen, berühmt durch seinen Äpfelwein-Champagner, und schließlich Johann Georg Wittmann, der fast drei Jahrzehnte als Wächter auf dem Eschenheimer Turm saß. Eine Generation alter Frankfurter wandert dem Grabe zu.

Mitte Dezember 1908 erhält Professor Paul Ehrlich, Leiter des Instituts für experimentelle Therapie, den Nobelpreis für Medizin. Bald darauf macht ihn die Entdeckung des Salvarsans, des Heilmittels gegen die furchtbare Syphilis, weltberühmt, ihn und seinen Mitarbeiter, den Japaner Hata. »Ehrlich-Hata 606«, so wird das Mittel zunächst bezeichnet. Den Nobelpreis erhält Ehrlich, wie gesagt, schon einige Monate vorher, für seine Forschungen auf dem Gebiete der Bakteriologie und der Antitoxine...

Die Zahl der Frankfurter Millionäre steigt auf 599, davon sind 261 mehrfache Millionäre. Oder anders ausgedrückt: rund jeder 600. Frankfurter ist Herr über eine Million Goldmark.

## VON BLANCHARD ZUM KÄTCHEN

1909. Der Mensch hat fliegen gelernt. Er erhebt sich jetzt nicht mehr nur in der Gondel eines Luftballons in die Lüfte, um hilflos jedem Windstoß preisgegeben zu sein – nein, er hat das lenkbare Luftschiff erfunden und vor allem das Motorflugzeug. Es sind erst ganz wenige Jahre her, genau ein halbes Dutzend, daß die amerikanischen Brüder Wright auf dem Kill Devil Hill an der Atlantikküste von Nordkarolina mit ihrem Aeroplan die ersten Hupser taten.

Man steht erst ganz am Beginn. Und dennoch eröffnet Frankfurt bereits im Juli 1909 eine internationale Luftfahrt-Ausstellung. Die ILA. Sie wird mit Recht berühmt. Sie hat praktisch keine Vorgängerin. Wenn man von einer kleinen Schau in London 1908 (und vielleicht noch anderswo) absieht, ist sie die früheste ihrer Art. Eine Pionier-Ausstellung. Sie ist der erste Rechenschaftsbericht, den sich der Mensch über die Erfüllung seines alten Traumes gibt, endlich fliegen zu können. Und dies in einer Stadt wie Frankfurt, die zwar, wie wir gleich sehen werden, schon eine Menge Luftballons in ihrem Himmel gesehen hat, aber noch niemals ein lenkbares Luftschiff und noch niemals einen Aeroplan. (Es ist überhaupt erst ein paar Monate her, daß ein Deutscher, Grade aus Magdeburg, mit einem Flugzeug für ein paar Minuten wirklich geflogen ist.)

Frankfurt und das Fliegen. Verweilen wir ein wenig bei diesem Thema. Es ist ein wichtiges Kapitel in der Geschichte unserer Stadt. Und es beginnt keineswegs mit der ILA, nein, es reicht viel, sehr viel weiter zurück. Schon einmal war Frankfurt auf diesem Gebiet so etwas wie ein Bahnbrecher gewesen. Das war 124 Jahre vor der ILA. Im Oktober 1785.

In Frankfurt ereignete sich damals zum erstenmal in ganz Deutschland, daß sich ein Mensch mit Erfolg vom Erdboden löste und in die Lüfte entschwebte. Die Frankfurter waren die ersten Deutschen, die einen bemannten Ballonaufstieg erlebten. Es geschah auf der Bornheimer Heide. In der Gondel stand lächelnd Monsieur Blanchard aus Paris. Der Jubelschrei der Menge folgte ihm bis hoch in die Wolken. Und jedermann hatte ihm verziehen und vergessen, daß der Beginn seines kühnen Unternehmens einer Komödie geglichen hatte...

François Blanchard war der Mann, der die Ballonreisen erst richtig populär machte 1782, also nur drei Jahre vor dem Frankfurter Ereignis, hatten die Brüder Montgolfier den Ballon erfunden. Sie erhitzten die Luft in ihm durch ein Feuerchen. Professor Charles nahm statt dessen zur Füllung die »brennbare Luft«, den Wasserstoff. Und schon 1785 gelang Blanchard ein kühnes Unternehmen – er überflog den Ärmelkanal, von England nach Frankreich. Einige Wochen später kam er nach Frankfurt.

Als Platz für seinen Aufstieg wählte Blanchard die Wiesen am Grindbrunnen. Zum großen Tag wurde der 27. September gewählt. Von weither strömte alles nach Frankfurt, und es wird sicher stimmen, was die Chronisten berichten, daß die Stadt unerhört überfüllt und nirgendwo ein Bett frei gewesen sei.

Niemand hat die riesige Menge gezählt, die sich am 27. September auf den Wiesen am Main erwartungsvoll versammelte. Es seien hunderttausend gewesen, schreiben die Zeitgenossen. Rund um den Ballon hatte man ein weites Rondell gezogen; die Plätze darin mußten mit Golddukaten bezahlt werden. Die Füllung des Ballons dauerte Stunden. Endlich schwankte er als pralle Kugel an seinen Halteseilen hin und her. Blanchard bestieg die Gondel. Er hatte sogar zwei Passagiere neben sich. Der eine war ein französischer Offizier, der andere der Erbprinz von Hessen. Er wollte partout mitfliegen. Es war jener Ludwig, dessen Statue dann später die Darmstädter auf die hohe Säule am Luisenplatz stellten. Um ein Haar wären sie darumgekommen, denn beinahe hätte es keinen »langen Ludwig« gegeben.

Alles starrte erwartungsvoll auf die drei kühnen Männer in der Gondel. Jeden Augenblick mußte Blanchard das Zeichen zum Kappen der Taue geben. In diesen Sekunden hörte man ein scharfes Pfeifen, und der Ballon sank sichtlich in sich zusammen. Er hatte ein Loch bekommen, einen veritablen Riß. Wahrscheinlich war es der heftige Wind, der damals über die Wiesen pfiff. In manchen Berichten kann man jedoch auch lesen, jemand habe im entscheidenden Augenblick mit einer Windbüchse aus dem Hinterhalt vom Main her auf den Ballon geschossen.

Die Zuschauer tobten aus vollem Halse, »insbesondere die nichtzahlenden«, und der gute Blanchard fiel in Ohnmacht. Der Fürst von Nassau-Weilburg rettete ihn in seinem Wagen aus der wütenden Menge...

War alles aus? Beileibe nicht. In einem Gesang mit 50 Strophen, den damals irgend jemand gedichtet hat, heißt es jetzt:

> Nun wäre zwar die ganze Freud,
> Dadurch, Ihr Herrn, verdorben,
> Doch wartet nur, Ihr lieben Leut,
> Blanchard ist nicht gestorben.
> Er hat noch einen Luftballon,
> Drauf freu' ich mich im Geiste schon,
> Den läßt er jetzt bald steigen.

Seinen zweiten Versuch unternahm Blanchard schon sechs Tage später. Aber die Grindbrunnen-Wiesen waren ihm unheimlich geworden. Er wählte jetzt die Bornheimer Heide. Und er wollte keine Passagiere mehr mitnehmen; es wird sich auch kaum noch einer gemeldet haben. Wieder strömte an diesem 3. Oktober eine riesige Menschenmenge zusammen. Um den Ballon hatte man diesmal einen Holzverschlag gebaut. Gegen zehn Uhr vormittags fielen die Bretter. Da stand er in seiner ganzen prallen Schönheit und zerrte an seinen Seilen.
Blanchard, im blauen Mantel mit weißer Schärpe, sein Hündchen auf dem Arm, kletterte in die Gondel. Die Taue fielen – und der Ballon stieg. Blanchard winkte mit einer großen weißen Fahne, »er sah aus wie ein Engel«. Die Riesenmenge schwieg zunächst erstarrt, dann brach sie in Beifallsgeschrei aus, das dem entschwebenden Blanchard wie Donner in den Ohren geklungen haben muß. So segelte er dahin, viele hundert Meter hoch über die Stadt hinweg und wurde kleiner und kleiner. Über der Bockenheimer Warte ließ er sein Hündchen an einem »Par-a-chute«, einem Fallschirm, herabschweben, mit einem Zettel um den Hals, man möge es in sein Quartier, zum »Goldenen Löwen«, bringen. Das Tierchen landete wohlbehalten.
Rund 2000 Meter hoch schwebte der Ballon über den Taunus, nach Norden. Beim Schlosse Weilburg warf Blanchard Anker. In 39 Minuten hatte er 46 Kilometer zurückgelegt. Die guten Bauern unten auf den Feldern glaubten, das mit dem

Anker geschehe ungewollt, und sie rissen ihn, trotz allem »Laissez, Laissez«!-Geschrei von Blanchard, zweimal eilfertig aus dem Erdreich. Dann endlich landete Blanchard. Über Nacht war er Gast des Fürsten. Im Triumphe brachte man ihn am nächsten Tage nach Frankfurt zurück. Große Ehrungen erwarteten ihn dort und prächtige Geschenke. Und wo immer er zu Gaste war,

> ...da wurde es das Volk gewahr
> Und lief dahin mit Schnaufen,
> Man dacht', sie würfen ganz und gar
> Das Haus noch übern Haufen.

Blanchard starb 1809. Im Jahr darauf gab es trotzdem noch einmal einen Blanchard-Aufstieg in Frankfurt. Diesmal war es seine Frau, Madame Blanchard. Sie war sehr mutig, wie wir gleich sehen werden. Als Platz hatte man einen großen Garten im Klapperfeld gewählt. Die Füllung dauerte endlos. Die Zuschauer begannen zu murren, es dämmerte bereits. Kurzentschlossen ließ Madame Blanchard die Gondel abschneiden und aus einem dicken Seil eine Schaukel quer über den Gondelreif legen. Sie setzte sich hinein und stieg mit dem noch nicht ganz gefüllten Ballon auf.
So kreuzte sie über den Main und zurück und verschwand in einem aufziehenden Unwetter über dem Taunus. Nach zwei Stunden Fahrt landete sie in der Dunkelheit mitten in den Wäldern und irrte lange umher. Gegen drei Uhr morgens kam sie endlich zu dem Dorfe Steinfischbach. Nach dem einen Bericht war sie wohlbehalten, nach einem anderen hatte sie sich beide Hände erfroren. Jedenfalls blieb sie dem Ballonfahren treu. Sie machte schließlich so viele Ballonfahrten wie ihr Gatte, nämlich 66. Bei ihrem 67. Aufstieg geriet der Ballon in Brand, es war über Paris, Madame stürzte ab und war tot.

Die Frankfurter haben noch viele Ballonfahrer in ihrem Himmel gesehen, die Franzosen Garnerin und Godard, den Engländer Green, den Russen Berg, Herrn und Frau Securius. Es waren artistische Schauspiele. Gegen Ende des Jahrhunderts wurde die Ballonfahrt zum Amateursport und zu einem wissenschaftlichen Instrument. Ein Verein für Luftschiffahrt wurde gegründet, der ein halbes Dutzend Ballone besaß, und auch der Physikalische Verein stieg für seine meteorologischen Beobachtungen bis in die höchsten Luftschichten hinauf.

In den Zeitungen um 1892 findet man hin und wieder den Ballonaufstieg einer Miß Polly erwähnt. Einmal ist sogar die Rede davon, daß sie statt einer Gondel ein lebendes Pferd benutzte. Diese Miß Polly wurde Deutschlands populärste Aeronautin. Es war der Deckname für ein mutiges junges Mädchen, das in Wirklichkeit Kätchen Paulus hieß. Unter ihrem bürgerlichen Namen hat sie dann rund zwanzig Jahre lang ihre Ballonfahrten und Fallschirmabsprünge gemacht, gewöhnlich alle 14 Tage in den guten Jahreszeiten und in der Regel vom Zoologischen Garten aus.

Nirgendwo in den Zeitungen von damals, und wir haben viele durchgeblättert, haben wir ein Interview mit Kätchen Paulus oder etwas Ähnliches gefunden. Das bedeutet natürlich nicht, daß nicht irgendwann doch eines erschienen sein mag. Aber man nahm Kätchen Paulus mit ihrem Ballon offenbar so selbstverständlich wie, sagen wir, den Eschenheimer Turm oder den Storch in Bonames. Sie war eine Frankfurter Institution geworden. Damit mag es zusammenhängen, daß man im allgemeinen so wenig Sicheres über sie weiß, zum Beispiel nicht einmal, ob sie wirklich in Frankfurt oder woanders, etwa in Beerfelden, im Odenwald, woher jedenfalls ihr Vater stammte, geboren wurde (ganz abgesehen davon, daß man sich niemals einig war, ob sich dieses Kätchen nun mit oder ohne h schrieb). Die Fama berichtet, daß in dem Garten ihres Elternhauses einst der bekannte Ballonflieger Hermann Lattemann an einem Fallschirm landete. Damit soll Kätchens Laufbahn begonnen haben. Richtig ist, daß sie mit Lattemann verlobt war, daß sie mit ihm aufstieg und daß sie ihre ersten Fallschirmabsprünge unter seiner Leitung machte. Im Juni 1894 mußte sie dann, es war in Krefeld, erleben, wie sich der Fallschirm ihres Verlobten nicht öffnete und er an ihr vorbei in die tödliche Tiefe stürzte.

Kätchen Paulus gab ihren Beruf nicht auf. Sie hat alle ihre vielen Fahrten und Absprünge gut überstanden, obgleich sie es an Kühnheit nicht fehlen ließ. Statt in einer Gondel stand sie häufig auf einem künstlichen Adler oder einem geflügelten Pfeil, oder sie hing nur an einem Trapez. Die Fälle, in denen man sie schließlich irgendwo, bei Vilbel oder im Vogelsberg, von irgendwelchen hohen Bäumen herunterholen mußte, hat sie wohl selbst nicht mehr gezählt. Sie flog bis zum Jahre 1914. Nach der einen Statistik machte sie 468 Ballonfahrten, nach einer anderen 516 mit 147 Absprüngen. Im Ersten Weltkrieg soll sie einer Fabrik für Heeresfallschirme vorgestanden haben, und zwar in Berlin. Dort starb sie auch, 65 Jahre alt, im Juli 1935...

Der Ballon des Kätchen Paulus hing natürlich auch auf der Internationalen Luftfahrt-Ausstellung Sommer 1909 in Frankfurt. Mitten unter vielen dickbäuchigen Kollegen. Damit sind wir wieder bei unserem Ausgangspunkt angelangt, bei der ILA.

### Stoltze-Worte

herausgepickt aus Friedrich Stoltzes „Frankfurter Latern"
(1860—1891)

„Je knapper des Geld, je klaaner die Welt"

„Der Weltfriede is gesichert, es kann jede Aageblick losgehe"

„Wanns uff Fronleichnam net regent, dann errt sich Gott in der Gegend"

„In Deutschland is der dritt Mann e Dichter, un die zwei annern mache Vers"

„Man kann des Grindbrunnewasser aach als Maibowle trinke"

„In Frankfort muß alles zwaamal gemacht wern, un des drittemal is es nix nutz"

„Wann ich mich emal recht von Herze ausflenne will, geh ich uff en Maskeball"

„Was e Glick, daß es bei dene Wetterprognose haaßt: Nachdruck verbote"

„30 Grad im Schulle? Merr werd ganz reaumürrisch!"

„Der Mann is e fremder Etranger, nicht von hie ..."

„Settche, immer die Bosse sin mer enaus!"

„Die sehr schee Fortsetzung folgt"

## 99 TAGE ILA

Am 10. Juli 1909 wird die ILA eröffnet. Sie dauert 99 Tage, schließt also erst Mitte Oktober. Anderthalb Millionen Menschen besuchen sie. Aber 63 von den 99 Tagen sind verregnet. Es verwundert niemand – um dies vorwegzunehmen –, daß die ILA mit einem beachtlichen Defizit schließt (man schleppt es so hin, bis sich der Fehlbetrag durch Krieg und Inflation von selbst erledigt). An der Kühnheit und Großzügigkeit der Ausstellung vermag das jedoch nichts zu ändern.
Schauplatz der ILA sind die Festhalle und das riesige Gelände hinter ihr. Es reicht bis zum Rebstöcker Wald und wird zu Deutschlands größtem Flugplatz umgebaut. In der Festhalle stellen die Firmen und die Konstrukteure aus, 360 insgesamt. Im Zentrum schwebt der größte Ballon der Erde, die »Preußen«. Er hat einen Durchmesser von 25 Metern. Man hat mit ihm bereits eine Höhe von 10 800 Metern erreicht. Die Brüder Wright haben einen ihrer Motorflieger entsandt. Auch die Vogelschwingen sind ausgestellt, mit denen Otto Lilienthal zu Tode stürzte. Ringsum baut sich an abenteuerlichen Flugmodellen, vom Keindecker bis zum Sechsdecker, alles auf, was menschliche Phantasie nur hervorzubringen vermag. Krupps Ballonkanonen drohen zur Decke empor.
Vergessen wir nicht: wir sind in den Uranfängen des Fliegens. In Amerika und Frankreich ist man gerade erst aus ihnen herausgekommen. In Deutschland ist man noch mitten darin, im Stadium der Entwürfe. Nur wenige Monate vorher, wir erwähnten es bereits, ist zum ersten Mal ein Deutscher, Grade aus Magdeburg, mit einem selbstgebauten Aeroplan, einem Dreidecker, wenige Minuten lang geflogen. Der zweite war dann Dorner, und der dritte wird August Euler sein; aber das fällt bereits in die Zeit der ILA. Im Vorjahr, also 1908, hat Euler auf dem Griesheimer Sand bei Darmstadt die erste deutsche Flugzeugfabrik eröffnet. Später wird er sie nach Frankfurt verlegen. 1910, also erst in dem Jahr, das auf die ILA folgt, wird er den Pilotenschein Nr. 1 erwerben. So früh ist das alles noch...

Hinter der Festhalle liegt die Ballonwiese mit ihren hohen Hallen. Neun Ballone können gleichzeitig gefüllt werden. Während der ILA kommen 431 Ballone auf diesen Platz, und man macht von ihm rund 1200 Aufstiege. Wenn die Frankfurter im Sommer 1909 an schönen Tagen den Kopf heben, dann sehen sie nah und fern in ihrem Himmel Ballone schweben. Kaum jemand ist sich klar darüber, daß dieses Riesenstelldichein auch so etwas wie die Gala-Abschiedsvorstellung der Ballone ist. Und selbstverständlich sind alle Systeme an starren und nichtstarren Luftschiffen vertreten. Den »Parseval« muß man auf der Bahn von Bitterfeld nach Frankfurt bringen, da er es partout nicht auf dem Luftweg machen will.

Hinter der Ballonwiese, jenseits der Emser Straße, im Gebiet der späteren Kuhwaldsiedlung und ihres Vorgeländes, entsteht der Flugplatz für die Aeroplane. Hier werden sie, immer im Kreis herum, ihre Rennen machen. Auch das gehört zu dem Bild, das die Fliegerei damals bietet: noch kein Mensch ist in Deutschland je über einen Flugplatz hinausgeflogen. Erst in den letzten Wochen der ILA, am 20. September, macht der Amerikaner Latham den ersten Überlandflug in Deutschland, nämlich vom Tempelhofer Feld in Berlin nach Johannistal, zwölf Kilometer in sechs Minuten (und bekommt dafür einen Strafzettel von der Polizei). Natürlich ist auch Latham zu den ILA-Wettbewerben eingeladen. Doch davon später.

Für die Besucher legt man eine Schmalspurbahn von der Festhalle zum Flugplatz. In der Gegend der heutigen Rheingauallee schüttet man einen hohen Hügel auf. Auf ihm machen die Schwebeflieger ihre Gleitflüge. Sieger wird August Euler vor dem Frankfurter Flugpionier Bruno Poelke.

Und natürlich fehlt nicht der Juxplatz. Rings um die Festhalle steht der erste aeronautische Rummelplatz. Es gibt ein Luftschiff-Panorama, in dem man für eine Mark die nahezu vollendete Illusion einer Wolkenfahrt im Luftschiff von Frankfurt nach dem Berner Oberland erlebt. 120 000 Mark kostet allein diese Attraktion. Im Aerotheater tobt eine Luftschlacht der Zukunft, in den Marineschauspielen eine Seeschlacht mit Flugzeugen. Dabei wird so laut geschossen, daß nach dem Ende der ILA die Polizei ähnliche Darbietungen im Umkreis der Festhalle ein für allemal verbietet. Es gibt die ersten Flugzeugkarussells und Schießbuden, in denen man auf Ballone zielt, es gibt ILA-Bier und Zeppelinwürste, Parsevalzigarren und »lenkbare« Hartekuchen.

In die dritte Woche der ILA fällt eine Sensation: der Franzose Blériot überfliegt den Ärmelkanal. Er kündigt an, daß er nach Frankfurt kommen und sich um die vielen hochdotierten Preise mitbewerben werde. 20 000 Goldmark sind allein für den längsten Flug ausgesetzt.

Parseval mit seinem kurzen, gedrungenen Luftschiff, dem »fliegenden Schwartemagen«, beschert den Frankfurtern den ersten Luftunfall. Das Schiff kreuzt etliche Male über der Stadt. Einmal jedoch verliert es rasch an Höhe, es senkt sich auf die Frankenallee, das Dach der Feuerwache – das Haus steht heute noch – schlitzt ihm den Bauch auf, und schlapp wie eine Riesenwursthaut hängt es über dem Gebäude. Niemand wird verletzt. Die Passagiere werden mit Leitern aus der Gondel geholt; drei österreichische Baronessen sind dabei.

Der größte Tag der ILA ist der 31. Juli. Ein strahlend schöner Samstag. Der Zeppelin kommt zum ersten Male nach Frankfurt. Hunderte von Soldaten haben den Flugplatz von den kleinsten Glassplittern gesäubert. In der Nähe des Rebstöcker Waldes hat man die Zeppelinhalle gebaut. Ganz Frankfurt hat frei. Alle Häuser haben geflaggt. Der Zeppelin fliegt vom Bodensee herauf, die Bergstraße entlang. Um 2 Uhr ist er über Sachsenhausen. Er kreuzt über der Stadt. Um 3.27 Uhr landet er am Rebstock. Graf Zeppelin und seine Begleitung sind die ersten Besucher, die Frankfurt aus der Luft erreichen!

Die Stadt lebt in einem Taumel der Begeisterung. »Das Ding«, so nur nennt der Graf am Abend beim Bankett sein Luftschiff. Unter donnerndem Beifall teilt Oberbürgermeister Adickes mit, daß Frankfurt von nun an eine Zeppelinallee haben werde. Nach dem Abflug am nächsten Tag gerät der Zeppelin am Rhein in ein schweres Gewitter und kehrt nach Frankfurt zurück. Erst am übernächsten Tag glückt der Weiterflug nach Köln.

Das große Ereignis regt die poetische Ader an. »Mit dem Zippel-, mit dem Zappel, mit dem Zeppelin«, heißt Otto Reutters neuestes Couplet. Er trägt es im ILA-Theater am Hohenzollernplatz vor (sogar Reinhardt gastiert hier!). Es hat 20 Strophen. Die Frankfurter besingen noch mit einem anderen Lied den Tag, wo alles nur in die Luft »gestiert« hat, in Mundart, derb und kräftig:

> E Fulderlies stumbt ihr Fies
> An die Trottwarkant vergrimmt,
> Gott verhaach's Hihneraag,
> Weil der Zeppelin heut kimmt.

Vielleicht stammt das Lied von dem Volkssänger Adam Müller, der damals so populär war (wenn man Glück hat, kann man heute noch irgendwo eine seiner »Frankforterischen« Balser-Schallplatten erwischen, es gibt allerdings sehr schwache dabei). Ja, und in Sachsenhausen steuert man natürlich auch seinen Teil zu den großen Zeppelintagen bei: man trinkt nur noch »Zäppelwein«...

Die Motorflieger haben es schwer. Sie müssen viele Tage warten, da der ewige Regen den Boden des Flugplatzes grundlos macht. Blériot kommt tatsächlich, ebenso Latham. Einen sehr guten Ruf hat der belgische Baron de Caters. Der einzige deutsche Teilnehmer ist August Euler. Rougier, Nervo, Leblanc, Sido sind einige der anderen Flieger. Hängt eine schwarze Fahne an der Kuppel der Festhalle, so heißt das: es wird nicht geflogen. Eine gelbe hingegen verkündet: es wird wahrscheinlich geflogen. Dann strömen die Massen herbei.

Der Amerikaner Latham enttäuscht; meistens kommt sein Apparat gar nicht hoch. Er reist früh ab und erhält einen Trostpreis. Dem Euler, der eine böse Landung im Rübenacker gut übersteht, gelingen immerhin einige Fünfminutenflüge. Das will etwas heißen, denn fünf Minuten Fliegen bedeutet damals deutschen Rekord. Die eigentliche Flugwoche beginnt erst am 3. Oktober. Den längsten Flug macht de Caters mit über fünf Viertelstunden. Immer im Kreis herum. Die größte Höhe erreicht Rougier, erstaunliche 130 Meter. De Caters und Blériot holen sich die meisten Preise.

Mitte Oktober geht die ILA ohne große Feierlichkeiten zu Ende. Am letzten Tag gibt es in den Marineschauspielen auf dem Rummelplatz noch ein Malheur. Die »Pulverkammer« explodiert, ein Montour wird verkohlt aufgefunden. Und lange erzählen sich die Frankfurter von dem Schüler, der sich in einem Haltetau des »Parsevals« verfing, 200 Meter hoch in die Luft mitgenommen wurde und doch wieder glücklich zur Erde zurückkam.

Wie ging es weiter? Das sind einige der Dinge, die sich damals auf dem Gebiete der Luftfahrt in Frankfurt zutrugen:

1908 erscheint in Frankfurt die älteste deutsche Fachzeitschrift, »Flugsport«, herausgegeben von Ursinus, dem späteren Rhönvater (die ersten Segelflüge auf der Wasserkuppe unternimmt man 1912).

1909 wird die Delag, die Deutsche Luftschiffahrts AG, gegründet, für den Passagierverkehr der Zeppeline. Sie baut eine Luftschiffhalle am Rebstock. Es werden vor allem Fahrten mit den Zeppelinen »Viktoria Luise« und »Schwaben« veranstaltet. Eine zweistündige Rundfahrt im Umkreis von 100 Kilometern kostet pro Person 200 Mark.

1910, im August, wird in Frankfurt der erste planmäßige deutsche Überlandflug organisiert, vom Griesheimer Exerzierplatz aus. Der Elsässer Jeannin fliegt ohne Zwischenlandung in 1 Stunde 45 Minuten 41 Sekunden von Griesheim über Mainz nach Mannheim.

1911 verlegt Euler seine Flugzeugfabrik von Griesheim bei Darmstadt in die Nähe von Niederrad. Sie ist das größte Unternehmen dieser Art damals in Deutschland.

1912, im Juni, macht Leutnant von Hiddessen die ersten offiziell genehmigten Postflüge. Mit dem Euler-Doppeldecker »Gelber Hund« befördert er in Etappen von Niederrad über Darmstadt und Worms nach Mainz und zurück rund 10000 Postkarten. Auch das Luftschiff »Schwaben« macht auf der gleichen Route Postflüge und nimmt auf seiner ersten Tour 45000 Postkarten mit. Die Reichspost gibt hierfür besondere Luftpostmarken heraus. In dem Eckladen am »Frankfurter Hof« wird das früheste deutsche Luftpostamt eingerichtet.

Am 16. März 1917 erlebt Frankfurt dann zum erstenmal die andere Seite des Wunders, daß der Mensch fliegen gelernt hat. Auf die Stadt fällt die erste Fliegerbombe. Auf das Elektrizitätswerk. Noch ist der Schaden lächerlich gering.

# FRANKFURT: DEUTSCHLANDS GRÖSSTE STADT

Das ILA-Jahr 1909 ist auch das Jahr, in dem der Reichskanzler von Bülow zurücktritt und Bethmann-Hollweg sein Nachfolger wird. Das interessiert die Frankfurter natürlich besonders, weil der Name Bethmann ja zu den hervorragendsten der Stadt gehört. Der Kanzler stammt jedoch aus einem Nebenzweig der alten Frankfurter Familie. Eine Schwester jenes oft erwähnten Staatsrates Simon Moritz von Bethmann aus der Zeit Napoleons heiratete einen hessischen Bankier Hollweg. Der neue Kanzler ist ein Urenkel aus dieser Verbindung. Er wurde in der Mark Brandenburg geboren, und er ist jener Kanzler, der im tragischen Sommer 1914 die Kriegserklärungen mit unterschreiben wird...

»Frankfurt muß die Zentrale des deutschen Männergesangs werden«, erklärt der Kaiser und ordnet an, daß der dritte große Sängerwettstreit, den er ins Leben gerufen hat, wieder in Frankfurt stattfindet. Wir erinnern uns – der erste war 1899 in Kassel, Sieger wurde der Kölner Männergesangverein, der zweite 1903 in Frankfurt, Sieger: der Berliner Lehrerverein. Jetzt streiten in der Festhalle 34 Vereine mit 6461 Sängern um den Lorbeer. Er fällt diesmal wieder an die Kölner vor den Berlinern. Frankfurter Oberprimaner in Pagenkleidung kredenzen den Sekt in der Kaiserloge.

Die bildschöne Tänzerin Cleo de Mérode, tief verehrt von dem alten belgischen König Leopold (weshalb man ihn auch »Cleopold« nannte), tritt im Schumann-Theater auf. Im Saalbau macht der berühmteste Journalist dieser Zeit, Maximilian Harden, im Frack seine bissigen Randbemerkungen zur Wilhelminischen Epoche. Ein schreckliches Unglück geschieht Ende August am Main. In der Floßrinne an der Gerbermühle patscht eine Schar zehnjähriger Schulmädchen aus Offenbach im seichten Wasser umher. Ein Junge aus Bornheim öffnet plötzlich die Schleuse. Die Welle reißt sechs Mädchen in die Tiefe. Das siebente Opfer ist ein junger, des Schwimmens unkundiger Arbeiter, der in den Fluß springt. Die Lehrerin versucht, sich das Leben zu nehmen.

Leopold Sonnemann stirbt im November, Begründer und Leiter der »Frankfurter Zeitung«, Frankfurts erster Reichstagsabgeordneter, ein Mann, von dem man mit

Recht feststellt, »daß keine große Schöpfung Frankfurter Bürgersinns in den letzten Jahrzehnten zustande kam, bei der er nicht eine Haupttriebskraft gewesen ist«.

Kaum sind die Sänger aus der Festhalle gezogen, da bereitet man sie schon für die ILA vor, und kaum ist diese zu Ende gegangen, da finden sich amerikanische Geschäftsleute, die »Rollschuhkönige«, ein, mieten den Riesenbau und machen daraus ihren 53. Skating-Ring. Durch mehrere Jahre ist nun die Festhalle eine Rollschuhbahn. Gewöhnlich ist sie bis Mitternacht geöffnet. Es spielt ein Orchester von 50 Mann. Der Unterricht ist kostenlos. Bei vollem Hause bewegen sich viele Hunderte durcheinander; es hört sich an wie ein riesiger, brausender Wasserfall. Halb Frankfurt rollt...

1910. Eduard VII. stirbt, Georg V. wird sein Nachfolger. Der Mönch Rasputin gilt als der einflußreichste Mann am Zarenhof. In Wien arbeitet der Arzt Sigmund Freud an seiner Lehre von der Psychoanalyse, und in Kalifornien wird eine Filmstadt gegründet, die man Hollywood tauft. Das Erscheinen des Halleyschen Kometen beschäftigt die Menschen über alle Maßen, auch in Frankfurt. Aber davon berichtete schon ein Kapitel in unserem ersten Band.

In diesem Jahr wird Frankfurt mit einem Sprung Deutschlands größte Stadt, wenigstens was das Stadtgebiet angeht. Am 1. April werden elf Orte eingemeindet (der ehemalige Landkreis). Sie liegen alle im weiten Halbkreis um den Norden und Nordwesten der Stadt. Zählen wir sie kurz auf. Es sind die zehn Dörfer Berkersheim, Bonames, Eckenheim, Eschersheim, Ginnheim, Hausen, Heddernheim, Niederursel, Praunheim, Preungesheim und das Städtchen Rödelheim. Das Frankfurter Stadtgebiet wächst um rund 4000 Hektar auf 13500 Hektar (wovon über 3000 Hektar auf den Stadtwald entfallen). Berlin, das damalige Berlin, hat kaum ein halb so großes Gebiet. Der Zuwachs an Menschen durch die neuen Eingemeindungen ist ungleich geringer. Es sind noch keine 40000. Immerhin springt Frankfurts Bevölkerungszahl auf 410000 hinauf. Frankfurt besitzt jetzt auch das ausgedehnteste Straßenbahnnetz in Deutschland. Im Mai 1910 werden die Taunuslinien eröffnet, die 24 nach der Hohemark und die 25 nach Bad

Homburg. Die Fahrgäste sind über den Fahrpreis von 65 Pfennig erbost (dafür gibt es immerhin drei Paar Frankfurter Würstchen).

Der ILA folgt die ISA, die Internationale Ausstellung für Sport und Spiel. Im Mai und Juni. Der Kronprinz übernimmt das Protektorat. Schauplatz ist wiederum die Festhalle. Nebenan baut man die Arena, eine Radrennbahn von 500 Meter Länge. In ihrer Mitte liegen die Spielplätze und die Laufbahn. In den Vergnügungshallen spielen Militärkapellen aus halb Europa, selbst eine Indianerkapelle in vollem Kriegsschmuck ist da. Der Sport kommt nicht zu kurz. Man hat das Beste aus England geholt. Sogar zwei Original-Profimannschaften spielen auf der ISA gegeneinander, Chelsea gegen Blackburn Rovers (5:3). Die englische Hockeymannschaft schlägt die deutsche 4:0, die englischen Fußballamateure verlieren gegen Süddeutschland 1:2. 204 Ringer treten gegeneinander an, und die »deutsche Eiche«, der Rheinländer Weber, legt jeden Abend drei Gegner. Alle Welt bestaunt den Jiu-Jitsu-Meister Ono, und auf der Rennbahn erleben die Frankfurter ihre ersten Steherrennen.

Aber die ISA schließt mit einem Riesendefizit. Und die Arena nimmt ein unrühmliches Ende. Bewohner in der Nachbarschaft führen etwas später Prozesse wegen des Motorenlärms. Das Gericht untersagt praktisch das Training hinter Motorrädern und erlaubt nur ein Steherrennen im Monat. Nach ein paar Jahren montiert man die Arena an der Festhalle wieder ab und verlegt sie nach dem Ostpark. Dort wird sie im Ersten Weltkrieg zerstört. Es dauert bis zur Eröffnung des Stadions 1925, daß Frankfurt eine neue Radrennbahn erhält...

Der Zar macht, von Friedberg aus, wo er zu Besuch ist, zwei Abstecher nach Frankfurt. Zahlreiche russische Kriminalbeamte bereiten sie vor. Die russischen Emigranten werden polizeilich überwacht oder aus der Stadt gebracht. Der erste Besuch gilt dem Zoo. Der Zar kommt mit vier Prinzessinnen in blauen Kleidchen. Überall stehen Detektive. Aber es kommt nur zu einer Verhaftung, und ein Kellner muß ein Paket öffnen. Es enthält keine Bombe, sondern seine neubesohlten Schuhe. Beim zweiten Besuch kauft der Zar Juwelen und Porzellan auf der Kaiserstraße. Wo er auftaucht, schreien die Gassenbuben sofort aus vollem Halse: »Der Zar, der Zar!« Es bilden sich dicke Menschentrauben.

Die Holzhausen-Öde, die so lange im Besitze der ältesten Frankfurter Patrizierfamilie war, wird in Parzellen zerlegt und mit Villen bebaut. Nur das Kernstück des Parks mit dem kleinen Wasserschloß bleibt erhalten und wird von der Stadt erworben. Die Gitter um den Besitz fallen. Allein das Tor am Oederweg bleibt stehen, bis heute. Man hat einige Mühe, die zahlreichen verwilderten Pfauen einzufangen; sie kommen in den Zoo.

Der erste Teil des Riesenprojektes Osthafen nähert sich dem Ende, die gewaltigen Becken des Unterhafens sind fertig. In der Nacht vom 12. zum 13. November führt der Main überraschend Hochwasser, er überschwemmt die Dämme und füllt innerhalb weniger Stunden die fertigen Becken, bis zur vorschriftsmäßigen Höhe! Er hat selbst den Schlußpunkt gesetzt.

1911. Tirpitz wird Chef der deutschen Flotte. Italien führt Krieg gegen die Türkei und besetzt Tripolis. Amundsen entdeckt den Südpol. Bisher unbekannte lebenswichtige Stoffe in den Nahrungsmitteln erhalten (von Funk) den Namen Vitamine. Man spricht von einer Künstlergruppe, die sich »Blauer Reiter« nennt und zu der u. a. Klee und der Russe Kandinsky gehören.

Die ersten Villen entstehen auf der Ginnheimer Höhe, rings um die Zeppelinallee. Am 17. Mai fährt das erste Schiff in den Unterhafen des Osthafens; die offizielle Eröffnung verschiebt man auf das nächste Jahr. Der Eiserne Steg ist nun zwei Meter höher geworden. Bei der Demontage der alten Eisenkonstruktion stürzt ein Viertel des Steges in den Fluß; niemand kommt zu Schaden. Man baut den neuen Ostbahnhof.

Der Ulster ist der letzte Schrei in der Herrenmode. Die Damenhüte werden Wunderwerke an Größe und Garnierung; die Reiherfeder dominiert. Eine junge Dame (»vom Tingeltangel«) trippelt im Hosenrock über die Kaiserstraße und verursacht einen Auflauf. Das Beispiel macht Schule. Durch Gerichtsurteil wird der Animierkneipe »Zum Hosenrock« verboten, die Bedienung in Hosenröcken umherlaufen zu lassen. Die Animierkneipen sind überhaupt ein Problem. Eine Versammlung von 65 Frauenvereinen läuft gegen sie Sturm, und man erfährt, daß allein in der Albusgasse unweit der Zeil 19 solcher Lokale bestehen.

Im September dieses Jahres 1911 erhält Frankfurt ein neues Theater, ein Privattheater. An der Ecke Moselstraße und Mainzer Landstraße. Man nennt es Neues Theater. Es hat 770 Plätze. Seine Direktoren sind zwei frühere Mitglieder des Schauspielhauses, Arthur Hellmer und Max Reimann. Das Kulissenmagazin ist im Keller. Es gibt kein Glockenzeichen in diesem Theater; statt dessen leuchten Glühlampen auf. Man eröffnet mit dem »Zerbrochenen Krug«. Das Haus wird ein Gewinn für Frankfurt, und es bleibt unvergessen.

Das Jahr 1911 bringt einen glühendheißen Sommer. Man mißt 37,5 Grad im Schatten. Bei Opel in Rüsselsheim bricht ein Brand aus, der 20 000 Fahrräder und 30 000 Nähmaschinen verschlingt. In Eschersheim eröffnet man das Licht- und Luftbad.

Im Juni wird der Kristallpalast in der Großen Gallusstraße eröffnet. Rings um den Saal stehen Nachbildungen alter Frankfurter Bauten, auch ein Stück künstliche Stadtmauer ist da, in den »Lüften« schwebt ein Ballon. Vier lebensgroße Figuren schmücken die Säulen, Friedrich Stoltze, Herr Hampelmann, der letzte Bürgermeister der Freien Stadt, Fellner, und Louis Bernhard, ein populärer Wirt. Es gibt eine Äpfelweinkneipe, einen Saal mit chinesischen und japanischen Pavillons und einen orientalischen Salon, in dem eine Negerkapelle spielt. »Allah ist groß und hier ist's famos!« gesteht ein Besucher. Und billig ist es auch.

Zu Beginn des Jahres gibt es in der Festhalle das erste Hallensportfest und am Ende des Jahres am selben Platz das erste Sechstagerennen. Natürlich gewinnt auch in Frankfurt der große Sieger von New York und Berlin, Walter Rütt, zusammen mit dem Holländer Stol. »Caruso«, so nennen die Zuschauer den Mann, der mit Stentorstimme alle Stunden den Stand des Rennens ansagt.

Am 16. November um 22 Uhr 27 erschüttern zwei Erdbebenstöße die Stadt. In der Berger Straße stürzen die Menschen auf die Straße, manche sind nicht zu bewegen, wieder in die Häuser zu gehen. Im Röderbergviertel bleiben viele Uhren stehen. An anderen Stellen der Stadt merkt man kaum etwas, zum Beispiel in den Theatern. Das berühmte Haus »Zum Engel« am Römerberg mit seinen weiten Überhängen zeigt Sprünge und muß vorübergehend geräumt werden. Das Zentrum des Bebens liegt wieder einmal in der Schwäbischen Alb.

## »DAS OSTEND IST WACHGEKÜSST«

1912. Der erste Krieg auf dem Balkan bricht aus. China wird Republik. Das italienische sozialistische Blatt »Avanti« erhält einen neuen Chefredakteur namens Mussolini. Das größte Schiff der Welt, die »Titanic«, stößt auf der Jungfernfahrt mit einem Eisberg zusammen, 1600 Menschen ertrinken. Aus Nordamerika kommt ein neuer Tanz, der Foxtrott, aus Argentinien kommt der Tango.
In diesem Jahr erweist sich, daß Frankfurts Oberbürgermeister Adickes ein schwerkranker Mann ist. Er bricht nach einer Einweihungsfeier zusammen, sein Herz versagt. Außerdem plagt ihn eine fürchterliche Gicht, die ihn später fast erblinden läßt. Am 30. März beantragt Adickes seinen Rücktritt. Am 30. September legt er sein Amt nieder, nach 22 erfolgreichen Jahren. Eine Sammlung seiner Freunde erbringt 400 000 Mark. Man übereignet ihm für seinen Lebensabend das Haus Oberlindau 3, alles andere Geld erhält das Liebiegmuseum. Frankfurt macht Adickes zum Ehrenbürger der Stadt. Man war sehr sparsam mit diesem Titel. Seit 1795 ist Adickes erst der achte Ehrenbürger; zu seinen Vorgängern gehören Freiherr vom Stein, der Bildhauer Schwanthaler und Miquel.
Adickes hat noch die Genugtuung, sein größtes Werk vollendet zu sehen. Es ist die Universität, die nur aus Stiftungen der Bürger entsteht; wir erzählten davon im zweiten Band. Sie wird im Oktober 1914 eröffnet. Adickes stirbt am 4. Februar 1915...
Sein Nachfolger ist wiederum kein Frankfurter, sondern der Oberbürgermeister von Barmen, der 46jährige Georg Voigt, ein gebürtiger Danziger. Voigt erhält das gleiche Einkommen wie Adickes, nämlich 36 000 im Jahr, außerdem wird ihm auch noch ein Automobil zur Verfügung gestellt. Das ist neu in der Geschichte der Stadtverwaltung. Voigt beginnt am 1. Oktober. Er ist energisch, sachlich und ein sparsamer Mann. Ihm fällt die undankbare Aufgabe zu, das Schifflein der Stadt durch die Kriegs- und Inflationsjahre zu steuern. Ihm wird 1924 Dr. Landmann folgen, ein Mannheimer.

Was geschieht noch in dem Jahr 1912? Der Osthafen wird Ende Mai eröffnet. Der Kaiser verschiebt seinen angekündigten Besuch (und holt ihn im Sommer nach).

Der Eiserne Steg war ein vielbewundertes Bauwerk. 1869 entstand er als ein Werk der Bürger. Jeder Benutzer der Brücke zahlte oben am Häuschen einen Kreuzer.

Im Februar 1909 gab es Hochwasser, wie seit vielen Jahren nicht mehr. Der Main reichte bis zum Römerberg. Der Weg zum Eisernen Steg führte nur über eine lange Planke.

Dieses Haus in der Großen Gallusstraße, 1746 erbaut von dem Tabakfabrikanten Behagel, war eines der schönsten Frankfurter Häuser des bürgerlichen Barocks. 1911 eröffnete hier das Vergnügungs-»Etablissement« Kristallpalast.

Großes Wettsingen der deutschen Gesangvereine um den Kaiserpreis. Das Kaiserpaar verläßt soeben die Festhalle. Wilhelm II., nicht sichtbar, verabschiedet sich offenbar gerade von Adickes im Torbogen. Die Kaiserin besteigt den Wagen, der Chauffeur salutiert, ein eisengepanzerter Ritter grüßt mit dem Schwert.

Im Dezember 1913 enthüllte man in den Anlagen das Denkmal für den Dichter Heinrich Heine, ein Werk von Georg Kolbe. Sieht man von einem Gedenkstein Bremer Lehrer in der Lüneburger Heide ab, so war dies das erste öffentliche Heinedenkmal in Deutschland. Das untere Foto zeigt Oberbürgermeister Dr. Voigt, Nachfolger von Adickes, bei der Ansprache.

Im Juli 1913 wurden die »81er« hundert Jahre alt. Seit über 40 Jahren war Frankfurt ihre Garnison. Prinz Friedrich Karl von Hessen nahm die Jubiläumsparade ab.

August 1914. Man ist im Kriege. Die neuesten Nachrichten werden an der Börse auf eine Leinwand projiziert. Mars zieht den Schlußstrich unter eine lange Friedenszeit.

Man eröffnet ohne ihn. Mit einer Korsofahrt von 15 Dampfern, mit einem Volksfest im neuen Ostpark, mit einem Festspiel von Stilgebauer in den Römerhallen. Mit der Eröffnung verbindet man die Grundsteinlegung für die Brücke, die die Alte Brücke ersetzen soll. Die Handlung vollzieht man auf der Maininsel. In den Grundstein wird neben vielem anderen auch ein Bembel Äpfelwein versenkt. Man gibt der künftigen Brücke auch bereits den Namen: Kaiserbrücke. Aber wir wissen – die Brücke wird erst 1926 fertig und man nennt sie dann, wenig einfallsreich, aber durchaus zutreffend, die neue Alte Brücke.

Es gibt wieder Wahlen zum Reichstag; der Sozialdemokrat Dr. Quarck erobert sich den Sitz von seinem ewigen Konkurrenten, dem Redakteur Rudolf Oeser, zurück. König Nikita von Montenegro besucht Frankfurt. Euler verlegt seine Flugzeugfabrik, die größte damals in Deutschland, nach Niederrad. Die Flugbahn am Main ist fast zehn Kilometer lang. In der Pilotenvilla wohnen ständig Offiziere, die bei Euler das Fliegen lernen sollen. Das Neue Theater erlebt einen großen Kassentriumph. »Die fünf Frankfurter«, das Lustspiel um die Brüder Rothschild von Carl Rößler, entzückt die Mainstädter, die sich in der Börnestraße überzeugen können, ob das Milieu um Mutter Gudula richtig wiedergegeben ist.

Pfarrer Veit von der Katharinenkirche hält den ersten Gottesdienst auf dem Großen Feldberg ab. Die deutschen Schützen treffen sich wieder einmal in Frankfurt. Über ihrem Festzug brennt eine unbarmherzige Julisonne; 543 Ohnmächtige werden behandelt, ein junger Mann stirbt abends um acht Uhr an Hitzschlag. Sarrasani macht im Herbst aus der Festhalle einen »Zirkus der 15000«. Das Wettlaufen mit Rollschuhen auf den Straßen wird verboten. Alle Welt sammelt Reklamemarken. Im Dezember werden die österreichischen Staatsangehörigen in Frankfurt eiligst in die Heimat beordert. Es heißt, daß Rußland mobilisiere. Aber noch ist es ein blinder Alarm...

1913. Der zweite Balkankrieg kostet die Türkei fast ihren ganzen europäischen Besitz. Wilson wird Präsident der USA, Poincaré Präsident der französischen Republik. In Wien entlarvt man den Obersten Redl als Spion. Der Däne Niels Bohr erforscht die Struktur des Atoms.

In Frankfurt wird der Hauptbahnhof erweitert. Er ist tatsächlich zu klein geworden. Aus drei Hallen werden fünf, aus 18 Gleispaaren werden 24. Im März wird der Ostbahnhof eröffnet. Um 9.10 Uhr fährt der erste Zug nach Hanau. Alle Welt spricht von der »amerikanischen Entwicklung« im Frankfurter Ostend. »Nach langem Dornröschenschlaf wurde es endlich wachgeküßt. Das Ostend ist auf dem Marsche!« jubiliert ein Stadtverordneter.

Im Mai ist wieder einmal Sängerkrieg in der Festhalle. Das vierte Singen um den Kaiserpreis. Das erste und dritte gewann der Kölner Männergesangverein, das zweite der Berliner Lehrergesangverein. 41 Vereine mit 8500 Sängern treten diesmal an. Nach stundenlanger Beratung des Kaisers mit den Preisrichtern werden die Berliner Lehrer als Sieger verkündet. In Köln ist man tief verbittert. Die Sänger verpflichten sich durch Ehrenwort, nie mehr an dem Wettsingen teilzunehmen. Auch die Sänger des Offenbacher Turnvereins schicken erbost ihren Trostpreis zurück. Aber es ist das letzte Kaisersingen.

Ein »Gesangverein« hat sich auch im Schauspielhaus etabliert. Man gibt dort die Operette »Puppchen« mit der Musik von Gilbert. Alle Vorstellungen sind ausverkauft. Das Lied »Puppchen, du bist mein Augenstern« im 3. Akt singt ein großer Teil des Publikums im brausenden Chor mit. Alle Zischer werden niedergesungen. Das Ganze da capo! Na, da sehen viele Frankfurter wenigstens ihr Schauspielhaus mal von innen, meinen die Ironiker. Die Theater gehen schlecht. Das Kino! seufzt man. Bei einer Aufführung von Shakespeares »Heinrich IV.« nimmt man knapp 200 Mark ein, bei »Puppchen« aber 3000 Mark. Man gewinnt Felix Holländer von den Reinhardtbühnen als neuen Intendanten für das Schauspielhaus. Emil Claar ist nach 33 Jahren in Pension gegangen. Aber irgend etwas geht mit Holländer schief, und er kommt nicht. Dafür führt Ende des Jahres sein berühmter Chef Reinhardt in der Festhalle das »Mirakel« von Vollmoeller auf, eine Pantomime in größtem Ausmaß.

In »Puppchen« treten übrigens zwei Frankfurter Lieblinge, Fritz Odemar und Thessa Klinckhammer, auf. Der charmante Georg Lengbach hat sich im Ensemble rasch an die Spitze gespielt. Er ist ein unvergleichlicher alternder Virtuose in Bahrs »Konzert« und ein prächtiger Professor Higgins in Shaws »Pygmalion«. Im

Neuen Theater brillieren Erika Gläßner, der dicke Otto Wallburg und Paul Graetz. Und den Gestiefelten Kater im Weihnachtsmärchen des Schauspielhauses spielt ein junges Fräulein Mathilde Einzig.

Zwei Gastspiele von Asta Nielsen im ausverkauften Schumann-Theater enttäuschen. Sie tanzt als Harlekin und als Zigeunerin. Aber Asta Nielsen ohne Nahaufnahme ist eben keine Asta Nielsen. Hingegen wird der erste Tango-Tee im »Frankfurter Hof« zu einem großen Erfolg bei den »oberen Fünfhundert«.

Pégoud kommt! Seine tollkühnen Sturzflüge haben den Franzosen weltberühmt gemacht. Er startet auf der Niederräder Rennbahn. Mit seinem blütenweißen Sweater sitzt er in der kleinen Blériotmaschine. Der Nieselregen stört ihn nicht. Fast senkrecht steigt er nach dem Start in den Himmel. Er läßt seinen Apparat stürzen, Saltos machen und auf dem Rücken fliegen, daß den Menschen der Atem stockt. Es sind nicht allzu viele in die Rennbahn gekommen. Aber die Zaungäste draußen schätzt man auf 200 000 Menschen. Ein Meer von Schirmen, so weit man blickt.

## Unterhaltung

De Maa entlang spaziern zwaa Alde,
Die sich gemächlich unnerhalte;
Es will en alle zwaa net basse,
Daß ihr Gedächtnis nachgelasse.
Der aa klagt, daß speziell so Sache
Wie Name em zu schaffe mache.
Der zwaate seegt, er mißt schon sage,
Dadriwwer kennt er gar net klage.
Wie widder mal se steh gebliwwe,
Da seegt der erscht: "Im Haus da driwwe
Is lang en Philosoph gewese;
Ich hab sein Name oft gelese
Un derft merr jetzt de Kopp verreiße
Un käm net druff, wie der geheiße.
Du weißt deß sicher noch genauer
Hieß der net so wie Stoppekauer?"
"Woher!" seegt stolz der zwaate Sprecher,
"Des war ja doch der Schoppestecher."

*Ferdinand Happ*

## ...DANN KAM DER SOMMER 1914

Ein Ereignis aus dem Jahr 1913 bleibt noch zu erwähnen: Frankfurts Garnison feiert. Die 81er werden hundert Jahre alt – jenes Regiment, das durch Jahrzehnte die Wache in der Hauptwache stellte, das an Kaisers Geburtstag auf dem Opernplatz paradierte, das den Bürgern zahllose Militärkonzerte bescherte und bei dem so viele alte Frankfurter »zu den Preußen kamen«. Bleiben wir einen Augenblick bei ihm.

Im Sommer 1871, wir erzählten davon, wurde Frankfurt die Garnisonstadt des 1. Kurhessischen Infanterie-Regiments Nr. 81. Durch Jahre blieb es sein einziges Regiment. Erst 1895 kam ein zweites hinzu, durch die Eingemeindung von Bockenheim, nämlich das Husaren-Regiment »König Humbert von Italien«. 1903 wurde es dann von dem 63. Artillerie-Regiment »Frankfurt« abgelöst. Die Anfänge der 81er reichen viel weiter zurück als nur hundert Jahre. Schon 1688 wurde das Regiment von dem Landgrafen von Hessen-Cassel aufgestellt. Es kämpfte in halb Europa und in Amerika. Als 1792 die Hessen das Friedberger und das Allerheiligentor stürmten, um Frankfurt den Händen des französischen Generals Custine zu entreißen – das Hessendenkmal erinnert daran –, da war auch dieses Leibregiment »Kurfürst« mit dabei. 1806 floh dann der Kurfürst vor Napoleon, das Regiment wurde aufgelöst. 1813, nach der Schlacht von Leipzig, kehrte der Landesherr wieder zurück, das Regiment erstand von neuem; daher die Hundertjahrfeier. Sogar die Zöpfe der Soldaten führte man damals wieder ein, zunächst falsche, bis die Haare so lang gewachsen waren.

Als die 81er 1871 nach Frankfurt kamen (und zunächst die früheren Klöster der Dominikaner und Karmeliter bezogen), da gehörte übrigens zu den Offizieren auch der Dichter Detlev von Liliencron. Er wohnte in der Kalbächer Gasse 2 und nahm bald darauf seinen Abschied. Der junge Oberleutnant war noch sehr lebenslustig. Eines schönen Tages inspizierte er nicht, wie es seine Pflicht gewesen wäre, die Wachen, sondern führte seine Patrouille erst auf die Budenmesse am Main und dann zum Tanz nach Bornheim. Liliencron erlebte also nicht mehr den Umzug der 81er in die neue Kaserne in der Gutleutstraße. Die Frankfurter haben sein kurzes Gastspiel in ihrer Stadt nicht vergessen. Aus der Gedenktafel in der Kalbächer Gasse wurde allerdings nichts.

1914. Im Januar friert der Main in seiner ganzen Ausdehnung zu. Am Unterlauf fahren Geschützbatterien quer über den erstarrten Fluß. Bei dem alljährlichen Pferdemarkt in der Ostendstraße werden für schwere Arbeitspferde durchschnittlich 2200 Mark bezahlt. Die neuen Olympia-Lichtspiele in der Weißfrauenstraße zeigen das »größte Filmkunstwerk«, Gerhart Hauptmanns Film »Atlantis«, die Geschichte vom Untergang eines Ozeanriesen. Rosa Luxemburg wird wegen einer aufrührerischen Rede in Bockenheim zu einem Jahr Gefängnis verurteilt.
Die Herrenmode erlebt eine Revolution. Noch vor wenigen Jahren war ein Mann ohne Hut undenkbar. Jetzt trägt man bei Sonnenschein seinen Hut lässig in der Hand oder geht gar barhäuptig. Die Diktatur des hohen Stehkragens ist vorbei. Das andere Extrem, der offene Schillerkragen, bisher Attribut der Jugendbewegung, taucht immer öfter im Straßenbild auf.
Im Juni sperrt man ohne jede Feierlichkeit die Alte Brücke. Man verlegt den Verkehr auf die hölzerne Notbrücke daneben und beginnt Frankfurts ältestes Bauwerk abzureißen.

Es ist wie ein Symbol: Am 23. Juni stirbt in Wien jene Frau, die den Völkern ihr inständiges »Die Waffen nieder!« zugerufen hat, Bertha von Suttner. Sechs Tage später fallen die zwei Schüsse, mit denen der 19jährige Serbe Princip in Sarajewo das österreichische Thronfolgerpaar tötet.
Noch gibt es einige Wochen des Friedens. Es sind heiße Sommertage mit schweren Gewittern. In einer Gartenlaube am Mühlberg werden zwei Kinder vom Blitz erschlagen.
Aber die letzten Friedenswochen sind nur noch ein Truggebilde. Der Frieden balanciert auf einer Nadelspitze. Man braucht ihn nur ein wenig zu stoßen. Am 24. Juli stellt Wien den Serben ein Ultimatum, die Antwort wird als unzureichend erklärt, die beiden Nachbarn, Goliath und David, sind miteinander im Kriege. Und Rußland, Hort und Schützer des Slawentums, mobilisiert.

Es folgen Tage voll unerträglicher Spannung. Niemanden hält es in seinen vier Wänden. Frankfurts Straßen sind von erregten Menschenmengen überflutet. Vor den Redaktionen staut man sich. Die »Frankfurter Zeitung« projiziert die neuesten Berichte mit einem Kinematographen auf eine große Leinwand an der Börse. Die internationalen Züge und die Ferienzüge sind unbeschreiblich überfüllt. Jeden drängt es nach Hause. Auf drei großen Kundgebungen der Sozialdemokraten gegen den Krieg fallen auch heftige Worte gegen den Bundesgenossen Österreich. Fieberhaft wartet man auf jede neue Nachricht, auf jedes neue Extrablatt. Und viele warten auf ein Wunder.

Es kommt nicht. Aus Petersburg wird gemeldet, daß der Zar die totale Mobilmachung befohlen hat. Die Stimmung vieler Kriegsgegner schlägt daraufhin um; denn die Generalmobilmachung im Reiche des russischen Despoten richtet sich zweifellos auch gegen Deutschland, und sie gibt Rußland mit jedem Tag einen militärischen Vorsprung. Es ist keine Drohung mehr, es ist der Kriegsfall. Das kurzfristige Ultimatum Berlins an Petersburg, die Mobilmachung rückgängig zu machen, bleibt unbeantwortet. Die Lawine der Kriegserklärungen bricht über das alte Europa herein...

Die Stadt ist von einer ungeheuren Erregung erfüllt. Und sie schwimmt auf einer Woge der Einigkeit, wie man sie nie vorher kannte. Der erste Mobilmachungstag ist der 2. August. Es ist ein Sonntag. In unübersehbaren Scharen eilen die Wehrpflichtigen zu den Bahnhöfen und Sammelplätzen. Wie viele Tränen fließen in diesen Tagen! Endlos rollen die Militärzüge, endlos sind die Kolonnen, die durch die Stadt ziehen. Eine Präzisionsmaschine ohne Beispiel ist in Gang gekommen. Die Garnison verläßt die Stadt. Die 81er erleben ihre Feuertaufe am 22. August bei Libramont in Belgien.

Man hamstert natürlich. Vor allem Mehl und Hülsenfrüchte – und Salz! Es ist ganz sinnlos. Der Preis für ein Pfund Salz steigt von 10 auf 23 Pfennig. An vielen Stellen wird vorübergehend kein Papiergeld mehr angenommen; man will nur noch Münzen. Die Sparkassen sind umlagert. Einige Geschäfte werden über Nacht wegen Wuchers geschlossen. Jedermann ist plötzlich klar, daß man jetzt unter Kriegsrecht lebt.

Ein Spion! Immer wieder einmal gellt der Ruf durch eine belebte Straße. Gewöhnlich jagt man einen Falschen. Der »Russische Hof« nennt sich schleunigst um in »Kaiser Wilhelm II.«. Überall werden die Fremdwörter überklebt und verhängt. Selbst das Wort »Saison« vor dem Wort »Ausverkauf« verschwindet. In einer der ersten Nächte verharren Tausende bis in die Morgenstunden rings um den verdunkelten Hauptbahnhof. Man will einen feindlichen Flieger gehört haben. Ein Leutnant läßt seinen Zug Gewehrsalven in den Nachthimmel abgeben. Die ersten französischen Kriegsgefangenen treffen am Südbahnhof ein; sie werden in der Bethmann-Schule provisorisch untergebracht und finden sehr viel Mitgefühl. Die erste Verlustliste erscheint.

In diesen Tagen und Wochen endet das 19. Jahrhundert. Jetzt erst. Und mit ihm geht eine lange Zeit des Friedens zu Ende, in der sich Frankfurt von einer preußischen Provinzstadt zur blühenden, modernen Großstadt gewandelt hatte. Was auch ihr Weg und ihr Geschick in diesen Jahrzehnten gewesen sein mag, eines kann man mit Gewißheit von dieser Stadt sagen — sie war in ihrem Herzen und in ihrem Kern immer Frankfurt geblieben.

Wir möchten zum Schluß wiederum einer Dankespflicht genügen, und zwar gegenüber dem Frankfurter Historischen Museum, das uns auch diesmal, wie schon bei den ersten beiden Bänden, bei der Beschaffung des Bildmaterials weitgehend behilflich gewesen ist. Drei der Anekdoten sind dem »Frankfurter Anekdotenbüchlein« von Baberadt mit Genehmigung des Verlages Dr. Waldemar Kramer, Frankfurt a. M., entnommen. Die Zeichnung von A. Wald, die Philipp Reis bei seinen ersten Telefonversuchen zeigt (nach Seite 128), erschien in A. Fürsts »Weltreich der Technik« (Verlag Ullstein, Berlin, 1923).

# REGISTER
(Das Verzeichnis enthält nur die wichtigsten Stichworte)

Adickes, Franz 20, 76, 144 ff., 169, 183, 213, 224, 232

Alte Brücke 17, 22, 31, 125, 163, 207, 233, 237

Anlagen 17, 45, 58, 79, 106, 118, 130, 133

Bad Homburg 93, 101 f., 104 f., 122, 180, 192, 194 ff., 213, 228 f.

Bethmann, S. M. v. 66, 68 ff., 170, 227

Bismarck 21, 22, 34, 35, 38 f., 93, 105, 145 f., 169

Bockenheim 9, 13, 14, 15, 24, 26, 50, 63, 113, 119, 140, 149, 161 ff., 178, 181, 212, 236, 237

Bornheim 9, 14, 47 ff., 106, 113, 114, 161 f., 176, 178, 187, 227, 236

Börse 12, 16, 73 ff., 183, 238

Claar, Emil 61, 77 ff., 80 f., 187, 234

Dom 11, 15 f., 21, 28, 34, 51, 59 f., 62, 72, 75, 96, 131, 133, 163, 204

Eiserner Steg 7, 17, 31 ff., 60, 207, 230

Eschenheimer Turm 16, 60, 128, 130, 183, 209, 212, 215, 220

Festhalle 7, 106, 178, 183, 208, 213, 222 ff., 227, 228, 229, 231, 233, 234

Frankfurter Zeitung (u. L. Sonnemann) 9, 37, 127, 149, 159, 179, 205, 209, 227 f., 238

Goethe (u. -haus) 9, 66, 80, 82, 83, 100, 102, 112, 151, 155, 160, 170, 174, 175 f., 177, 188

Hauptbahnhof 7, 13, 44, 75, 116 ff., 128, 131, 146, 150, 172, 177, 183, 186, 206, 207, 212, 234, 239

Hauptwache 7, 11 f., 22, 42, 53, 98, 176, 199 f., 204, 205, 236

Hoffmann, Heinrich 14, 36, 150, 153 ff.

Kaiserstraße 7, 44 f., 118, 128, 212, 229, 230

Miquel, Johannes 20, 76 ff., 80, 124, 131, 138, 144, 146 f., 232

Mumm v. Schwarzenstein 20 f., 32, 38, 45, 65, 76

Opernhaus 7, 12, 13, 58, 75, 77 ff., 92, 93, 116, 120, 131, 133, 146, 172, 178, 183, 210

Osthafen 7, 15, 33, 148, 183, 207, 230, 232

Palmengarten 7, 13, 23 ff., 33, 63, 75, 80, 82, 86, 98, 106, 146, 166, 172, 177, 209, 211

Römer 11, 17, 20, 36, 38, 65, 72, 75, 94, 146, 148, 149, 163, 182, 184, 204

Rothschild 16, 24, 29, 36 f., 66, 74, 80, 105, 115, 144, 149, 155, 166, 185, 212, 233

Sachsenhausen 13, 15, 17, 37, 48, 58, 63 f., 66, 72, 80 f., 102, 114, 123 f., 139, 176 f., 184, 213, 224, 225

Stadtwald 106 ff., 111, 123 f., 200

Stoltze, Adolf 46, 52, 73, 103, 130, 135 ff.

Stoltze, Friedrich vielfach

Taunus 81, 98 ff., 145, 180, 190 ff., 218 f., 228, 233

Wilhelm I. 21 f., 34, 80 f., 89, 92 f., 145, 171 f.

Wilhelm II. 80, 93, 105, 145 f., 172 f., 180 f., 182, 189 f., 192, 194, 196, 198, 201, 227, 232, 239

Zeil 15, 35, 44, 53, 58, 97, 127, 148, 171 f., 178, 184, 199 f., 201, 212, 230

Zoo 7, 13 f., 26, 35, 40, 47, 75, 82, 99, 106, 199, 213, 220

Gr. *Gallus Thor* Weissfrauen Str. Weissfrauen Kirch. Gr. Hirschgraben

Unter Main Thor Unter Main Str. Alt Main Quai

Bade Anstalten

Schwim Anstalt